上海财经大学
SHANGHAI UNIVERSITY OF FINANCE & ECONOMICS
1917

厚德博學
經濟匡時

中国宏观经济形势分析与预测年度报告

(2020—2021)

# “双循环”新发展格局下的中国经济

## 挑战与机遇

“中国宏观经济形势分析与预测”课题组
上海财经大学高等研究院
著

上海财经大学出版社

**图书在版编目(CIP)数据**

中国宏观经济形势分析与预测年度报告(2020—2021):"双循环"新发展格局下的中国经济:挑战与机遇/上海财经大学高等研究院"中国宏观经济形势分析与预测"课题组著. —上海:上海财经大学出版社,2021.8
ISBN 978-7-5642-3789-9/F.3789

Ⅰ.①中… Ⅱ.①上… Ⅲ.①中国经济-宏观经济形势-经济分析-研究报告-2020-2021②中国经济-宏观经济形势-经济预测-研究报告-2020-2021 Ⅳ.①F12

中国版本图书馆 CIP 数据核字(2021)第 095491 号

□ 责任编辑 胡 芸
□ 封面设计 张克瑶

中国宏观经济形势分析与预测年度报告(2020—2021)
"双循环"新发展格局下的中国经济:挑战与机遇

"中国宏观经济形势分析与预测"课题组
上海财经大学高等研究院 著

上海财经大学出版社出版发行
(上海市中山北一路 369 号 邮编 200083)
网 址:http://www.sufep.com
电子邮箱:webmaster@sufep.com
全国新华书店经销
上海华教印务有限公司印刷装订
2021 年 8 月第 1 版 2021 年 8 月第 1 次印刷

710mm×1000mm 1/16 14.5 印张(插页:1) 223 千字
定价:60.00 元

IAR

# 课题组

（成员简介见附录）

**负 责 人**　田国强

**首席顾问**　盛松成

**首席专家**　黄晓东

**成　　员**（按姓氏拼音排序）

曹林谊　陈旭东

陈媛媛　龚　关

宫　健　蒋荷露

Youngsoo Jang

Hyeon Ok Lee

李　倩　李双建

林立国　刘子熙

宁　磊　欧声亮

唐荣胜　王小雯

王玉琴　吴化斌

徐佳文　杨有智

张同斌　赵　琳

赵旭霞　朱　梅

本报告联系人　陈旭东

（021-65903125，chen.xudong@mail.shufe.edu.cn）

# 项目概览

上海财经大学高等研究院2009年发起成立“中国宏观经济形势分析与预测”课题组，旨在以一种开放式的科研组织模式，凝聚海内外相关研究力量，对中国宏观经济进行长期跟踪研究，定期发布中国宏观经济形势分析与预测报告，为政府、企业及社会各界提供有参考价值的经济洞见、短期政策对策及长期改革治理建议，推动中国经济的长期稳定增长和可持续发展以及国家治理能力和治理体系的现代化。

基于中西合璧、优化整合的方针，高等研究院依托中国宏观经济研究中心组建了阵容强大的课题组成员团队，包括曾任美联储高级经济学家的国际资深专家，原中国人民银行调查统计司司长、上海市人民政府参事，以及20多位获得国际国内顶尖大学博士学位的高级研究人员，包括2位孙冶方经济科学奖得主、5位终身教职教授。同时，高等研究院下设的数据调研中心、人口流动与劳动力市场研究中心、卫生经济与老龄化研究中心等10多个中心也将从不同方面为本项目提供研究支持。

作为课题组的成果体现形式之一，中国宏观经济形势分析与预测报告始终围绕中央大政方针和战略部署来研究影响中国经济的重大现实问题，采用以大的格局、长远视角、全局观念、国际视野、系统思维、综合治理及风险防范的一般均衡分析方法来处理好改革、发展、稳定、创新和治理的辩证关系，力求体现以下特点：一是构建完善多部门大型量化准结构性宏观模型(IAR-CMM)，而不是简单的约化型(reduce-form)的计量模型，使之能将短期政策应对和中长期改革参数作为识别变量放进模型中去，充分考虑中国元素、中国特色，内含10多个板块，使板块间短期政策应对变量与长期改革参数在所有板块中具有自洽性和内在一致性，以此达到宏观总体一般均衡和综合治理。二是基于扎实的数据采集和整理的严谨计量经济分析、理论内在逻辑分析及历史视野比较分析，做到分析解决问题所需要的三个维度的结合，即理论逻辑、实践真知、历史视野，以体现“六性”：科学性、严谨性、现实性、针对性、前瞻性和思想性。三是不只是大概率的点预测，更多的是考虑规避和防范一旦出现后果严重的小概率“黑天鹅”事件和如何应对已有显著迹象的大概率“灰犀牛”系统性风险，以及进行稳经济的各种情景分析和反事实分析：对不同风险和政府不同增长目标给出应对力度和备选方案，为政府决策提供科学依据。四是既考虑到短期波动风险、趋势性和周期性因素的交互叠加和相互作用，也关注中长期制度性、结构性改革及其向纵深推进的方式。

目前，中国宏观经济形势分析与预测报告每年以季度为出版频率，一年4期，得到“经济学前沿理论与方法学科创新引智基地”和理论经济学上海市高峰Ⅱ类学科建设计划的支持。报告采取国际前沿、国内较为独特的基于准结构模型的情境分析(alternative scenario analyses)和政策模拟(policy simulations)方法，在对统计数据和经济信息充分收集和科学鉴别校正的基础上，对中国宏观经济最新形势进行严谨分析，对未来发展趋势进行客观预测，并提供各种政策情景模拟结果供决策参考。

课题组竭诚欢迎社会各界与我们开展合作交流，共同推动中国宏观经济研究的发展与中国宏观经济的持续繁荣！

# 摘 要

2020年新冠疫情和世界变局的双重冲击使得世界和中国经济发展都承受了重大冲击，世界经济正面临20世纪二三十年代大萧条以来最严重的经济衰退。中国经济在2020年初出现断崖式下滑，但随着疫情得到有效控制，消费回暖，投资增速稳步回升，进出口增速持续攀升，贸易顺差较2019年同期大幅度上升，人民币汇率在合理区间内宽幅双向波动，预计全年GDP增速2.1%，成为主要经济体中唯一实现正增长的国家，并如期完成新时代脱贫攻坚的任务。这来之不易，彰显了中国经济的强大韧性。但是，中国经济恢复的基础尚不牢固。

在此背景下，中国多次提出要把满足国内需求作为经济发展的出发点和落脚点，逐步形成以国内大循环为主体、国内国际双循环相互促进的新发展格局，但这一新发展格局的形成面临诸多困难和挑战。劳动力市场受疫情冲击大，虽逐渐回暖但仍承受压力。从长期来看，农民工提高社会总劳动生产率，但仍需提高流动性；劳动力市场教育错配程度较高，对工资影响显著；老龄化势头明显，人口红利逐渐消失，未富先老的人口结构压力凸显并将持续变大。我国杠杆率水平提升，家庭部门杠杆率激增，资产负债表衰退迹象初显；企业部门杠杆率水平再次提升，尤其是国有企业债务风险达到近年来的峰值；地方政府债务呈现出规模增加和期限延长的新特点，鉴于地方政府与其他部门之间紧密的政治关联关系和复杂的债务债权关系，需警惕地方政府部门独立的债务偿还风险外溢蔓延为房价上涨和银行风险。目前，需求驱动下的房价差异化特征日益显现，总体房价可控。银行资本缓冲持有水平下降，系统脆弱性加剧，中小银行风险溢出率持续上升,稳金融形势依然严峻且复杂。此外,中国央行数字货币系统 DC/EP 正在逐步有序地进行试点,这给未来的金融监管和人民币国际化提供了新的机遇和挑战。

从中长期的视角来看,中国畅通国民经济循环主要面临供给侧、需求侧和国际循环三方面的挑战:一是中国经济当前面临的发展不平衡不充分问题,主要体现在供给侧的结构性失衡和供给质量水平的不充分;二是中国经济内需的提振面临诸多难题,包括资本报酬边际收益递减而带来的投资下滑,收入差距拉大和中等收入群体过低及家庭部门杠杆率激增而带来的消费不足;三是中国经济国际大循环面临外需市场的萎缩和一些地缘政治因素的干扰,出现一个世界、两种体系的趋势。这些问题的解决,需要通过继续深化供给侧结构性改革和提升产业链安全,加大需求侧改革和注重需求侧管理,以及更大力度的对外开放,借力更高水平的国际大循环来实现。

课题组充分重视对各种风险的防范,对不同情景下的经济走势、短期政策应对和中长期治理,有如下主要结果和观点。基于上海财经大学高等研究院中国宏观经济预测模型(IAR-CMM)的情景分析和政策模拟结果,课题组测算,在基准情景下,2021 年全年实际 GDP 增速约为 8.4%,CPI 增长 0.2%,PPI 增长 0.6%,GDP 平减指数增长 1.8%,消费增长 10.8%,投资增长 5.7%,出口增长 4.4%,进口增长 8.3%,人民币兑美元汇率(CNY/USD)将在 6.5 附近宽幅震荡。考虑到中等收入阶层消费能力下降、需求侧改革、资本市场有序化、地方政府债务攀升、企业杠杆率过高、全球疫苗接种有效率、中美贸易摩擦、国内外总体环境不确定性等因素,课题组做出如下 8 种情景分析:

1. 情景Ⅰ——中等收入阶层消费能力下降,悲观情形下,假设 2021 年我国消费同比增速低于基准 1.8 个百分点,固定资产投资累计同比增速低于基准 1.2 个百分点,全年实际 GDP 增长 7.0%。

2. 情景Ⅱ——需求侧改革,乐观情形下,假设政府增加民生类支出、增加保障房供给、改善收入分配,导致 2021 年我国消费同比增速高于基准 1.1 个百分点,全年实际 GDP 增长 9.1%。

3. 情景Ⅲ——资本市场有序化,短期影响较小情形下,假设消费同比增速低于基准 0.4 个百分点,全年实际 GDP 增长 8.2%;短期影响较大情形下，假设消费同比增速低于基准 1.4 个百分点，全年实际 GDP 增长 7.6%。

4. 情景Ⅳ——地方政府债务攀升，悲观情形下，假设固定资产投资累计同比增速低于基准 1.1 个百分点，全年实际 GDP 增长 8.0%。

5. 情景Ⅴ——企业杠杆率过高，保守悲观情形下，假设 2021 年我国消费同比增速低于基准 0.5 个百分点，固定资产投资累计同比增速低于基准 0.6 个百分点，全年实际 GDP 增长 8.1%；悲观情形下，假设 2021 年我国消费同比增速低于基准 1 个百分点，固定资产投资累计同比增速低于基准 2.1 个百分点，全年实际 GDP 增长 7.6%。

6. 情景Ⅵ——全球疫情发展，悲观情形下，假设 2021 年我国出口同比增速低于基准 2.7 个百分点，进口同比增速低于基准 2.1 个百分点，全年实际 GDP 增长 7.8%；乐观情形下，假设 2021 年我国出口同比增速高于基准 2.1 个百分点，进口同比增速高于基准 1.5 个百分点，全年实际 GDP 增长 8.7%。

7. 情景Ⅶ——中美贸易摩擦加剧，保守悲观情形下，假设 2021 年我国出口同比增速低于基准 2.3 个百分点，进口同比增速低于基准 1.8 个百分点，全年实际 GDP 增长 8.0%；悲观情形下，假设 2021 年我国出口同比增速低于基准 4.8 个百分点，进口同比增速低于基准 3.7 个百分点，全年实际 GDP 增长 7.6%。

8. 情景Ⅷ——国内外总体环境不确定性，悲观情形下，假设 2021 年我国消费同比增速低于基准 2.6 个百分点，固定资产投资累计同比增速低于基准 2.8 个百分点，出口同比增速低于基准 1.5 个百分点，进口同比增速低于基准 0.8 个百分点，全年实际 GDP 增长 6.4%；叠加其他乐观因素，乐观情形下，假设 2021 年我国消费同比增速高于基准 2.5 个百分点，固定资产投资累计同比增速高于基准 1.4 个百分点，出口同比增速高于基准 2.0 个百分点，进口同比增速高于基准 2.3 个百分点，全年实际 GDP 增长 10.0%。

课题组就各种假设情景探讨了政策力度的选择。根据 IAR-CMM 模型的分析，假设 2021 年需实现宏观经济回到疫情冲击之前的经济增速趋势线，则在不同情景下所需的政策力度分别为：(1)情景Ⅲ(资本市场有序化)的短期影响较小情形下，财政收支赤字需增加 755.81 亿元，超过预算赤字 2.29%，全年赤字率约为 3%；(2)情景Ⅴ的保守悲观情形下，财政收支赤字需额外增加 1 511.6 亿元，超过预算 4.58%，全年赤字率约为 3.07%，并且货币政策需在基准假设的基础上额外降准 1 次 20 个基点；(3)情景Ⅳ以及情景Ⅶ的保守悲观情形下，财政收支赤字需额外增加 2 267.4 亿元，超过预算 6.87%，全年赤字率约为 3.14%，并且货币政策需额外降准 1 次 20 个基点；(4)情景Ⅵ的悲观情形下，财政收支赤字需额外增加 3 779 亿元，超过预算 11.45%，全年赤字率约为 3.27%，并且货币政策需额外降准 2 次，每次 20 个基点；(5)情景Ⅲ(资本市场有序化)的短期影响较大情形、情景Ⅴ的悲观情形以及情景Ⅶ的悲观情形下，财政收支赤字需额外增加 5 290.6 亿元，超过预算 16.03%，全年赤字率约为 3.41%，并且货币政策需额外降准 2 次，每次 20 个基点；(6)情景Ⅰ下，财政支出需额外增加 9 825.5 亿元，超过预算赤字 29.77%，全年赤字率约为 3.81%，并且货币政策需额外降准 2 次，每次 50 个基点；(7)情景Ⅷ的悲观情形下，财政支出需额外增加 14 360.3 亿元，超过预算 43.52%，全年赤字率约为 4.22%，并且货币政策需额外降准 2 次，每次 50 个基点。在情景Ⅰ和情景Ⅷ下，考虑到短期政策对宏观经济长期健康发展的副作用，课题组并不建议采用如此激进的短期需求管理政策来达到经济增长目标。

结合短中长期的视角来看，课题组对中国如何通过供给侧、需求侧和国际循环来畅通国民经济循环，有以下主要观点和建议：

第一，新冠疫情造成了经济上的巨大冲击和国际政治方面史无前例的断裂带，影响深远，加上中美两国关系恶化，给世界带来种种不确定性，民族主义、民粹主义和意识形态又进一步减弱了国家间的互信，恶化了世界经济发展及国家之间的经济关系、政治关系和国际关系，影响了世界格局和秩序，全球化的格局正在发生实质性变化。面对去全球化、分流化甚至“去中国化”以及中美科技脱钩的风险，疫后经济分工、专业分工面临重构，全球产业链、供应链、价值链将发生很大调整，大概率会出现“三化”，即经济区域化，高端产业、民生国家安全产业回归化，以及合并同类项化。在这些新老问题交替混杂的内外困难环境现状下，要充分估量这些问题及变化给世界政治经济和中国带来的当前及潜在的长远冲击与影响，以大的格局、长远视角、国际视野、全局观念、系统思维、综合治理的一般均衡分析来加以谋划应对。

第二，加强供给侧结构性和市场化改革，特别是要素市场化的改革，确立竞争政策的基础性地位，以所有制中立原则为国企、民企、外企提供公平竞争市场环境和营商环境，完善劳动力市场供求结构，促进发展驱动向创新驱动转型。供给侧结构性改革最根本的是有效市场制度供给，而不是硬性的产业政策，应该继续以深层次市场化改革为内涵推进并且让各种所有制经济公平竞争，以此提高经济发展的效率，勃发创新力。建立维护和服务型的有限政府，政府是中立的主体，它会带来一个好的市场经济和一个好的社会规范，同时提振民间信心和促进民营经济大发展，这才是中国同时处理好发展的逻辑和治理的逻辑，以及应对当前经济困境的标本兼治的必由之路。

第三，深化需求端改革和改善，推行有利于扩大中等收入群体、形成橄榄型社会的收入分配政策，健全覆盖“生老病居教”的一揽子社会保障体系，夯实国内大循环的内需基础。国内大循环必然要求中国有一个更加强大、更有韧性的内需市场，来促进形成供给和需求的更高水平内生动态均衡。从经济学角度来看，消费需求取决于消费意愿和消费能力，壮大中等收入群体而不是仅仅靠政府消费刺激政策，才能真正可持续地提振国内消费需求。扩大中等收入群体，最大的人群自然是中低收入群体。在此过程中，要做到两个“尽量确保”：一是要尽量确保中低收入群体有向上流动跻身中等收入群体的机会；二是要尽量确保现有中等收入群体不因种种原因重新跌回中低收入群体。

第四，主动融入高水平国际大循环，在与世界其他主要经济体的贸易与投资谈判中推进制度性开放，按照参与制定的国际规则来保障自身国家利益，并倒逼建立现代市场经济体系。年内，中国参与其中的《区域全面经济伙伴关系协定》(RCEP)正式签署，标志着全球最大规模的自由贸易协定正式达成。这一协定的达成，也为中日韩自贸区(FTA)、中欧全面投资协定等更高水平贸易和投资协定的谈判推进，创造了有利条件。尤其是中欧全面投资协定谈判近期取得了突破性进展。并且，中国还表达了对加入《全面与进步跨太平洋伙伴关系协定》(CPTPP)持积极开放态度，以及争取早日启动中欧自贸协定谈判进程的意愿，这些都是中国对冲美国单边主义和贸易保护主义以及在与美国进一步进行双边经济谈判时的有利砝码,可对外部贸易争端起到减震作用。

第五,以上改革措施,单靠经济治理领域的单兵突进显然行不通,还必须将国家治理、社会治理的因素也考虑进来。为此,中国需要采用国家治理和发展三要素:包容性经济制度,国家能力和政府执行力,以及民主法治、公平正义、包容透明的社会治理。现代国家发展治理三要素其实质就是要正确处理好政府与市场、政府与社会的关系,让三者各归其位,形成互动互促的制度体系,从而需要在政治、经济、社会、文化和生态文明建设等全方位整体联动改革框架下进行。中国下一步就需要围绕上述三要素进行全面深化改革,继续强化长板、补齐短板。唯有如此,才能畅通国民经济循环,才能实现国家治理体系和治理能力的现代化,在百年未有之大变局中达成中华民族复兴的远景目标。

**关键词:**宏观经济预测　政策模拟　情景分析　长期治理

# 目　录

**项目概览**/1

**摘要**/1

**概述**/1

一、经济走势及主要问题/2

（一）消费回暖，下半年增速稳健/2

（二）投资稳步回升，制造业投资回升加快/2

（三）进出口增速持续攀升，贸易顺差较去年同期大幅度上升/3

（四）劳动力市场受疫情冲击大，虽逐渐回暖但仍然承压/4

（五）CPI 和 PPI 剪刀差不断缩小/4

（六）2020 年金融市场整体平稳运行，2021 年应警惕国有企业债务问题/5

（七）外汇储备规模总体稳定，下半年人民币宽幅震荡升值/6

（八）农民工提高社会总生产率，但仍需提高流动性/7

（九）扶贫效果显著，贫困人群收入持续增加但水平仍然较低/7

（十）劳动力市场教育错配程度较高、对工资影响显著/8

（十一）人口结构压力凸显并将逐渐增大/8

（十二）家庭部门杠杆率激增，资产负债表衰退迹象初显/9

（十三）金融系统稳定性未见改善，中小银行脆弱性进一步上升/10

（十四）不确定性攀升致使银行资本缓冲水平下降，"稳金融"形势依然严峻复杂/11

（十五）疫情之下地方政府偿债压力加大，警惕债务风险外溢蔓延/12

二、主要指标预测及政策模拟/12

三、中国畅通国民经济循环面临的难点、原因及改革治理应对/15

第一章　中国宏观经济发展的即期特征与主要风险/25
一、2020年以来中国宏观经济发展呈现的主要特征/25
(一)消费回暖,下半年增速稳健/25
(二)投资稳步回升,制造业投资回升加快/33
(三)进出口增速持续攀升,贸易顺差较上年同期大幅度上升/39
(四)劳动力市场受疫情冲击大,虽逐渐回暖但仍然承压/48
(五)CPI和PPI剪刀差不断缩小/55
(六)金融市场整体平稳运行,国有企业债务问题值得警惕/63
(七)外汇储备规模总体稳定,下半年人民币宽幅震荡升值/72
二、中国宏观经济下一步发展面临的内部主要不确定性/82
(一)农民工提高社会总生产率,但仍需提高流动性/82
(二)扶贫效果显著,贫困人群收入持续增加但水平仍然较低/87
(三)劳动力市场教育错配突出、对工资影响显著/96
(四)人口结构压力凸显并将逐渐增大/101
(五)家庭部门杠杆率激增,资产负债表衰退迹象初显/109
(六)日益窘迫的中等收入阶层恐拖累内需的扩大/120
(七)金融系统稳定性未见改善,中小银行脆弱性进一步上升/125
(八)不确定性攀升导致银行资本缓冲水平下降,“稳金融”形势依然严峻复杂/136
(九)疫情之下地方政府偿债压力加大,警惕债务风险外溢蔓延/144
(十)央行数字货币系统DC/EP和人民币国际化/157
三、中国宏观经济下一步发展面临的外部主要不确定性/165
(一)国外疫情蔓延仍将是拖累2021年出口增长的一个重要因素/165
(二)疫情下全球政经格局更趋复杂,主要国家和地区增长预期分化明显/168

**第二章　基准条件下2021年中国主要经济指标增速预测**/178

**第三章　不同情景下的主要经济指标预测及其政策应对**/181
一、不同情景下的经济预测与政策应对/181
（一）假设情景Ⅰ：中等收入阶层消费能力下降对经济增速的影响/181
（二）假设情景Ⅱ：需求侧改革对经济增速的影响/182
（三）假设情景Ⅲ：资本市场的有序化进程对经济增速的影响/183
（四）假设情景Ⅳ：地方政府债务攀升对经济增速的影响/184
（五）假设情景Ⅴ：企业杠杆率过高导致金融风险加大对经济增速的影响/185
（六）假设情景Ⅵ：全球疫情发展对经济增速的影响/186
（七）假设情景Ⅶ：中美贸易摩擦的长期化对经济增速的影响/187
（八）假设情景Ⅷ：国内外总体环境的不确定性对经济增速的影响/188
二、不同情景分析基础上的政策力度选项/190
三、短期经济政策在疫情下的宏观影响/194

**第四章　中国畅通国民经济循环面临的难点、原因及改革治理应对**/196
一、畅通国民经济循环面临的难点/197
二、出现国民经济循环不畅的原因/200
三、畅通国民经济循环的措施/203

**附　项目架构图**/209

**附录**/210
上海财经大学高等研究院简介/210
课题组成员介绍/212

# 概　述

上海财经大学高等研究院“中国宏观经济形势分析与预测”课题组基于上财高等研究院中国量化准结构宏观预测模型（IAR-CMM）所建立的情景分析和政策模拟，分别从基准情景（假设美国疫苗接种有效率为50％、美国2021年经济增速为4.2％、美联储2021年维持联邦基金利率的目标范围在0～0.25％之间、人民币兑美元汇率在6.5附近宽幅震荡；国内疫情延续2020年第三季度以来发展状况、居民杠杆率攀升、基础设施建设投资和房地产投资持续回暖、商业银行不良贷款率小幅度上升、财政政策积极以及实行稳健、灵活、适度的货币政策）、情景Ⅰ（中等收入阶层消费能力下降）、情景Ⅱ（需求侧改革）、情景Ⅲ（资本市场有序化）、情景Ⅳ（地方政府债务攀升）、情景Ⅴ（企业杠杆率过高）、情景Ⅵ（全球疫情发展）、情景Ⅶ（中美贸易摩擦加剧）、情景Ⅷ（国内外总体环境不确定性）进行数值模拟，所得的预测结果显示，2021年中国宏观经济整体下行压力较大，需要同步进行逆周期政策调节与改革开放深化，以应对当前国内外的复杂局面。

立足中长期的视角来看，中国畅通国民经济循环主要面临供给侧、需求侧和国际循环三方面的挑战：一是中国经济当前面临的发展不平衡不充分问题，主要体现在供给侧的结构性失衡和供给质量水平的不充分；二是中国经济内需的提振面临诸多难题，包括资本报酬边际收益递减而带来的投资下滑，收入差距拉大和中等收入群体偏低及家庭部门杠杆率不断上升而带来的消费不足；三是中国经济国际大循环面临外需市场的萎缩和一些地缘政治因素的干扰，出现一个世界、两种体系的趋势。这些问题的解决，需要通过继续深化供给侧结构性改革和提升产业链安全，加大需求侧改革和注重需求侧管理，以及更大力度的对外开放，借力更高水平的国际大循环来实现。从更加全局和长远的视角来看，中国需要实现好国家发展与治理三要素的有机平衡，即包容性经济制度，国家能力和政府执行力，以及民主法治、公平正义、包容透明的社会治理。课题组认为，通过高水平、全方位开放倒逼体制性、结构性改革，有助于畅通国民经济循环，实现中国经济高质量发展。

## 一、经济走势及主要问题

### (一)消费回暖，下半年增速稳健

受新冠疫情影响，2020 年 1—2 月份的社会消费品零售总额同比增速断崖式下滑－20.5%。随着疫情在国内得到有效控制，各行业复工复产进程加快，叠加中央和地方以及企业多重活跃市场、拉动消费的刺激政策，自 3 月份以来社会消费品零售总额逐渐回温，同比增速稳步提高。8 月份名义同比增速首次转正，进而 9 月份实际同比增速也转正。进入第四季度，伴随着国内总体经济的企稳、国际疫情的控制以及疫苗的研发和投入使用，居民消费信心增长。2020 年 10 月、11 月份的名义同比增速分别为 4.3%和 5.0%，仅比上年同期低了 3 个百分点；而实际同比增速在第四季度前两个月已超越上年同期水平，分别为 4.6%和 6.1%。

### (二)投资稳步回升，制造业投资回升加快

2020 年 1—11 月份，全国固定资产投资同比增长 2.6%，增速比 1—10 月份提高了 0.8 个百分点。其中，民间固定资产投资增长 0.2%，民间投资增速首次转正。从投资的三大组成部分，即制造业、房地产和基建投资增速看，制造业投资回升速度较快，需求好转使得工业企业利润持续改善，1—10 月份工业企业利润增速首次转正，工业中的制造业 1—10 月份

利润增速为 4.2%，比 1—9 月份增速回升 3.1 个百分点。随着制造业利润增速明显回升，制造业投资增速改善加快。1—11 月份房地产销售面积增速进一步回落，土地购置费用趋缓，房地产业增速回升减缓。基建投资增速回升放缓，全年基建投资因财政支出和施工进度限制等因素不及预期。未来随着美国大选的落地和新冠疫苗的积极研发，海外需求回暖，叠加国内消费需求改善，预计制造业投资回升向好，财政收入和施工进度好转等因素使得基建投资高于 2020 年，房地产投资将保持稳定，2021 年全年在低基数效应下投资增速较高。

### （三）进出口增速持续攀升，贸易顺差较上年同期大幅度上升

2020 年 1—11 月份，全国出口、进口增速均在第一季度经历大幅度下降，并自第二季度以来持续攀升，贸易顺差比 2019 年同期增加 861.0 亿美元。进出口增速持续攀升的主要原因包括：第一，2020 年上半年出口价格大幅度上涨，有效拉动了第二季度出口增速的回升。疫情期间贸易成本迅速上涨，使 2020 年第二季度出口价格平均增长 6.8%。第二，防疫物资出口强劲增长。国外疫情的持续使得国外对中国防疫物资的需求大幅度上涨，有效拉动了出口的增长。2020 年 1—10 月份，防疫物资累计出口增速高达 272.8%，大幅度拉动了总出口的增长。第三，中美之间的进出口增速较高。受中美贸易摩擦的影响，2019 年中国对美国出口下降 12.5%，从美国进口下降 20.9%。在较低的基数和中美疫情走势分化的共同影响下，2020 年 1—11 月份，中国对美国出口和从美国进口分别累计增长 5.8%和 6.7%，支撑了总体进出口的迅速恢复。第四，跨境电商的发展有效缓解了疫情对外贸的负面冲击。2020 年 4 月份，国务院同意在 46 个地区和城市设立第五批跨境电商综合试验区。截至目前，全国跨境电商综合试验区数量增至 105 个，已经覆盖了我国 30 个省区市。商务部、海关总署、税务总局等部门也出台一系列政策支持跨境电商交易，极大地促进了线下贸易向线上贸易的转移，部分缓解了疫情对线下贸易的负面冲击。2020 年前三季度，我国通过海关跨境电商管理平台进出口 1 873.9 亿元，同比增长 52.8%，跨境电商成为疫情下稳定进出口增速的重要方式。

## (四)劳动力市场受疫情冲击大，虽逐渐回暖但仍然承压

2020 年全年失业率先升高后下降。受新冠疫情影响，2 月份达到 6.2%的最高值，随着复工复产进行，失业率逐渐波动下降，到 11 月份下降至 5.2%，同比下降 0.1%。但当前失业率的下降除了表明劳动力市场有所改善外，也有可能是城镇劳动参与率下降的结果。新增就业人数同比降幅收窄，截至 11 月，新增就业人数累计 1 099 万人，全年同比降幅从 2 月份最高点 37.93%逐步收窄至 14.07%，但仍然低于上年同期。从求人倍率看，2020 年全国求人倍率一直保持高位，在第三季度达到 1.4 的最高点，这主要是由于需求人数和求职人数同步下降，而求职人数下降更快所致。疫情期间，各 PMI 指数大幅度下降；随着疫情好转，PMI 从业人员指数逐步上升，基本稳定在上年同期水平。全国企业就业人员周平均工作时间在 2 月份跌至最低点 40.2 小时，至 6 月恢复到正常水平，11 月为 46.9 小时，同比上升 0.2 小时。结合以上事实分析，疫情对劳动力市场的影响至少包括以下两个方面：第一，尽管短期内劳动力退出劳动力市场，但是当疫情好转这部分劳动力即可恢复就业；第二，由于疫情导致的结构性变化，部分劳动力需要重新选择工作岗位，因此职业培训会在一定程度上改善劳动力市场。收入方面，居民人均可支配收入累计值在疫情期间大幅度下降，之后缓慢上升，到第三季度为 23 781 元，同比增长 0.6%，增速较上年放缓。城镇与乡村居民可支配收入累计值分别为 32 821 元和 12 297 元，城镇居民实际收入同比下降 0.3%，农村居民实际收入同比上升 1.6%，总体收入上升由农村居民拉动。城乡居民收入比值为 2.67，同比下降 0.08，2020 年城乡收入差距仍保持长期下降趋势。

## (五)CPI 和 PPI 剪刀差不断缩小

受新冠疫情、食品价格和国际原油价格等因素的影响，2020 年前 11 个月 CPI 同比增速大幅度下降，累计同比增速为 2.7%，1 月份创下近 9 年来的最高值 5.38%，11 月份创下近 11 年来的最低值－0.5%；扣除食品和能源的核心 CPI，同比增速也明显下降，累计同比增速为 0.9%，7 月份创下自 2013 年有指标以来的新低 0.5%，并连续 5 个月保持在该值；PPI 同比增速先下降后上升，累计同比增速为－2.0%，5 月份也达到近 4

年来的最低值－3.7%；前三季度 GDP 平减指数同比增速先降后升，累计同比增速为 0.7%，第二季度是自 2016 年第一季度以来首次转负。CPI 同比增速相较于 2019 年同期的 2.8%略有下降。从食品来看，2020 年前 11 个月食品价格平均上涨 11.5%，导致 CPI 上升约 2.3 个百分点，而 2019 年同期食品价格增速为 8.5%，拉动 CPI 上升约 1.7 个百分点。从非食品来看，2020 年前 11 个月非食品价格平均上涨 0.4%，导致 CPI 上涨约 0.32 个百分点，而 2019 年同期增速为 1.4%，拉动 CPI 上升约 1.12 个百分点。因此，2020 年 CPI 同比增速下降主要是因为非食品价格同比增速明显下降。然而值得注意的是，2020 年 CPI 同比增速大幅度变化，从 1 月份的高峰快速回落到 11 月份的负增长，这主要是受疫情以及猪肉价格的叠加影响。2020 年非食品价格同比增速明显下降，其中降幅较大的是衣着类、居住类和交通通信类，主要是因为新冠疫情导致需求下降和国际油价下降。受全球新冠疫情、原油价格和刺激政策等因素的影响，2020 年前 11 个月 PPI 累计同比增速较 2019 年同期－0.3%的增速也明显下降。2020 年下半年在一些国家多款新冠疫苗获批上市，部分疫苗已经开始接种，预计 2021 年将有更多国家陆续开展大规模接种，全球新冠疫情将有望得到有效控制，疫情对经济的负面影响将逐步减弱。考虑到疫苗普及对全球新冠疫情的影响、全球经济复苏速度、食品价格波动、国际原油等大宗商品的价格变化趋势、刺激政策的滞后影响以及基数效应等各种因素，课题组认为，2021 年 CPI 年均增速将较 2020 年有明显下降，并在 0 附近波动；PPI 同比增速将波动上升，并由负转正；相应地，GDP 平减指数同比增速也将有所上升。

### （六）2020 年金融市场整体平稳运行，2021 年应警惕国有企业债务问题

为对冲新冠疫情对经济造成的影响，2020 年货币政策总体较前两年宽松，货币供应增速中枢上移至 10%以上，快于名义 GDP 的增速。实体经济融资需求则与货币供应增速相匹配，人民币贷款、非金融企业债券融资和政府债券融资是社会融资增长的主要推动力，表外融资拖累减小，增量信贷中中长期贷款占比显著提高，为帮助企业渡过难关发挥了重要作用。具体来说，截至 2020 年 11 月，M2 余额同比增长 10.7%，增速环比

上升 0.2 个百分点,同比上升 2.5 个百分点;社会融资规模存量为 283.3 万亿元,同比增加 13.6%。利率方面,市场整体流动性合理充裕,实体经济的融资成本总体下降明显。具体来说,在央行于前两个季度全面或定向降准 3 次共释放 1.2 万亿元流动性、中期借贷便利(MLF)和公开市场操作(OMO)利率各下调了 30 个基点的背景下,2020 年 11 月末,DR007 的加权平均利率为 2.3%,第三季度末各类贷款的加权平均利率为 5.12%。

值得注意的是,2020 年国有非金融企业发行债券的违约只数大幅度上升,尤其是中央国有非金融企业的违约债券数为 30 只,较 2019 年增加了 24 只。从涉及资金的规模来看,国有非金融企业债券违约涉及资金规模占比大幅度上升至将近 50%,其中,中央国有非金融企业单只债券涉及的平均资金规模大幅度上升。从违约率来看,国有企业的违约率在 2020 年大幅度上升,其中,中央国有企业的违约率在疫情爆发之初达到最高点后维持高位,而地方国有企业的违约率则仍处于持续攀升的状态。根据存量债券的数据显示,国有企业在 2021 年偿债压力很大。具体来说,在 2021 年即将到期的非金融企业债券中,中央国有和地方国有非金融企业涉及的规模分别约为 2 万亿元和 4 万亿元,国有企业所发行债券在 2021 年的到期量占总规模的 82.2%。可见,不同于 2018—2019 年以民营企业发生违约为主,2020 年国有非金融企业的债券违约风险快速上升,成为债券市场新的风险点。更重要的是,国有企业违约除了会对相关债权人产生负面影响外,还会向债券市场释放十分负面的信号,使得其他企业由于债券融资受阻而进一步产生流动性问题,从而产生更多更大的违约风险。因此,2021 年需重点关注国有企业所涉违约风险,以保持金融市场平稳运行。

### (七)外汇储备规模总体稳定,下半年人民币宽幅震荡升值

2020 年以来,突发的新冠疫情、内外需疲软、国际金融市场剧烈震荡等一系列内外部不确定性因素,使外汇储备波动增大,但总体上其规模比较稳定。2020 年第一季度,外汇储备规模从年初的 3.12 万亿美元下降至 3.06 万亿美元,3 月环比降幅达 1.48%,为 2016 年以来最大单月降幅。之后,外汇储备规模连续 5 个月回升,8 月份上升至 3.16 万亿美元。第四季度外汇储备继续站稳 3.1 万亿美元,与年初外汇储备规模持平。

国内外新冠肺炎疫情发展成为影响人民币汇率走势的关键因素。2020年上半年,人民币汇率经历了3次较大程度的贬值和回调过程,至7月初处于7左右水平。2020年下半年,人民币震荡升值,11月15日升值突破6.6。受新冠疫情、中美贸易摩擦和频频发生的全球金融市场动荡等因素的影响,2020年人民币汇率双向波动增强,表现出较强的“弹性”和“韧性”。这体现了我国疫情防控和复工复产取得有效进展,人民币汇率市场形成机制不断完善。从内部环境来看,我国疫情防控成果显著,经济恢复增长。同时我国坚持稳健的货币政策,保持灵活适度的操作,实施必要的宏观审慎管理,推动金融供给侧改革,扩大金融开放,促进更高水平的对外开放。从外部环境来看,相比于美国无底线的宽松货币政策,我国货币政策仍留有较大的空间,中美利差处于高位,利好人民币资产。但是,境外疫情和世界经济形势仍存在很大的不确定性,美国单边主义和贸易保护主义的政策导向未发生实质性改变,中美贸易摩擦可能会再度升级。因此,课题组预估,2021年人民币兑美元汇率(CNY/USD)波动幅度将加大,但仍会保持在合理区间内。

## (八)农民工提高社会总生产率,但仍需提高流动性

近年来,农民工的流动性有所提高,越来越多的农民工进入城市发展;与此同时,伴随着教育水平的不断提升,农民工的生产效率也会随之提升,这一趋势对于社会整体的产业结构和生产率水平都会有影响。本报告发现,农民工可以很好地适应整体社会产业结构调整,甚至极大地推动了第二、第三产业结构变化。同时,随着越来越多的农村劳动力成为农民工,以及农民工生产效率的相对提升,农民工对于各个产业生产率变化的影响逐渐增大。然而,产业本身生产率变化仍然远远快于农民工相应的流动。因此,深化户籍与土地改革、保障农民工权益、降低流动壁垒将进一步提升社会生产率。

## (九)扶贫效果显著,贫困人群收入持续增加但水平仍然较低

我国的精准扶贫政策有效解决了现阶段的贫困问题,产业发展扶贫以及健康与兜底保障扶贫对贫困人群的收入增加有正向效应,其中产业发展扶贫政策的短期效果最为显著,而教育扶贫政策在长期层面效果可

观。贫困人口数量在政策影响下不断减少,最低收入群体绝对收入持续增长且相对收入呈现上涨趋势,这意味着我国的现行政策识贫精度高、扶贫力度大,精准帮扶切实有效。但贫困人群内部依旧存在脱贫难度大、返贫风险高等问题。根据以上分析,课题组认为,未来要进一步巩固提高脱贫成果,推动短期政策扶贫向长效机制减贫转变,将可持续减贫制度纳入常规治理轨道。短期来看,要完善返贫监测与帮扶机制,发挥健康扶贫与兜底政策对高风险人群的保障作用;长期来看,则要激发内生动力、推动产业发展、坚持人才培养,推进脱贫攻坚与乡村振兴的有效衔接。

### (十)劳动力市场教育错配程度较高、对工资影响显著

课题组利用2018年中国家庭追踪调查数据研究发现,我国劳动力市场中劳动者受教育程度与工作岗位的匹配率为39.70%,过度教育的发生率为24.40%,教育不足发生率为35.90%。相对于西方发达国家平均10%左右的教育错配率,我国教育错配发生率高、错配程度突出,表明我国劳动力资源配置效率较低。我国劳动力市场教育错配还表现出显著的异质性,女性劳动者的教育不足率为34.50%,低于男性劳动者的教育不足率;西部地区的教育不足率最高,为38.50%,高于中、东部地区35%的水平;第一产业的过度教育率为15.90%,低于第二产业的21%和第三产业的26.90%;从教育不足率来看,第一产业的教育不足率最高,达到了68.30%,远高于第二产业的43.50%和第三产业的30.10%。劳动力市场教育错配对工资的影响十分显著。在教育程度相同的情况下,教育不足对工资的影响显著为正,而过度教育对工资的影响显著为负,这意味着过度教育劳动者的工资比恰好匹配的劳动者的工资低,而教育不足劳动者的工资比恰好匹配劳动者的工资高;也表明劳动力市场对过度教育有一定惩罚,而教育不足却有一定的工资溢价。劳动者教育错配可能意味着通识型教育对劳动者的技能培养不能很好地与劳动力市场匹配,我国人力资源未得到充分的开发和利用,这不利于我国生产效率和经济发展质量的提升,应通过教育改革优化教育方式、完善劳动力市场供求结构、促进人力资本积累,来提升我国的国际竞争力。

### (十一)人口结构压力凸显并将逐渐增大

从中国人口结构整体的变化趋势来看,0～14岁人口占比下降趋势

放缓，2019 年稳定在 17.8%左右的水平；15～64 岁人口占比在 2010 年达到峰值(73.3%)后，开始呈现出下降趋势，并在 2019 年下降到 70.7%；65 岁及以上人口比例上升势头明显，2019 年已达到 11.5%的水平，并且还呈现出逐渐加快的趋势。从国际比较的角度来看，中国 0～14 岁人口占比低于其所在收入水平地区(中高等收入国家)其他国家平均水平 4.8 个百分点(2019 年)，面临 0～14 岁人口占比过低的问题。15～64 岁人口占比虽仍处于较高的水平，但该阶段人口占比优势总体在不断减小。65 岁及以上人口占比上升趋势快于中高等收入国家平均水平。同时，若与人均 GDP 水平相近的国家相比，中国 65 岁及以上人口占比要高于它们的平均水平，即出现了未富先老的人口结构。报告还对中国未来的人口结构进行了简单预测，预测结果显示，0～14 岁人口占比将在不同的出生率下分化出不同的趋势，即在 2018 年中国、2018 年欧盟、2018 年日本以及粗出生率为 0.5%这 4 种情景下，0～14 岁人口占比会先下降后上升，并在 2033 年左右达到最低点(分别为 15.9%、13.7%、11.1%、7.7%)，而在 2018 年中等收入国家情景中，0～14 岁人口在 2019—2033 年会经历一个快速上升期，达到 24.7%的水平后进入缓慢上升期；15～64 岁人口占比则呈现出一致的下降趋势。在最乐观的情景(2018 年中等收入国家)下，15～64 岁人口占比在 2050 年会达到 54.5%；而最悲观的情景(粗出生率为 0.5%)下，会在 2050 年达到 58.9%。65 岁及以上人口占比上升趋势则会在未来持续一段时间，在最乐观的情景(2018 年中等收入国家)下，65 岁及以上人口占比会在 2041 年达到最高值，为 21.3%；在最悲观的情景(粗出生率为 0.5%)下，65 岁及以上人口占比会在 2039 年超过日本 2019 年 65 岁及以上人口占比(为 28.02%，2019 年全世界最高)，并在 2050 年达到 33.01%。预测结果表明，若大力出台鼓励生育政策，降低生育、养育、教育成本，并保障女性权益，且出生率得到较为明显的提高，那么一定程度上可以缓解老龄人口占比过高的情况，同时也能更快地过渡到老年人口占比下降、中年人口占比上升的阶段。

### (十二)家庭部门杠杆率激增，资产负债表衰退迹象初显

家庭金融配置方面，经历了由疫情导致的第一季度大滑坡之后，家庭部门债务再次开始持续攀升。截至 2020 年第三季度，家庭部门杠杆率

(家庭债务余额与 GDP 之比)已经升高至 64.1%,比上一季度增加了 4.4 个百分点。并且疫情后每个季度杠杆率都增加至少 2 个百分点,远远超过疫情前每个季度 1 个百分点的增速。在全球疫情状况仍不明朗、中国经济仍未完全恢复的背景下,家庭部门积累的大量债务仍然会削弱家庭的现金流,这可能会成为实现国内大循环、需求侧改革顺利进行的制约因素。伴随着近些年来家庭债务的膨胀,长期来看,家庭部门的储蓄率正逐年下降,已经由 2010 年最高值的 42.1%下降到 2018 年的 34.8%,平均每年下降近 1 个百分点。但短期内疫情引发的家庭预防性储蓄动机以及强烈的购房动机则对消费造成显著挤出效果。同时,当家庭面临一个突发的负面冲击时,如果受到流动性约束的有房有贷的家庭不但消费降低,而且其比例也会受疫情影响而提高,那么这就会对疫情的负面影响起到放大效果。利用疫情期间的网络调查数据,课题组发现,相对于有房无贷的家庭,有房有贷的家庭以及无房的家庭在疫情期间消费下降更多,且针对 2020 年下半年的消费更加保守。课题组的结论也与宏观数据相印证。2020 年第三季度家庭部门的消费需求仍较疲软,除食品烟酒和居住外,在衣着、生活用品及服务、交通和通信、教育、文化和娱乐、医疗保健、其他用品及服务等分项的消费仍低于上年同期。基于以上分析,课题组认为,我国家庭部门加杠杆必须减速,“房住不炒”的政策必须得到坚决执行。同时,针对此次疫情,在中国经济全面复苏、企业生产基本恢复的情况下,应将政策重心向家庭部门倾斜,针对不同收入群体实施不同政策。特别是对低收入困难群体应适时增加财政补贴力度、扩大失业保险领取范围,应将财政重心放在增加家庭流动性、修复家庭资产负债表上。

### (十三)金融系统稳定性未见改善,中小银行脆弱性进一步上升

当前我国经济面临的内外部宏观环境的复杂性前所未有,金融部门也面临不少潜在冲击。我国宏观杠杆率的持续攀升,尤其是国有企业债务风险和地方政府债务风险的上升,给我国银行系统的稳定运行带来了较大挑战。根据条件在险价值(CoVaR)模型对我国银行系统稳定性的评估,课题组发现,在实体部门受疫情明显冲击的背景下,当商业银行受到个体性冲击时,国有商业银行的风险溢出连续 4 个月上升,城市商业银行和农村商业银行的风险溢出水平自 2020 年 8 月以来持续上升,为 2018

年以来的最高水平，股份制银行的风险溢出率也处于高位。更重要的是，国有商业银行风险溢出水平没有因为我国经济率先复苏而明显下降，依然维持在高位水平，使得2020年以来金融机构发生个体风险时其平均风险溢出水平持续处于高位。在商业银行受到系统性冲击时，虽然国有商业银行的风险溢出率依然高于其他银行，但是这一差距较2019年年末缩小了8个百分点。一方面，国有商业银行的风险溢出程度较年内的高峰有所下降；另一方面，股份制银行的风险溢出程度仍在高位徘徊，而城商行和农商行的风险溢出程度则呈现快速持续上升之势。城市和农村商业银行的风险溢出比例从3月开始由降转升，并已持续了9个月而未见有所减缓的趋势，而且其风险溢出比例与股份制和国有商业银行的差距已大幅度缩小至不到3个百分点。总体而言，我国银行系统的稳定性与以往相比仍显脆弱，而且虽然国有商业银行的稳定运行仍然是维持我国金融系统稳定的关键，但中小银行对系统的影响进一步上升，需进一步加大对中小银行风险的关注。

### （十四）不确定性攀升致使银行资本缓冲水平下降，“稳金融”形势依然严峻复杂

在当前加快构建以国内大循环为主体、国内国际双循环相互促进新发展格局的关键时期，中国迫切需要一个稳定的金融环境作为支撑。商业银行作为金融系统的主体，其稳定性是防范和化解系统性金融风险的微观基础。就银行个体而言，充裕的资本缓冲能够有效增强其抵御风险和吸收损失的能力，是维护自身稳定的最后一道屏障。经济政策不确定性是市场风险的重要组成部分，在决定银行资本缓冲方面扮演着重要角色。尤其是在2020年初突如其来的新冠肺炎疫情冲击下，经济政策不确定性空前高涨。在此情形下，深入剖析经济政策不确定性对银行资本缓冲水平的影响，无疑具有重要的实践价值。为此，课题组通过匹配2007—2019年中国182家商业银行微观数据和经济政策不确定性指数数据，定量识别了经济政策不确定性对银行资本缓冲的影响。检验结果发现，经济政策不确定性上升会显著降低银行资本缓冲水平，并且这种负向影响在地方性银行中表现得更为明显。据此，课题组认为，需加强宏观经济政策调控与金融监管部门的协调配合，确保经济政策连续性和稳定

性,以降低经济政策波动对银行资本缓冲的负面影响,以期为防范和化解系统性金融风险提供稳定的经济政策环境。

### (十五)疫情之下地方政府偿债压力加大,警惕债务风险外溢蔓延

在当前经济体各部门间关联性日趋紧密的背景下,随着地方政府债务规模的不断积累,地方政府部门独立的债务偿还风险容易演化成为房地产市场和金融系统等领域的潜在风险点。因此,课题组基于地方政府与其他部门之间复杂的债务债权关系,考察了地方政府债务对房价和银行风险的影响机理。课题组发现,地方政府债务规模扩张是造成房价上升的重要因素;与此同时,地方政府债务规模扩张也会诱使银行承担更多风险,造成银行风险水平增加。据此,课题组认为,地方政府债务风险极易外溢至其他经济部门,需合理控制地方政府债务规模和科学设计地方政府债务期限结构,同时以市场化方式弱化地方政府对银行体系的行政干预,才能从源头上引导虚高的房价回归理性,杜绝财政金融风险的发生。

## 二、主要指标预测及政策模拟

课题组基于IAR-CMM模型对中国经济增长和各关键经济指标进行了预测。表1报告了2020年与2021年各关键经济指标的实际增长情况和预测结果。

课题组对2021年基准预测的外部环境主要假设条件包括:(1)2021年美国的新冠疫苗接种有效率达到50%。(2)受新冠肺炎疫情蔓延全球的影响,2021年全球经济逐渐复苏,以美联储在2020年12月份的FOMC会议上将美国2021年全年经济实际增速上调为4.2%,欧洲央行在12月份下调欧元区经济增速的预期为3.9%,国际货币基金组织10月份经济展望报告预测2021年日本实际经济增速为2.3%,东盟五国实际经济增速为6.2%。(3)美联储在12月最近一次FOMC会议上决定维持联邦基金利率的目标范围在0～0.25%之间,并配合使用量化宽松的非常规货币政策工具,以促进美国经济逐渐恢复至其就业和通胀目标。(4)人民币兑美元汇率2021年或将在6.5附近宽幅震荡,但仍在合理区间。

(5)国际政治经济环境复杂化。预期 2021 年贸易摩擦仍然存在,疫情不但降低贸易增速,还加剧贸易环境的恶化,比如全球的贸易保护行为将进一步增强。

**表 1　　上海财经大学高等研究院对中国各主要经济指标增速的预测①**　　单位:%

| 指标 \ 时间 | 2020 | | | | | 2021 | | | | |
|---|---|---|---|---|---|---|---|---|---|---|
| | Q1 | Q2 | Q3 | Q4 | 全年 | Q1 | Q2 | Q3 | Q4 | 全年 |
| GDP | −6.8 | 3.2 | 4.9 | 5.7 | 2.1 | 17.0 | 6.7 | 6.1 | 5.8 | 8.4 |
| 投资 | −16.1 | −3.1 | 0.8 | 2.6 | 2.6 | 18.8 | 7.3 | 5.7 | 5.7 | 5.7 |
| 消费 | −11.9 | −3.9 | 0.9 | 4.7 | −2.2 | 23.2 | 10.9 | 6.4 | 5.4 | 10.8 |
| 出口 | −13.3 | 0.1 | 8.9 | 15.6 | 3.6 | 11.3 | 7.0 | 1.2 | 1.0 | 4.4 |
| 进口 | −2.9 | −9.7 | 3.2 | 4.1 | −1.1 | 11.0 | 14.2 | 5.8 | 3.7 | 8.3 |
| CPI | 5.0 | 2.7 | 2.3 | −0.2 | 2.4 | −1.6 | 0.7 | 0.6 | 1.1 | 0.2 |
| PPI | −0.6 | −3.3 | −2.2 | −1.5 | −1.9 | −0.6 | 1.3 | 1.0 | 0.6 | 0.6 |
| GDP 平减指数 | 1.6 | −0.1 | 0.6 | 1.0 | 0.8 | 1.0 | 2.0 | 1.6 | 2.5 | 1.8 |

数据来源:CEIC、Wind、上海财经大学高等研究院。

基于前面对中国经济形势与风险的分析,课题组对 2021 年基准预测的内部环境主要假设条件包括:(1)国内疫情发展趋势延续第三季度以来的情形,疫情得到有效控制,偶有出现零星散发病例。(2)居民杠杆率攀升,继续对消费形成负面影响,假定受 GDP 增速恢复及房地产调控政策有效实施的影响,家庭杠杆率 2021 年再上升 6 个百分点。(3)2021 年基础设施建设投资和房地产投资在低基数效应下持续回暖,制造业投资持续回升。(4)根据银保监会公布的相关数据,截至 2020 年第三季度末,商业银行不良贷款率为 1.96%,课题组假设截至 2020 年末,我国商业银行不良贷款率比例上升至 2.05%。(5)财政政策方面,2021 年将继续执行积极的财政政策,赤字率约收缩至 3%。(6)货币政策方面,保持稳健、灵活、适度的货币政策,预计 2021 年将降准 2 次,每次降 25 个基点,降息 1 次,降 10 个基点。

① 表中 GDP 增长率为实际数据,其他指标均为名义数据;灰底部分的数据为预测数据,其余均为实际统计数据;投资增长率为累计同比增长率,其余增长率均为当季同比增长率。表中预测数据根据截至 2020 年 12 月 21 日所发布的数据。

考虑到中等收入阶层消费能力、扩大内需、资本市场监管、地方政府债务风险、金融系统风险、美国疫苗接种有效率、中美关系、国内外总体环境不确定性等因素，课题组做出如下8种情景分析：情景Ⅰ，中等收入阶层消费能力下降；情景Ⅱ，需求侧改革；情景Ⅲ，资本市场有序化；情景Ⅳ，地方政府债务攀升；情景Ⅴ，企业杠杆率过高；情景Ⅵ，全球疫情发展；情景Ⅶ，中美贸易摩擦；情景Ⅷ，国内外总体环境不确定性。

根据2020年12月中央经济工作会议中宏观政策保持“连续性、稳定性、可持续性”的会议精神，课题组假设2021年各项经济政策可以基本确保宏观经济回到疫情冲击之前的经济增速趋势线，从而使得2020年和2021年两年的平均增速达到5.2%以上，这意味着2021年的目标增速需要达到基准情形下的GDP增速预测值。在基准情景以及情景Ⅱ、情景Ⅵ的乐观情形和情景Ⅷ的乐观叠加情形下，不需要对基准假设中的财政和货币政策进行额外的调整。在其他不同情景下，财政政策或货币政策均需要做出基准假设之外的调整，才能达到保持经济增长总体平稳的目标。表2总结了在不同情景下所需的政策力度。

**表2　各情景假设下实现经济指标增速目标所需的政策力度**

| 情景 | 基准 | | Ⅰ.中等收入阶层消费能力下降 | Ⅲ.资本市场有序化 | | Ⅳ.地方政府债务攀升 |
|---|---|---|---|---|---|---|
| | | | 悲观 | 短期影响较大 | 短期影响较小 | 悲观 |
| 全年GDP增速(%) | 8.4 | | 7.0 | 7.6 | 8.2 | 8.0 |
| 货币政策需增加力度 | 无额外调整 | | 2次降准50个基点 | 2次降准20个基点 | 无额外调整 | 1次降准20个基点 |
| 赤字超预算额(亿元) | 无额外调整 | | 9 825.5 | 5 290.6 | 755.8 | 2 267.4 |
| 赤字超预算比率(%) | — | | 29.77 | 16.03 | 2.29 | 6.87 |
| 估算赤字率(%) | 3.0% | | 3.81 | 3.41 | 3 | 3.14 |
| 情景 | Ⅴ.企业杠杆率过高 | | Ⅵ.全球疫情发展 | Ⅶ.中美贸易摩擦 | | Ⅷ.国内外总体环境不确定性 |
| | 保守悲观 | 悲观 | 悲观 | 保守悲观 | 悲观 | 悲观 |
| 全年GDP增速(%) | 8.1 | 7.6 | 7.8 | 8.0 | 7.6 | 6.4 |

续表

| 货币政策需增加力度 | 1 次降准 20 个基点 | 2 次降准 20 个基点 | 2 次降准 20 个基点 | 1 次降准 20 个基点 | 2 次降准 20 个基点 | 2 次降准 50 个基点 |
|---|---|---|---|---|---|---|
| 赤字超预算额(亿元) | 1 511.6 | 5 290.6 | 3 779 | 2 267.4 | 5 290.6 | 14 360.3 |
| 赤字超预算比率(%) | 4.58 | 16.03 | 11.45 | 6.87 | 16.03 | 43.52 |
| 估算赤字率(%) | 3.07 | 3.41 | 3.27 | 3.14 | 3.41 | 4.22 |

数据来源：上海财经大学高等研究院。

## 三、中国畅通国民经济循环面临的难点、原因及改革治理应对

### （一）中国经济当前面临的发展不平衡不充分问题突出，主要体现在供给侧结构性失衡和供给质量水平不充分

改革开放以来，中国经济发展主要依靠劳动力、资本、土地、自然资源等要素驱动，成就显而易见，但问题也愈益突出，经济增长的可持续性和发展质量面临很大挑战。十九大提出了中国经济从高速增长阶段向高质量发展阶段迈进的基本判断，但正如十九届五中全会通过的《中共中央关于制定国民经济和社会发展第十四个五年规划和二〇三五年远景目标的建议》所指出：发展不平衡不充分问题突出，重点领域关键环节改革任务艰巨，创新能力不适应高质量发展要求，农业基础不稳固，城乡和收入分配差距较大，生态环保任重而道远，民生保障存在短板，社会治理还有弱项。

高质量发展仅靠要素驱动难以完成。当今的时代是信息、人工智能、数字化的时代，企业要想获得新的发展机会，经济要想获得新的增长动力，需要进行结构性体制机制改革和依靠技术创新，从而向效率驱动乃至创新驱动转变，才能提高效率和勃发创新力，但这方面中国还有很多、很大的短板：工业发展在许多地方还靠拼资源、能源、劳动力，造成低效益、低技术，缺乏核心技术，自主创新能力不足，加上体制机制障碍，高质量发展步伐缓慢。从产业经济结构看，中国在国际产业链和价值链分工的位置还处于中低端，高端产业供给短板明显，关键核心技术面临的“卡脖子”

问题非常突出,创新能力难以适应高质量发展的要求。

企业效率和所有制同等对待方面仍然存在较大问题,特别是竞争中性、所有制中立问题长期没有得到实质解决。尽管民营企业创造了50%以上的税收、60%左右的GDP、70%以上的技术创新成果、80%以上的新增就业以及90%以上的市场主体,但相对于国企来说,在贷款审批时间、贷款综合成本、贷款授信额度等各方面,民营企业都受到不同程度的不公平待遇,融资不仅难而且贵。此外,农业发展不充分、农村资源利用不充分、农民增收不充分的现状仍有待进一步改善;城镇化不足,还需要进一步加快。

从区域经济结构来看,发展不平衡严重,城镇与乡村、东部与西部,特别是南部与北部差距越来越大,南方省市的技术创新和经济发展水平远超过北方,尤其是超过东北地区。东北地区人均GDP由改革开放前居首到现在倒数。改革开放初期,全国前十大经济省份中北方和南方省市各占5席,而到了2019年,已经发展为北方省份仅剩下山东、河南2席,东北地区的辽宁和黑龙江已退出前十行列。

从经济金融结构看,金融服务实体经济发展不足,金融机构资金过度流入基础设施、房地产等领域,制造业贷款占比呈逐年下降趋势,同时中小企业融资难融资贵问题依然十分突出。很多民营企业反映,政策看得见摸不着,没有获得感;相反,很多国有企业却享受了信贷的政策倾斜,杠杆率居高。与此同时,一些大企业的技术创新、金融创新对全要素生产率的提高作用并不大,却在资本市场上股价连涨,呈现价值背离的现象。

### (二)中国经济内需的提振面临诸多难题,包括资本报酬边际收益递减而带来的投资下滑、收入差距拉大和中等收入群体过低及家庭部门杠杆率激增而带来的消费不足

首先,从投资来看,改革开放之初,中国缺乏资本,当时即使是很多低端、粗放的投资项目的回报率都在100%以上。随着市场化改革的启动,投资开始爆发式增长,资本形成总额对GDP增长的贡献率长期维持在50%左右。在投资和资本给中国带来高速增长和巨大财富的同时,得益于不断推行的体制改革和产业结构变化,中国资本回报率在较长一段时期内维持在高位。这一状况在2008年之后发生了非常明显的变化,到

2015 年已从 2008 年的近 10％下降到 3％左右，投资需求对 GDP 的贡献逐步下滑。

其次，从消费来看，由于收入差距拉大、财富分配不均，使得消费需求的进一步提升也面临掣肘。尽管中国经济总量已达到全球第二，人均 GDP 也刚突破 1 万美元，但这仅是刚踏进中等发达或者中等偏上收入国家的门槛，与发达国家 5 万美元以上的人均 GDP 相比还有很大差距。人均 GDP 代表了购买力，所以当前仅靠提升国内需求远远不够，还需提振外贸进出口。此外，正如李克强总理所说，中国还有约 6 亿人的月均收入在 1 000 元左右。也就是说，从平均值与中值的巨大落差来看，中国的收入分配格局依然存在不同阶层收入差距悬殊的问题。数据显示，目前家庭部门杠杆率已经升至 64.1％，再加上前面所述的一半以上的家庭没有或几乎没有储蓄，这些问题如果不解决，对提升需求端会造成进一步困难。

### （三）中国经济国际大循环面临外需市场的萎缩和一些地缘政治因素的干扰，出现一个世界、两种体系的趋势

一方面，经济全球化遭遇逆流，世界经济普遍进入低增长轨道，增长速度的中枢区间不断下移，而新冠疫情的冲击又进一步加剧了这一趋势。根据国际货币基金组织的预测，受疫情影响，2020 年世界经济将萎缩 4.4％。并且，发达国家纷纷实行了规模空前的量化宽松和财政赤字，这不可避免会带来后遗症——压缩未来的政策空间，并将在中长期拖累这些国家的经济增长。因此，面向 2021 年和未来一个时期，世界经济将面临一个漫长、不平衡且充满不确定的复苏之路。这对中国意味着过去长期受益其中的庞大外需市场出现萎缩，适当地向内收缩，实现国内大循环有一定的现实必要性。但考虑在外贸占 GDP 三分之一以上的情形下，即使大幅度提升内需也很难弥补对包括美国等发达国家的外贸出口下降。

另一方面，自 2018 年以来中美两国关系不断恶化，差不多是改革开放以来最差的。尽管拜登已取代特朗普成为美国新一任总统，但是在对华关系上的特朗普主义恐怕还将长期存在。如果双方找不到一个妥协的平衡点，就有可能会形成以美国为首和以中国为首的两极，其他国家（如东亚国家）将不得不在经济充满活力且市场巨大的中国和主导国际政治

经济秩序与体系的美国之间做出两难选择，合并同类项，导致一个世界、两个阵营、两种体系、两个市场，且短时间内不会结束。

之所以中国畅通国民经济循环会面临上述种种难点，有些是客观经济规律所致，有些则要归因于现有经济发展模式及其背后的体制机制弊端，主要可归结为以下几个方面。

第一，供给侧结构性改革和市场化改革不够彻底，要素市场化改革严重滞后，竞争政策的基础性地位没有真正确立，企业特别是民营企业在技术创新中的主体地位有待强化。如前文所述，凡是市场化改革取得较大突破的地方，其经济发展绩效往往更大。如果考察2012年以来这一轮的中国经济增长下滑可以发现，凡是国有经济比重越大、民营经济越不发达的省份，往往经济增速越靠后、落差越大，如东北三省、山西省等。相反，那些越是民营经济发达的地方，如广东省、浙江省、江苏省等，下滑就不那么厉害。所以，区域经济结构的失衡背后，是市场化改革进度的失衡。城乡区域发展严重差异也是市场化改革不足所致，特别是城乡二元结构制约了城乡区域协调发展和新型城镇化建设，造成了城乡收入差距。

产业经济结构的失衡则与技术落后有关。技术进步是推动经济增长的内生动力，开放竞争是推动技术创新的重要机制。正是得益于改革开放后的技术引进和开发，中国目前的技术发展水平实现了巨大飞跃，与改革开放之初已不可同日而语，并推动中国形成了相对比较齐整的工业门类，从而实现了中国经济的持续高速增长。中国的技术发展成就不可否认，但是作为科研机构、作为智库机构，我们不能对中国与发达国家在科学技术上依然客观存在着的巨大差距视而不见、盲目乐观，以为一切技术创新都可以自力更生了。

当前，中国在科技攻关方面存在一种强化政府作用的趋势，这在一些重大工程科技领域也许可以发挥一定的作用，但作用有限，在基础科学领域的作用则更为有限，甚至可能是负作用。技术创新的主体，应该是竞争环境下的企业，靠的是企业家和企业家精神。应按照最近中央经济工作会议提出的，发挥企业在科技创新中的主体作用，支持领军企业组建创新联合体，带动中小企业创新活动。同时，技术创新的落后也与原始创新、基础创新的落后有很大关系。中国的基础研究投入占比仅在5%左右，与主要创新型国家15%～20%的占比差距较大，而这些外部性很强的基础性科学创新则主要靠的是政府、高校及研究院所。

第二，国民财富分配不合理，税收未能有效起到扩大中等收入群体比重的作用，社会保障体系不健全会导致居民消费意愿和能力不足。中国经济要形成国内大循环的主体地位，还必须大幅度提高人均国民收入和缩小贫富差距。如果收入差距过大这个问题不解决，没有一个发达的中等收入阶层，老百姓的“生老病居教”等后顾之忧的问题不解决，那么需求就不可能大幅度提振。然而，中国的税收体系在调节高收入、扩大中等收入、提升低收入方面的作用发挥不明显。目前，全国“一刀切”的 5 000 元个税起征点已经不适应经济形势的发展，同时最高边际税率过高，整体累进税率偏高，高于中等发达或以上国家中值水平，不利于中等收入群体的扩大和引进以及留住高层次创新型人才。

根据中国人民银行调查统计司城镇居民家庭资产负债调查课题组 2019 年 10 月所做的调查，城镇居民家庭负债参与率高达 56.5%，并且负债最高的 20%家庭占总样本家庭债务的 61.4%；房贷是城镇居民家庭负债的主要构成，占家庭总负债的 75.9%。[①] 与此同时，中国的社会保障体系也不健全，看病贵、看病难、上学贵、上学难、就业难、安居难等涉及群众切身利益的民生短板问题没有得到有效解决，基本公共服务均等化水平不高，居民扩大消费支出面临后顾之忧。

显然，所有这些都会对居民消费形成挤出效应，大大阻碍了提高国内内需和以形成国内大循环为主体的战略部署。

第三，国际大循环层级不够，对外开放的水平有待进一步提升，在处理与世界其他大国的经济关系时不宜过度强调特色而忽视兼容。目前，中国已经同世界 26 个国家和地区相继签署了 19 份自由贸易协定，但是与美国、日本、欧盟等主要经济体之间尚未达成类似协定，仍处于《全面与进步跨太平洋伙伴关系协定》(CPTPP)等高水平自由贸易区体系之外。毫无疑问，加入 CPTPP 等更高水平的协定意味着中国要在关税减让、市场准入、环境保护、劳工标准、国有企业、知识产权保护等方面的法律政策框架上，按照更高的标准做出必要的调整，这正是开放倒逼改革的良好机会，有利于更好地促进国内国际双循环。

---

① 中国人民银行调查统计司城镇居民家庭资产负债调查课题组. 2019 年中国城镇居民家庭资产负债情况调查[J]. 中国金融，2020(9).

如果过度强调中国特色、强调政府作用、强调国有企业,而忽视与其他成熟市场经济国家的兼容,那么必然导致一个世界、两种体系。真正的市场经济,必然要求要素和商品的跨境自由流动,必然要求对于公有和私有产权的同等保护,必然要求对国企、民企、外企的公平对待,尤其是要更好地发挥外企在倒逼市场化改革和现代企业制度建设方面的“鲶鱼效应”。中国需要建立健全更为广纳式的包容性市场经济制度,真正让市场在资源配置中起决定性作用,让政府更好而不是更多地发挥作用,并且对于政府作用的发挥应该限于维护和服务这两个方面,使之合理定位成“有能、有为、有效、有爱”的有限政府,并基于此来提升国家能力和政府执行力。

面对前文提到的困难和问题,中国要畅通国民经济循环,就必须从三个方面同时着手:一是继续深化供给侧结构性改革和提升产业链安全。二是加大需求侧改革和注重需求侧管理,平衡国民经济。收入差距过大这个问题不解决,中等收入阶层不发达,老百姓的“生老病居教”等后顾之忧不解决,需求不可能大幅度提振,所有这些都涉及重大的改革问题,是管理无法做到的。三是更大力度的对外开放,借力更高水平的国际大循环。毕竟中国依然是贸易依存度最高的国家之一,外贸对中国经济增长拉动超过三分之一,尤其是科技创新,更需要与国际融合,什么都靠自力更生不可行。具体论述如下:

一是加强供给侧结构性的市场化改革,特别是要素市场化改革,确立竞争政策的基础性地位,以所有制中立原则为国企、民企、外企提供公平竞争的市场环境和营商环境,完善劳动力市场供求结构,促进发展驱动向创新驱动转型。供给侧结构性改革最根本的是有效市场制度供给,而不是硬性的产业政策,应该继续以深层次市场化改革为内涵推进并且让各种所有制经济公平竞争,以此提高经济发展的效率,勃发创新力。建立维护和服务型的有限政府,政府是中立的主体,它会带来一个好的市场经济和一个好的社会规范,同时提振民间信心和促进民营经济大发展,这才是中国同时处理好发展的逻辑和治理的逻辑,以及应对当前经济困境的标本兼治的必由之路。

制度才是最关键、最根本、最长效的。在个体的思想境界不是那么高的情况下,市场制度不可替代,必须在资源配置中发挥决定性作用,政府在维护和服务中发挥好作用。营商环境是检测政府与市场关系的一个重要指标,整体而言,中国的营商环境与成熟市场国家相比,改善空间较大。北京、上海、深圳等城市之所以在营商环境方面位居国内前列,一个很重要的原因就是它们的开放度都很高。2020 年是深圳经济特区建立 40 周年、浦东开发开放 30 周年,正是由于率先进行了对外开放的实践探索,才倒逼了这些地区的经济体制改革尝试,继而带来了政府市场边界的厘清和营商环境的改善。

中国经济要实现向创新驱动的发展转型,需要进一步强化民营企业在技术创新中的主体地位。数据显示,中国 65%的专利、75%以上的技术创新、80%以上的新产品开发都由个体、民营企业完成。① 面向未来,中国要加快土地、资本和劳动力要素市场化的改革及深化户籍制度和城乡二元结构的改革,进一步推动创新资源和先进要素向优质高科技民营企业加速集聚,为确保产业链供应链自主可控提供强有力保障。其中,一个很重要的方面是解决民营企业融资成本高的难题:一要充分发挥资本市场股权融资作用,积极支持符合条件的优质、成熟民营高科技企业在境内外资本市场上市融资;二要加快金融体制改革,更好地服务实体经济,通过多种方式积极支持符合条件的民营高科技企业通过企业债、金融票据等工具,在债券市场上进行融资;三要鼓励社会资本发起设立股权和创业投资基金,设立一批为民营高科技企业发展提供资金支持的投资基金和融资担保基金。

二是深化需求端改革和改善,推行有利于扩大中等收入群体、形成橄榄型社会的收入分配政策,健全覆盖“生老病居教”的一揽子社会保障体系,夯实国内大循环的内需基础。国内大循环必然要求中国有一个更加强大、更有韧性的内需市场,来促进形成供给和需求的更高水平内生动态均衡。从经济学角度来看,消费需求取决于消费意愿和消费能力,壮大中等收入群体而不是仅仅靠政府消费刺激政策,才能真正可持续地提振国内消费需求。扩大中等收入群体,最大的人群自然是中低收入群体。在此过程中,要做到两个“尽量确保”:一要尽量确保中低收入群体有向上流动跻身中等收入群体的机会,二要尽量确保现有中等收入群体不因种种

① 《全国工商联发布〈中国民营企业社会责任报告(2019)〉》,http://www.acfic.org.cn/yw/qlyw/201908/t20190823_138599.html.

原因重新跌回中低收入群体。

为此,在初次分配中,要逐步提高劳动报酬的比重,健全工资合理增长机制,着力提高低收入群体收入。同时,要健全各类生产要素由市场评价贡献、按贡献决定报酬机制,完善按要素分配政策制度,多渠道增加中低收入群体的要素收入。在扩大中等收入群体、提高低收入群体收入方面,民营经济发挥的作用至关重要。首要一个重要作用就是提供就业岗位和收入来源。据统计,目前我国 3 200 多万户民营企业和 7 600 多万户个体工商户吸纳的就业人员已达 3.8 亿,平均每年提供 1 000 万以上的就业岗位,解决了 80%以上的城镇就业。政府应通过进一步减税降费来促进民营经济的大发展,促进就业,这将带来中等收入群体的大扩容。

在二次分配中,要围绕壮大中等收入群体,加大税收、社会保障、转移支付等调节精准度,提供公共服务支出效率,切实减轻中等收入群体的税收负担和后顾之忧。政府应通过进一步减税降费来促进民营经济的大发展,稳就业、提收入,以及将个税起征点权限适度下放地方,实行因"地"制宜的个税起征点,让利于民,以带来中等收入群体的大扩容。与此同时,至少是对有条件的发达地区,允许或鼓励地方政府出台政策,降低实际最高边际税率和累进税率,至少是对部分人群,如高层次创新型人才群体,降低累进税率。比如,为了吸引、引进和留住高层次创新型人才,广东省特别是深圳市就出台了类似的政策,效果显著。中国也需要反思以扭曲国内资源配置为代价的出口退税政策,以降低出口退税率及与民生相关的进口关税为突破口,汇聚国内外资源满足人民美好生活需要,尤其是"生老病居教"等民生需要,健全多层次社会保障体系,做到生计有所靠、终老有所养、病疾有所医、住者有所居、求学有所教,这才是广大民众真正所期望的,也是有能、有为、有效、有爱的有限政府的应有之责。

三次分配应允许和鼓励各种非营利社会组织和营利商业企业,利用其专业化能力,参与并做大第三次分配。《2019 年度中国慈善捐助报告》显示,2019 年我国内地捐赠额占 GDP 比重仅为 0.17%,与中等收入或以上国家相差很大。这说明我国慈善事业发展存在巨大空间,需要充分发挥税收对社会捐赠的激励作用以及营造宽松的政策环境。十九届四中全会和五中全会均指出,要"重视发挥第三次分配作用,发展慈善等社会公益事业"。通过社会捐赠的三次分配手段对一次分配和二次分配进行补充。

三是融入高水平国际大循环，在与世界其他主要经济体的贸易与投资谈判中推进制度性开放，按照参与制定的国际规则来保障自身国家利益，并倒逼建立现代市场经济体系。年内，中国参与其中的《区域全面经济伙伴关系协定》(RCEP)正式签署，标志着全球最大规模的自由贸易协定正式达成。这一协定的达成，也为中日韩自贸区(FTA)、中欧全面投资协定等更高水平贸易和投资协定的谈判推进，创造了有利条件。尤其是中欧全面投资协定谈判近期取得了突破性进展。并且，中国还表达了对加入CPTPP持积极开放态度，以及争取早日启动中欧自贸协定谈判进程的意愿，这些都是中国对冲美国单边主义和贸易保护主义以及在与美国进一步进行双边经济谈判时的有利砝码，可对外部贸易争端起到减震作用。

当前的中美形势和国际形势是危中有机，中国只有很好地抓住这次机会，通过“零关税、零补贴、零壁垒”为导向的高水平对外开放倒逼对内的更深层次综合治理改革，建立现代市场经济体系，存异求同、取长补短，而不是过度渲染政治经济社会等方面的差异，过度意识形态化、自我膨胀，才有望让外界看到共同点，化干戈为玉帛，进一步发展壮大自己。在此过程中，中国应主动面向国际资本放宽市场准入门槛，倒逼打破国内民营资本的有形无形投资壁垒，促进统一、开放、竞争、有序的市场秩序的形成，淡化外界认为中国是政府主导市场经济活动的印象。

这里所谓的倒逼，实际上讲的是通过推动制度型开放，实现开放和改革的相互促进。中国要对照、对标国际先进规则和做法，加快形成与国际投资、贸易通行规则相衔接的基本制度体系和监管模式，营造市场化、法治化、国际化的营商环境，鼓励各个地方大胆闯、大胆试、自主改。在风险可控的前提下，中国需要主动研究和试行更高、更深、更广的投资贸易自由化制度安排，从内部推动现行规则、制度逐步向更高标准的国际新规则趋近，并增强运用国际通行规则维护国家安全的能力。在经济全球化的今天，中国经济已经与世界经济深度关联，如果只单纯关注中国自身发展而忽视世界范围的发展，不进行深层次、多方位的综合治理改革和加大开放，将会面临需求瓶颈、技术短板和制度挑战等诸多问题，并可能加重经济不平衡不充分发展的问题，加大陷入中等收入陷阱的可能性，容易退回到封闭状态。

显然,以上改革措施,单靠经济治理领域的单兵突进是行不通的,还必须将国家治理、社会治理的因素也考虑进来,以大的格局、长远视角、国际视野、全局观念、系统思维、综合治理以及风险防范的一般均衡分析方法来处理改革、发展、稳定、创新和治理的辩证关系并加以谋划。为此,中国需要采用国家治理与发展三要素:包容性经济制度,国家能力和政府执行力,以及民主法治、公平正义、包容透明的社会治理。古今中外的实践反复说明,凡是经济社会取得成绩或进步都是这三要素的某些方面得到改进,而出现问题一定是其中某些要素的欠缺所导致。现代国家发展治理三要素其实质就是要正确处理好政府与市场、政府与社会的关系,让三者各归其位,形成互动互促的制度体系,从而需要在政治、经济、社会、文化和生态文明建设等的全方位整体联动改革框架下来进行。中国下一步需要围绕上述三要素进行全面深化改革,继续强化长板、补齐短板。唯有如此,才能畅通国民经济循环,才能实现国家治理体系和治理能力的现代化,在百年未有之大变局中达成中华民族复兴的远景目标。

# 第一章　中国宏观经济发展的即期特征与主要风险

## 一、2020 年以来中国宏观经济发展呈现的主要特征

根据国家统计局数据，2020 年第三季度中国 GDP 累计同比增长 0.7%，中国宏观经济运行已逐步恢复正常，消费者、企业家对经济的信心均明显好转，2020 年中国有望成为唯一正增长的主要经济体。同时，受全球新冠疫情持续蔓延、大国政治经济博弈、国内经济改革走入深水区等多方面因素影响，中国经济仍然面临诸多内外部不确定性。展望 2021 年，从消费、投资、外贸、劳动力市场、债务等各方面的数据以及资本市场的运行趋势综合来看，中国经济在“十四五”规划的开局之年仍然存在一些不容忽视的风险点，需要未雨绸缪加以应对。以下分几个模块，具体阐述课题组对当前中国宏观经济各个方面形势的看法。

### （一）消费回暖，下半年增速稳健

受新冠疫情影响，2020 年 1—2 月份社会消费品零售总额同比增速断崖式下滑至－20.5%。随着疫情在国内得到有效控制，各行业复工复产进程加快，居民生活秩序逐步恢复，叠加中央和地方以及企业多重活跃市场、拉动消费的刺激政策，自 3 月份以来，社会消费品零售总额逐渐回

温,同比增速稳步提高。8月份名义同比增速首次转正,进而9月份实际同比增速也转正。进入第四季度,伴随着国内总体经济的企稳,国际疫情的控制以及疫苗的研发及投入使用,居民消费信心增长,使得2020年10月、11月的名义同比增速分别为4.3%和5.0%,仅比上年同期低了3个百分点。而实际同比增速在第四季度前两个月已超越上年同期水平,分别为4.6%和6.1%。

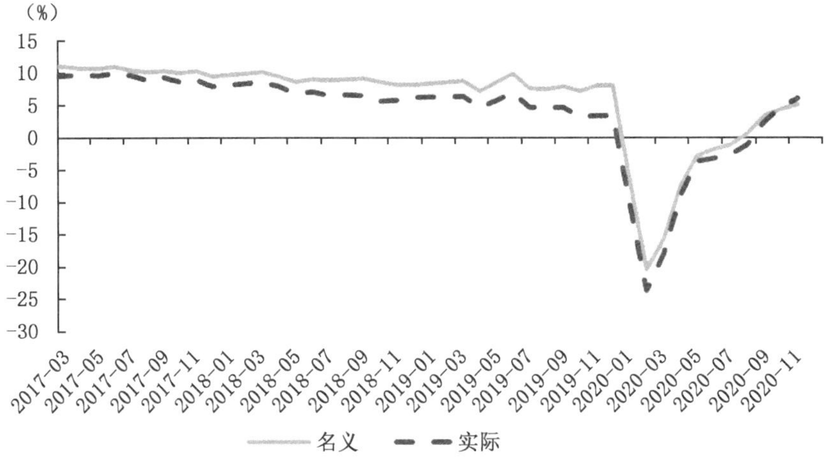


数据来源:国家统计局。

**图1 社会消费品零售总额同比增速**

在疫情期间,网上消费展现出巨大活力,为保民生做出了重要贡献。网上消费的累计同比增速仅在2月、3月份短暂为负,3月份之后立即转正,增速的整体水平在其他消费种类之上。其1—11月份累计同比增速为11.5%,高出社会消费品零售总额累计同比增速16.3个百分点。

网上消费的异军突起一方面与疫情期间需求激增有关,另一方面也与新业态消费模式以及快递物流行业精准对接密不可分。中国互联网络信息中心第46次《中国互联网络发展状况统计报告》显示:截至2020年6月,我国网络购物用户规模达7.47亿,较上年同期增长16.9%。由于疫情扰乱了人们的日常生活,尤其是户外活动,生鲜电商和线上买菜等民生类消费应用出现爆发式增长,用户规模占整体网民的27.4%。

从供给端来看,网络直播带货也在疫情期间表现抢眼,引发了新的消费浪潮。商务部数据显示,五一期间电商直播场次和直播商品数量分别同比上涨100%和470%。课题组在6月份针对上海地区的消费情况做了居民问卷调查。调查表明，有近四成的受访者表示其会通过直播的形式购物。人们普遍认为，相较普通网购，电商直播通过“内容种草”“实时互动”的方式激活用户感性消费，提升了用户体验。同时，国家邮政局发布的《2020年11月中国快递发展指数报告》显示，中国快递发展指数在2020年6月份达到近年来的峰值，为364.2，同比增长75.1%；下半年稍有回落，11月份为312.5，也同比提高35.8%。

进入下半年，网上零售类同比增速放缓，在7月份出现拐点。这也从侧面说明国内疫情得到有效控制，使得线下消费逐渐放开。但课题组分析认为，即使疫情过后，线上消费仍会挤出相当一部分线下消费，因为疫情一定程度上改变了人们的消费习惯。

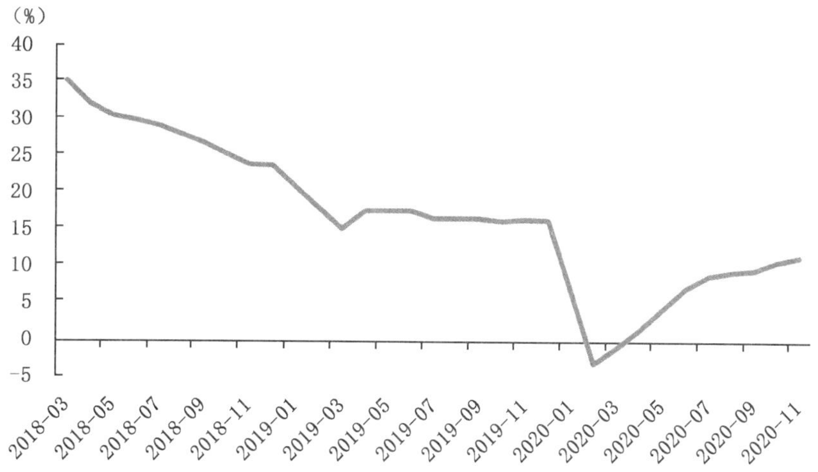


数据来源：国家统计局。

**图2　网上零售类累计名义同比增速**

疫情中同样遭受巨大冲击的餐饮业始终表现欠佳。在国庆节和中秋节的带动下，餐饮类消费同比增速仅在10月份短暂转正，为0.8%，随即在11月份回到负值，为－0.6%。1—11月份累计同比增速为－18.6%。课题组的微观调查数据也显示，58.1%的受访者表示第二季度在外就餐次数少于上年同期。而随着冬季的来临，以及近期多地出现小范围感染，食品安全问题和避免交叉感染降低了人们在外就餐的热情，使得餐饮类消费在短时间内很难有起色。尽管餐饮类消费中包含外卖部分的餐食，但由于疫情导致相当一部分餐馆歇业,即使相对畅销的外卖餐饮也很难扭转餐饮类整体的低迷状态。

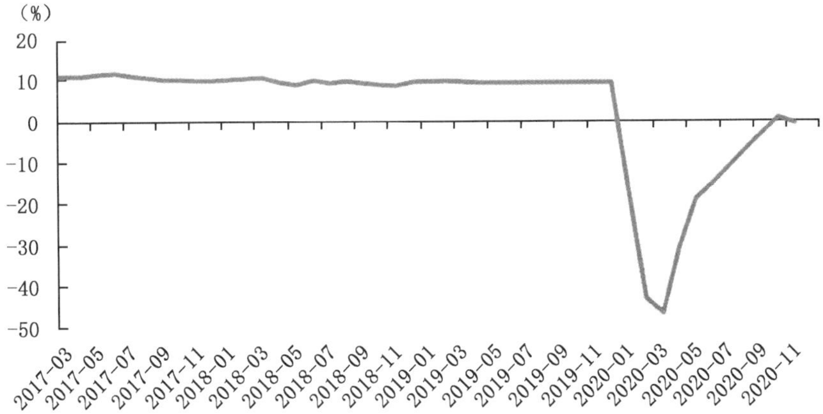


数据来源:国家统计局。

**图3　餐饮类消费名义同比增速**

从营业额角度分类,在社会消费品零售总额中占比三分之一的限额以上企业,其同比增速呈现出与总消费相同的趋势,但优于总消费。在经历了2—6月份相对短暂的负增长之后,限额以上企业自7月份以来同比增速始终为正,且增速强劲。10月、11月份的同比增速分别为7.1%和8.3%,超过上年同期5.9和3.9个百分点。11月份,限额以上企业累计同比增速为－2.8%。

在限额以上企业中,保民生的消费同比增速略高于其他种类消费,且增速波动与总体消费略有不同。首先是食品类消费,其名义同比增速截至11月份始终保持正值。扣除价格因素,其变化与疫情相关性较其他种类消费要弱。首先食品类消费实际同比增速在2020年2月份降到最低值,为－6.96%。这与疫情有一定的关系,因为疫情在1月底全面爆发,各地封城,居家令严格实施。但是,实际同比增速在2月份最低也是趋势性的反应。因为食品类自2019年9月份以来实际同比增速就持续为负,即使2020年春节提早到1月份,也没能扭转负增速的局面。3月份,食品类消费实际同比增速迅速转正,并持续至6月份,这可能与各地出台的消费促销活动有关。课题组第二季度的调查问卷显示,在各类促销中,人们对食品类的消费热情最高。在经历了7月、8月份的短暂低迷之后,9

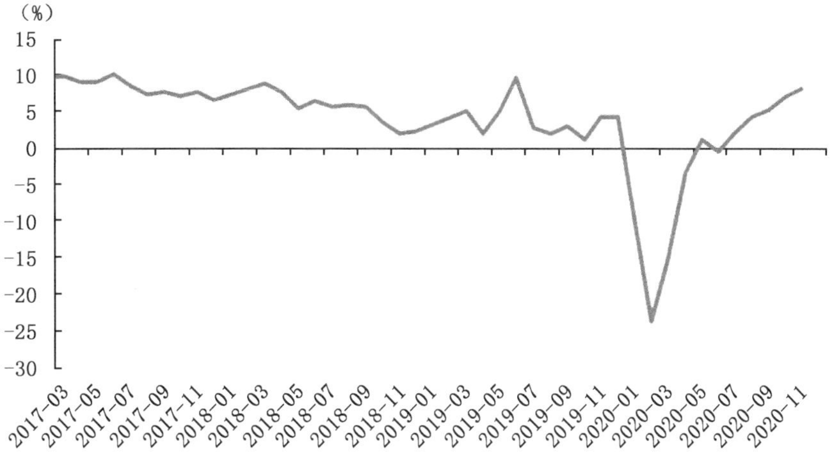


数据来源:国家统计局。

**图 4　限额以上企业名义同比增速**

月、10 月、11 月份食品类消费表现积极。

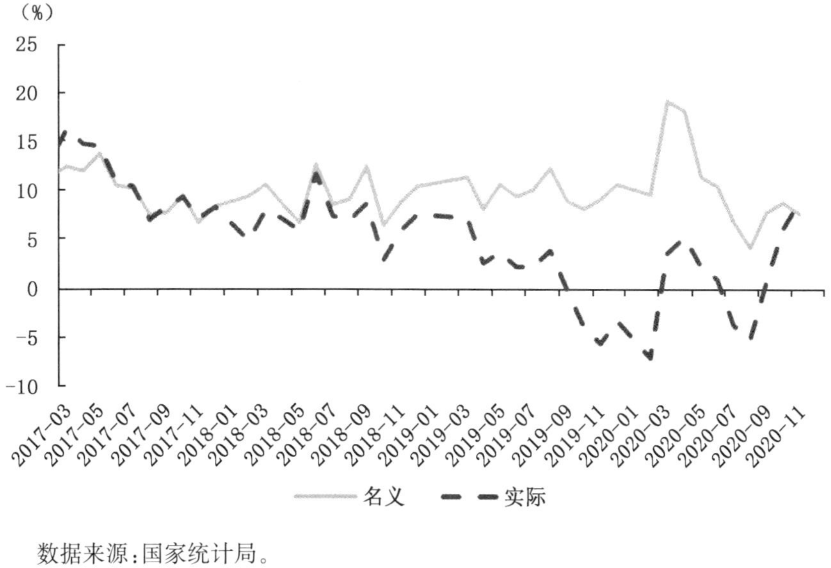


数据来源:国家统计局。

**图 5　限额以上企业中食品类同比增速**

在疫情期间成为生活必需品的中西药类消费总体增速波动较小。自 3 月份疫情逐渐得到控制,各行业纷纷复工复产以来,同比增速始终为正。在夏季疫情传播放缓的 7 月、8 月份,中西药类消费的同比增速出现短暂下降,分别为5.3%和6.2%。进入秋冬季以来,出于预防性心理,人们对药物的需求增加。叠加新冠疫苗在各地纷纷试点,以及高风险人员进行疫苗接种,都使得中西药类的消费需求持续走高。11月份的中西药类消费同比增速为12.8%,为近三年来最高。

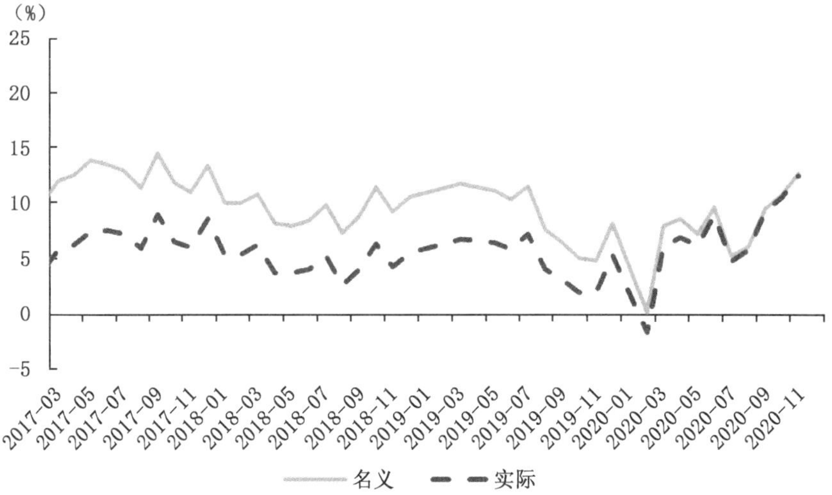


数据来源:国家统计局。

**图6　限额以上企业中中西药类同比增速**

由于日用品类消费中包含相当一部分清洁和消杀用品,其在2月份出现负增长之后,迅速在3月份转正,并且在5月份出现同比增速为17.3%的峰值。随着报复性消费热情褪去,日用品类在下半年的增速虽有波动,但总体来看较为稳定。

疫情的突然爆发使得汽车类消费在1—2月份同比增速跌至－38.9%。但与此同时,人们也意识到私家车在防控疫情方面的安全程度远高于公共交通和出租车,因此,购车欲望也大幅度调动起来。课题组在第一季度的调查问卷中显示,有相当一部分家庭提前或者增加购车计划是出于安全考虑。同时,汽车类消费在社会消费品零售总额中占比在10%左右,属于大宗消费。因此,促进汽车类消费对回补总消费起着至关重要的作用。在国家发改委等11部门于4月底发布的《关于稳定和扩大汽车消费若干措施的通知》之后,各地纷纷出台了相关政策,力图通过实施税收优惠、加大新能源汽车的补贴力度、畅通二手车市场和加大消费信

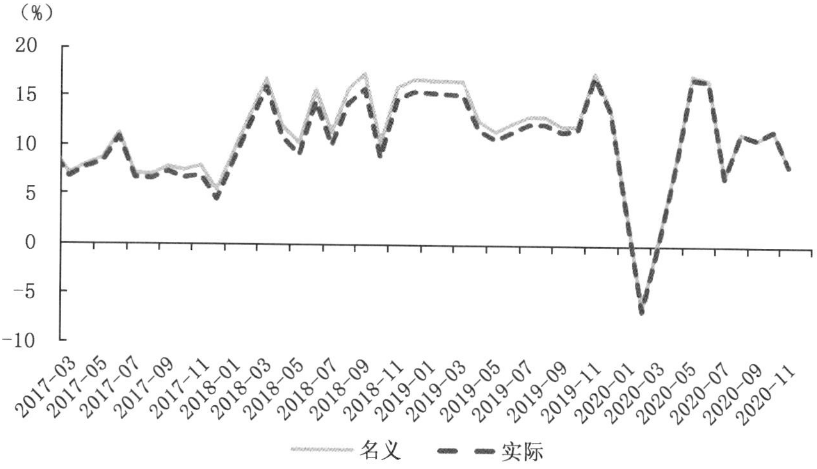


数据来源:国家统计局。

**图 7　限额以上企业中日用品类同比增速**

贷支持力度等一系列政策回补汽车消费。上海出台一系列新能源汽车和减小排放的补贴政策;深圳对不同票面金额的乘用车实施累进制补贴;所有限牌限购城市均放松限牌限购相关政策。在这些政策的刺激下,汽车类消费自 4 月份以来持续增长,其同比增速自 7 月份以来维持在 12%左右的水平。(6 月份同比增速为负是因为上年的高基数效应。)下半年以来,汽车市场的繁荣对社会消费品零售总额的贡献率为 175.8%。

对于其他种类的消费而言,基本呈现与疫情一致的顺周期增速。其中,与消费升级有关的类别涨势喜人,通信器材类、化妆品类和金银珠宝类 11 月份同比增速分别达到 43.6%、32.3%和 24.8%,均为各类别近五年来的最大值。课题组分析认为,这些大幅度增长与“双十一”的电商促销活动关系紧密。2020 年“双十一”购物节分流了相当一部分折扣促销至 11 月 1 日,这一方面减轻了商家和物流在“双十一”当天的压力,也分流消费,对增加总消费有正向影响。天猫数据显示,2020 年“双十一”成交额达 4 982 亿元,同比增长 47.3%。众多品牌中,苹果、华为、美的、海尔等 13 个品牌成交额已突破 10 亿元。京东方面数据显示,在手机品类中,仅 10 分钟,华为手机成交额同比增长超 100%,其中华为 Mate40 系列 7 秒钟成交额便破亿元。化妆品类和金银珠宝类的消费需求也随着疫情趋缓叠加促销活动而走俏。

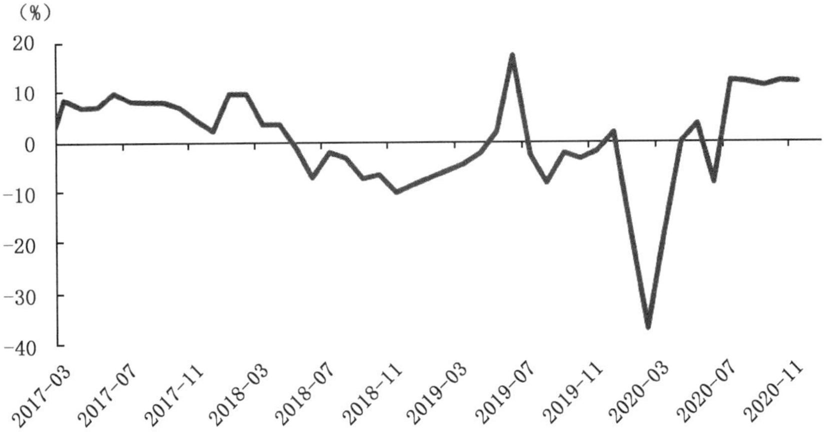


数据来源:国家统计局。

**图8 限额以上企业中汽车类名义同比增速**

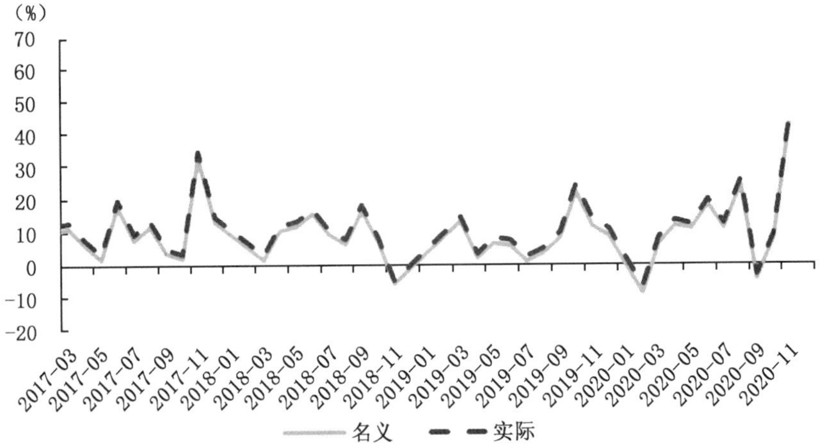


数据来源:国家统计局。

**图9 限额以上企业中通信器材类同比增速**

总体而言,课题组分析认为,由于国内外疫情基本得到控制,加之疫苗的研发和投入使用,因此人们对收入以及消费的信心正在逐渐加强并且回归正轨。

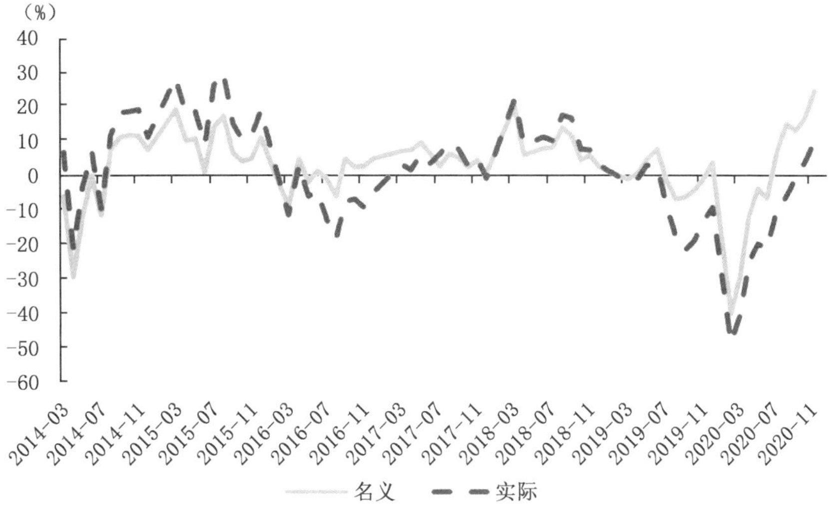


数据来源：国家统计局。

**图 10　限额以上企业中金银珠宝类同比增速**

## (二)投资稳步回升，制造业投资回升加快

1—11 月份，全国固定资产投资同比增长 2.6%，增速比 1—10 月份提高了 0.8 个百分点。其中，民间固定资产投资增长 0.2%，1—10 月份为下降 0.7%。民间投资增速首次转正。民间投资的改善首先表明短期需求的恢复和扩大，其次是疫情冲击对医药制造、医疗专用设备制造等相关行业的拉动作用，最后是税收补贴等政策下包括半导体行业在内的高技术制造业增速较快。从投资的三大组成部分来看，2020 年 1—11 月份制造业投资回升速度较快，受政策因素影响较大的房地产业增速回升放缓，全年基建投资不及预期。

需求好转使得工业企业利润持续改善，1—10 月份工业企业利润增速首次转正，工业中的制造业利润增速 9 月份以来转正，1—10 月份利润增速为 4.2%，比 1—9 月份增速回升 3.1 个百分点。随着制造业利润增速明显回升，制造业投资增速改善加快，1—10 月份制造业投资下降 3.5%，降幅收窄 1.8 个百分点，比 1—9 月份回升速度加快 0.6 个百分点。在前几大行业中，化学原料及化学制品制造业利润 1—10 月份增速首次转正，增速为 2.8%，比 1—9 月份回升 20.5 个百分点，汽车制造业利

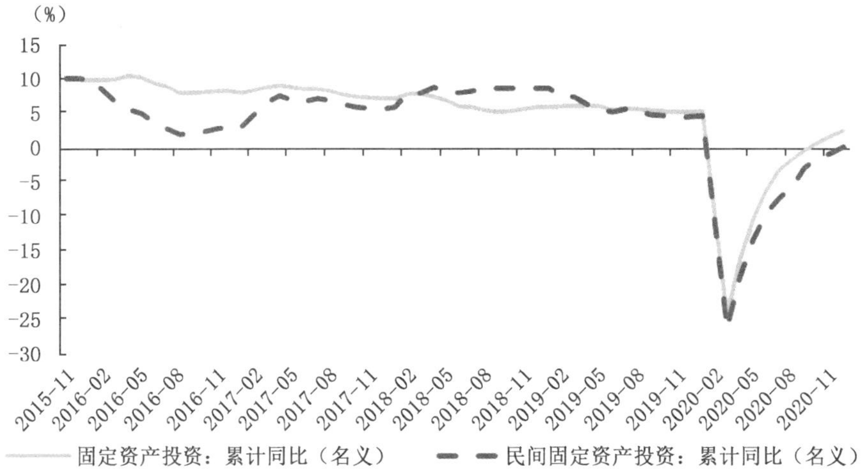


数据来源：CEIC、上海财经大学高等研究院。

**图 11　固定资产投资和民间固定资产投资增速**

润增速为 6.6%，比 1—9 月份回升 3.6 个百分点。计算机、通信和其他电子设备制造业利润自年中高位以来增速下降，1—10 月份同比上升 12.6 个百分点，比 1—9 月份下降 2.9 个百分点。非金属矿物制品业利润增速也首次转正，1—10 月份同比上升 0.9 个百分点。从行业因素来看，国内外需求好转使得煤炭、化工、钢铁等行业利润好转，近期内蒙古反腐、煤矿安全检查等因素进一步控制煤炭供给并支撑化工行业，原油价格上涨也使得原材料价格波动剧烈；计算机、通信等行业则自年中以来由高位进入调整，投资增速理性趋缓。

1—11 月份，高技术制造业投资增长 12.8%，增速比 1—10 月份加快 2.8 个百分点，其中，医药制造业投资增长 27.3%，计算机及办公设备制造业投资增长 20.4%，电子及通信设备制造业投资增长 9.9%，医疗仪器设备及仪器仪表制造业投资增长 7.6%。高技术服务业投资增长 10.0%，增速比 1—10 月份加快 0.6 个百分点，其中，电子商务服务业投资增长 32.2%，科技成果转化服务业投资增长 17.5%，信息服务业投资增长 16.1%。因此除电子通信领域保持较高利润和投资增速外，对医药、医疗机械等的需求使得相关行业投资增速持续提升。非金属矿物制造业投资累计增速自 9 月份以来下滑较少，其中水泥、玻璃等主要建材价格仍保持较强增速。12 月 16 日，工信部发布《水泥玻璃行业产能置换实施办法(修订稿》，有望促进水泥产业集中度，同时对水泥玻璃产能冲击较小，相关行业将来仍可能保持较高景气程度。12 月 8 日，乘用车市场信息联席会(以下简称乘联会)发布月度乘用车销量数据，11 月份乘用车市场零售达到 208.1 万辆，同比(较上年同期)增长 8.0%，实现了连续 5 个月 8%左右的近两年最高增速。乘联会表示，2020 年全国乘用车市场 7—11 月份增速保持强势态势。这首先是宏观经济和出口市场超预期的回暖；其次是新能源车零售的翻倍回暖态势明显，推动车市走强。

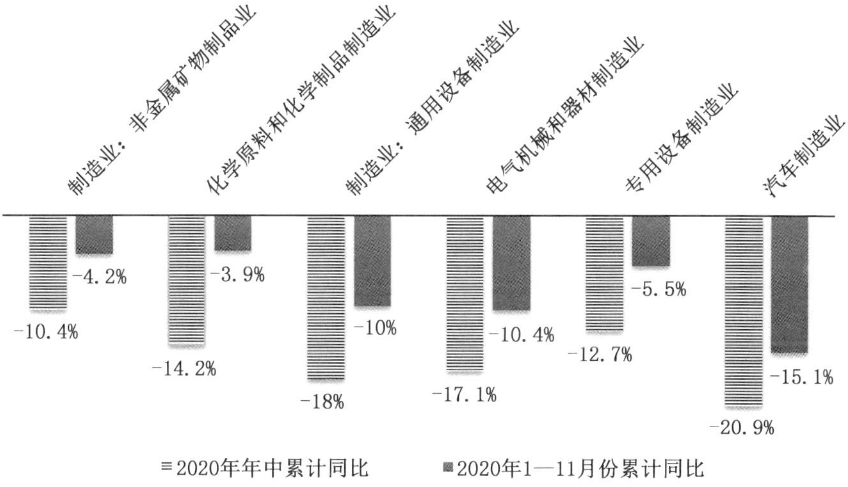


数据来源：CEIC、上海财经大学高等研究院。

**图 12　全国分行业投资累计同比**

总的来说，随着美国大选的落地和新冠疫苗的积极研发，从出口数据观察到的海外需求回暖，叠加国内消费需求改善，制造业投资稳步回升，总体向好，未来在经济大环境转好的前提下应继续强化民营企业信心，提振民间投资。

房地产开发投资保持较高增速且回升速度放缓。从销售数据来看，1—11 月份，商品房销售面积为 150 834 万平方米，同比增长 1.3%，增速比 1—10 月份提高 1.3 个百分点。其中，住宅销售面积增长 1.9%，办公楼销售面积下降 12.8%，商业营业用房销售面积下降 11.1%。由此可见，居民对商品房仍保持较为旺盛的需求，宏观经济受挫和工业、服务业规模增速的下降则对国内办公楼和商业营业用房的冲击较为明显。

1—11月份新开工面积增速下降2.0%，较1—10月份降幅收窄0.6个百分点，施工面积增速为3.2%，2020年以来保持平稳。房地产投资主要部分包括土地购置费和建安投资，大致占比分别为31%和63%。一方面，房地产开发资金来源增速虽有所放缓但仍在较高增速，未来施工面积增速平稳将继续支持建安投资增速；另一方面，土地购置面积进一步下滑，与土地成交价款增速继续分化，表明企业拿地价格上升，而土地购置费用增速几乎止步回升，估计未来房地产开发投资将继续放缓，2021年在低基数的影响下同比增速仍较高。

2020年全年全国房价整体平稳上涨，环比有所回落。11月份70个大中城市新建商品住宅价格指数当月同比增长4.0%，涨幅较上个月下滑0.2个百分点，较6月份回落0.9个百分点；11月份环比上涨0.1%，涨幅较上个月回落0.1个百分点，较6月份回落0.5个百分点。11月份70个大中城市二手住宅价格指数当月同比上涨2.1%，涨幅与上个月持平，与6月份相比下降0.1个百分点；11月份环比上涨0.1%，与上个月持平，比6月份下降0.2个百分点。从城市看，11月份一、二、三线城市新建商品住宅价格指数当月同比分别上涨3.9%、4.2%和3.8%，环比分别上涨0.2%、0.1%和0.1%，环比涨幅较上个月分别收窄0.1、持平和收窄0.1个百分点。从二手房看，11月份一、二、三线城市二手住宅价格指数当月同比分别上涨8.3%、2.1%和1.5%，环比分别上涨0.5%、0.1%和0.2%，一线环比涨幅较上个月持平，二线和三线环比涨幅与上个月相比分别收窄0.1个百分点、持平。总的来说，考虑到新房限价和供给有限等因素，11月份一线城市房价同比涨幅最大，一、二、三线城市房价环比不同程度地收窄或者持平。

2020年12月16—18日，中央经济工作会议在北京举行。会上提出了2021年的八大重点要求，其中房地产作为一项内容单独列出，提出“解决好大城市住房突出问题”，提出房住不炒、高度重视保障性租赁住房建设。除继续强调房住不炒之外，此次会议还细化了对保障性租赁住房建设的要求。目前蛋壳公寓等长租公寓事件暴露出的问题已经引起有关部门的注意，未来中央将具体落实保障性租赁住房建设，加快完善长租房政策；要降低租赁住房税费负担，整顿租赁市场秩序，规范市场行为，对租金水平进行合理调控。这些政策对房价高、住房供给有限的区域特别是大城市来说将起到有效的作用。同时，最近的政策实行依然遵循“因城施策、一城一策”的原则，对部分热点城市实行更加严厉的调控监管，如7月份以来南京、杭州、宁波等城市收紧限购和贷款政策，近期深圳住建局着手调查代持炒房、众筹打新等行为，同时一些二、三线城市则放宽政策，通过补贴、放松落户条件等吸引落户购房。实施这些差异化调控政策将促进房地产市场平稳健康发展。

根据会议内容，良性发展的房地产投资需求和以“新基建”为代表的基建投资需求仍是未来关注的重点内容之一。同时，会议提醒，在资金面相对宽松的背景下，“脱实向虚”问题有所抬头，比如过多流向房地产市场、在金融市场内“空转”等。银保监会主席郭树清多次指出，房地产是现阶段我国金融风险方面最大的“灰犀牛”，要坚决抑制房地产泡沫。由于流入房地产的热钱总量难以追踪，课题组利用国家统计局统计的房地产开发资金来源中利用外资的部分模拟外资在房地产业的流动。从图13中可以看出，房地产开发资金来源中利用外资的部分累计同比在2019年初达到高点，2020年初在高基数的影响下持续为负，年中外资利用累计值较高，近两个月来有上升趋势，2020年全年接近2019年全年外资利用累计值。目前，全球范围低利率宽流动性有可能加剧资本流动冲击，未来应继续坚持房地产市场平稳发展，扩大资本开放的同时防范热钱流入房地产市场加速泡沫，“要促进房地产市场平稳健康发展”。

基础设施建设投资增速回升放缓。2020年1—11月份，不含电力的基建投资累计同比增速为1.0%，比1—10月份回升0.3个百分点，全口径的基建投资累计同比增速为3.3%，比第一季度降幅收窄0.3个百分点。基础设施建设的几个主要行业中，电力、热力、燃气及水的生产和供应业1—11月份累计增速高位回落，但仍保持17.5%的高增速。交通运输、仓储和邮政业投资累计同比增速为2.1%，比1—10月份回升0.4个百分点，水利、环境和公共设施管理业下降2.1个百分点，比1—10月份降幅收窄0.8个百分点。从专项债发行节奏来看，截至11月底，专项债券发行35 466亿元，完成全年计划(37 500亿元)的94.6%；从新增地方政府债券投向领域来看，目前财政部公布1—10月份主要投向领域为市政建设和产业园区基础设施、交通基础设施和教科文卫社会保障，投资占比分别为27.72%、21.16%和20.32%，合计占比达69.20%。课题组在

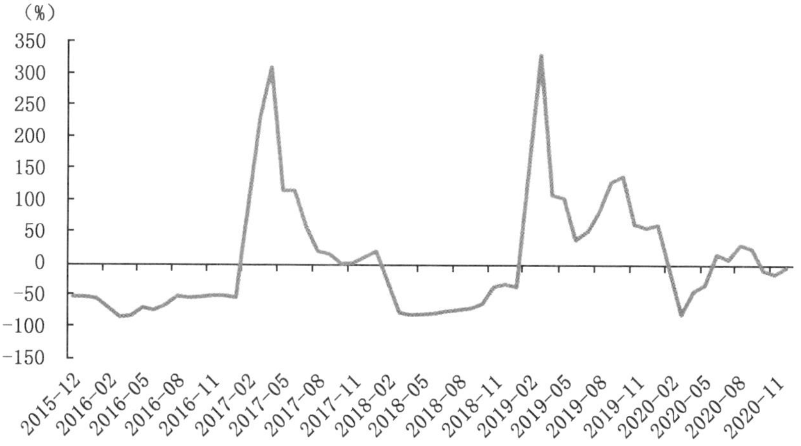


数据来源:CEIC、上海财经大学高等研究院。

**图 13　房地产开发资金来源:利用外资:累计同比**

第三季度报告中指出,2020 年基建增速不及预期有政府支出、施工进度、项目匹配等多个因素,除施工逐渐恢复以外,这些因素仍将在年内影响基建投资。预计 2021 年随着疫情保障相关支出的减少和政府性基金收入的好转,基建投资将好于 2020 年。

从产业看,占比约 3%的第一产业投资同比增长 18.2%,增速比 1—10 月份提高 0.9 个百分点;占比 34%左右的第二产业增速 1—10 月份名义额累计下降 0.7%,降幅收窄 1.4 个百分点;第三产业投资增长 3.5%,增速提高 0.5 个百分点。第二产业中的制造业投资下降 3.5%,降幅收窄 1.8 个百分点,回升加快。伴随着基建投资的放缓,电力、热力、燃气及水的生产和供应业投资增长 17.5%,增速回落 0.7 个百分点。其他几类中,铁路运输业投资增长 2.0%,增速回落 1.2 个百分点;道路运输业投资增长 2.2%,增速回落 0.5 个百分点;水利管理业投资增长 3.1%,增速提高 0.4 个百分点;公共设施管理业投资下降 1.8%,降幅收窄 0.7 个百分点。受基建和房地产业投资增速放缓影响,第二产业中的建筑业投资保持增速亦渐缓。

总体来看,2020 年 1—11 月份制造业投资回升加快,房地产业和基建增速放缓。未来随着美国大选的落地和新冠疫苗的积极研发、海外需求回暖、叠加国内消费需求改善,预计制造业投资稳步回升向好,财政收

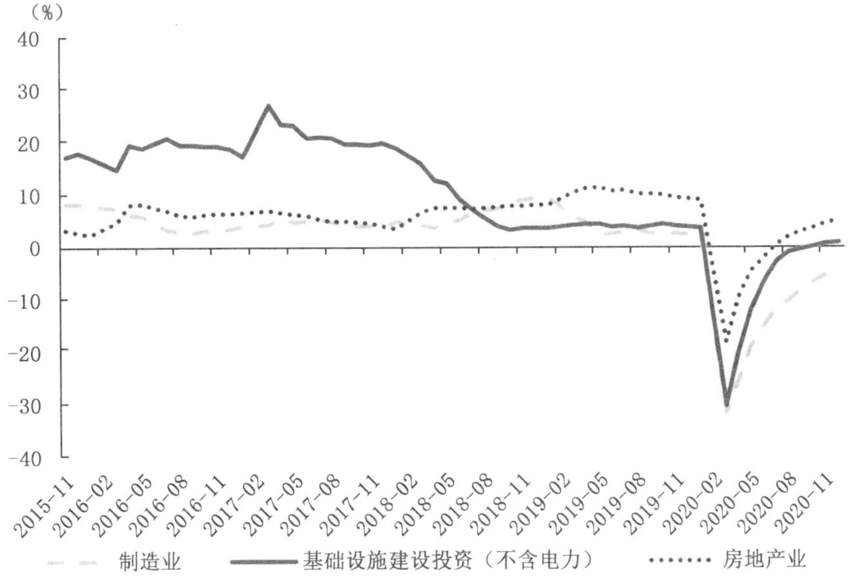


数据来源:CEIC、上海财经大学高等研究院。

**图 14 全国三大类固定资产投资累计同比**

入和施工进度好转等因素使得基建投资高于 2020 年,房地产投资将保持稳定,2021 年全年在低基数效应下投资增速较高。

从地区看,1—11 月份东部地区投资同比增长 3.5%,增速比 1—10 月份提高 0.5 个百分点;中部地区投资下降 0.7%,降幅收窄 1.7 个百分点,其中湖北省投资增速从年中的下降 56.2%收窄到下降 23.3%;西部地区、东北地区投资分别增长 4.2%和 4.1%,增速分别提高 0.2 和 0.4 个百分点,其中降幅最大的内蒙古地区增速从下降 22.3%回升到下降 3.5%。

### (三)进出口增速持续攀升,贸易顺差较上年同期大幅度上升

2020 年 1—11 月份,受国内疫情好转以及国外疫情持续蔓延的影响,进出口增速呈现先大幅度下降后迅速回升的态势。其中,出口恢复速度明显快于进口恢复速度,贸易顺差较上年同期大幅度上升。第一,上半年,疫情造成了中国及主要贸易伙伴大面积停工停产,导致贸易成本迅速上涨,并显著推高了出口价格指数。2020 年第二季度,出口价格平均增长 6.8%,而出口数量平均增长−2.0%,可见,第二季度出口复苏主要源

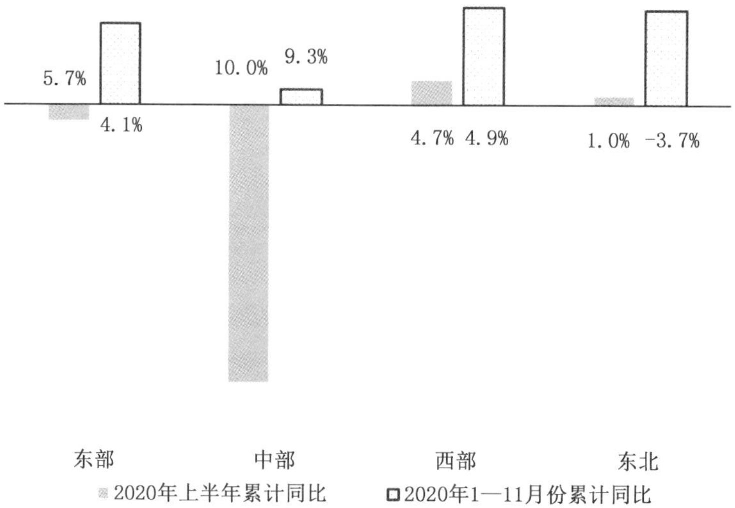


**图 15 分区域固定资产投资累计同比**

于出口价格的上涨。课题组的测算结果也表明,全球疫情蔓延提高了第二季度的贸易成本,对出口价格有显著的正向影响。第二,随着中国全面的复工复产以及各国疫情防控的常态化,出口价格上涨压力有所缓解,出口数量也有所恢复。尤其是国外疫情蔓延导致国外对中国防疫物资的需求大幅度上涨,有效拉动了出口的增长。2020 年 1—10 月份,防疫物资累计出口增速高达 272.8%,大幅度拉动了总出口的增长。第三,2020 年中美之间较高的进出口增速拉动了总体进出口增速。受 2019 年中美贸易摩擦的影响,中国对美国出口下降－12.5%,从美国进口下降－20.9%。在 2019 年较低的基数和中美疫情走势分化的共同影响下,2020 年 1—11 月份,中国对美国出口和从美国进口分别累计增长 5.8%和 6.7%,支撑了进出口的迅速恢复。第四,跨境电商的发展有效缓解了疫情对外贸的负面冲击。2020 年 4 月份,国务院同意在 46 个地区和城市设立第五批跨境电商综合试验区。截至目前,全国跨境电商综合试验区数量增至 105 个,已经覆盖了我国 30 个省区市。商务部、海关总署、税务总局等部门也出台一系列政策支持跨境电商交易,极大地促进了线下贸易向线上贸易的转移,部分缓解了疫情对线下贸易的负面冲击。2020 年前三季度,我国通过海关跨境电商管理平台进出口 1 873.9 亿元,同比增长 52.8%。跨境电商成为疫情下稳定进出口增速的重要方式。

2020 年 1—11 月份，进出口总额为 41 733.8 亿美元，同比增长 0.6%。其中，出口总额为 23 166.5 亿美元，同比增长 2.5%；进口总额为 18 567.3 亿美元，同比增长－1.6%；顺差为 4 599.2 亿美元，比 2019 年同期增加 861.0 亿美元。受人民币兑美元汇率波动的影响，以人民币计价的进出口增速略好于以美元计价的进出口增速。2020 年 1—11 月份，进出口总额人民币为 290 439.2 亿元，同比增长 1.8%。其中，出口总额为 161 290.9 亿元，同比增长 3.7%；进口总额为 129 148.3 亿元，同比增长－0.5%；顺差为 32 142.7 亿元，比 2019 年同期增加 6 347.7 亿元。国际服务贸易增速下降，服务贸易出口和进口均呈现较大幅度负增长，其中，服务贸易进口增速跌幅超过其出口增速跌幅，导致服务贸易逆差较上年同期大幅度减小。国家外汇管理局的统计数据显示，2020 年 1—10 月份，服务贸易总额为 5 004.7 亿美元，同比增长－18.3%。其中，服务贸易出口总额为 1 881.2 亿美元，同比增长－4.1%；服务贸易进口总额为 3 123.5 亿美元，同比增长－25.0%；服务贸易逆差为 1 242.4 亿美元，比 2019 年同期减少 959.5 亿美元。

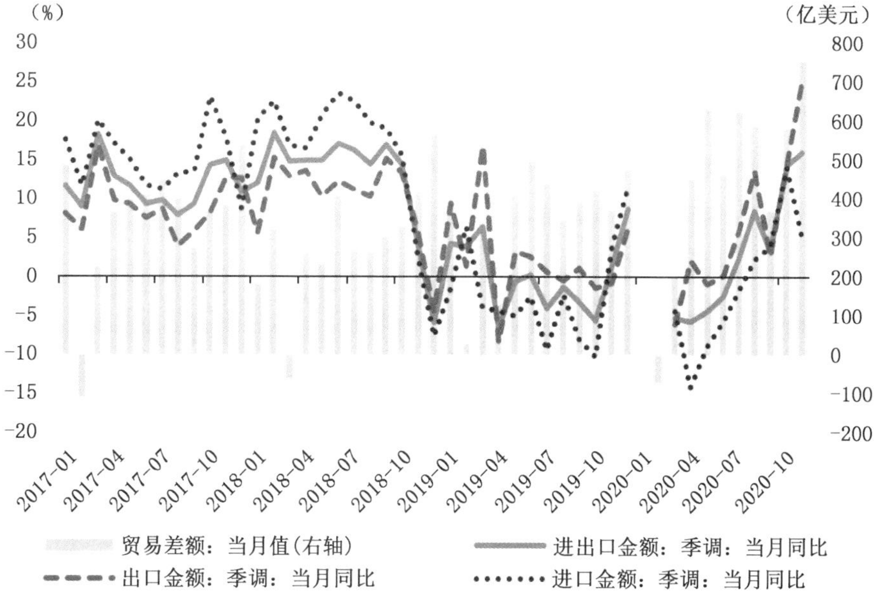


数据来源：海关总署。

**图 16　2016 年以来全国进出口增速及贸易差额变化**

2020 年 1—9 月份，出口价格指数和出口数量指数出现明显分化。第一季度，受新冠疫情在国内爆发以及国内大面积停工停产的影响，出口数量大幅度下降。第二季度以来，随着国内复工复产的推进，中国出口产能逐渐恢复，同时在国外疫情导致全球大部分国家生产受阻的情况下，中国有效的疫情防控提升了其出口品在全球市场的竞争力，叠加国外疫情加剧导致疫情防控产品的出口需求骤增①，出口数量指数在第二季度以来持续上扬。出口价格方面，由于上半年疫情先后在国内外爆发，全球产能受到严重冲击，加之航运运力受限以及海关检验检疫更加严格，出口成本显著推升出口价格。5 月份以来，国际航运运力的紧张局面有所缓解，同时美元兑人民币持续贬值(美元兑人民币平均汇率从 6 月份的 7.086 7 贬值到 11 月份的 6.608 8，贬值幅度达－6.74%)，出口价格指数自 5 月份以后出现大幅度下降。从产品来看，不同类型产品的出口价格指数并无分化，均受到疫情带来的出口成本波动以及汇率波动的影响。出口数量指数在不同类型的产品中表现不同，受国外疫情持续的影响，与疫情防控有关的纺织原料及纺织制品的出口数量指数高于机电类产品的出口数量指数。

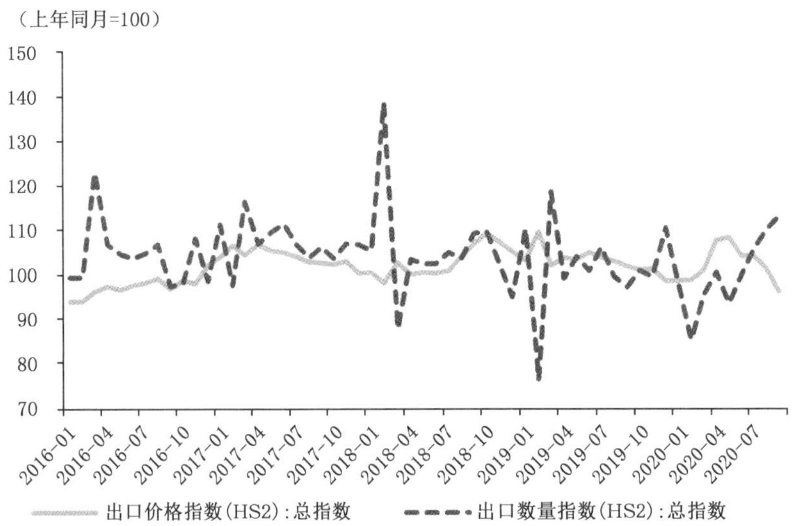


数据来源：海关总署。

**图 17　2016 年以来中国出口价格指数和数量指数走势**

① 根据海关统计数据，2020 年 1—10 月份，疫情防控产品的累计出口增速达 272.8%。

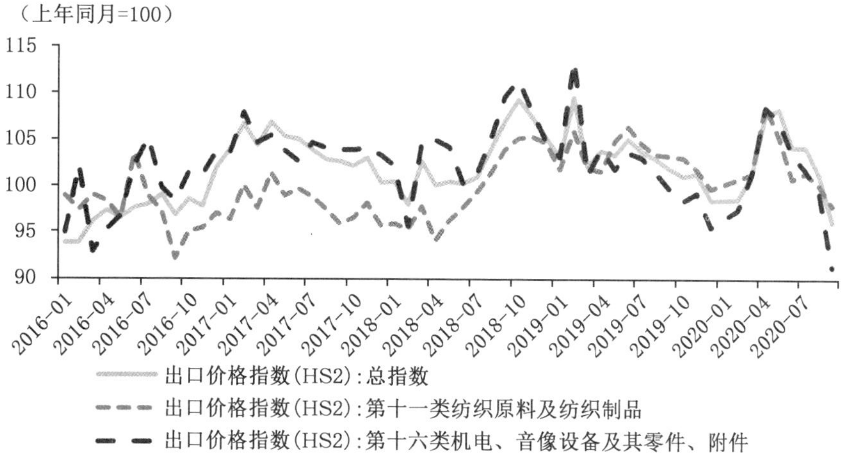


数据来源：海关总署。

**图 18　2016 年以来中国出口价格指数及其主要分项走势**

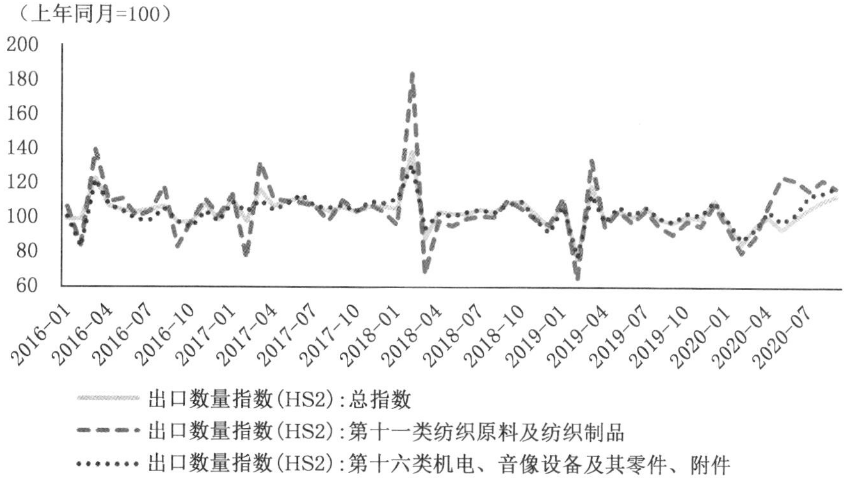


数据来源：海关总署。

**图 19　2016 年以来中国出口数量指数及其主要分项走势**

2020 年第一季度，国内大面积停工停产导致生产需求大幅度下降，因此进口价格指数和进口数量指数双双走低。第二季度以来，随着国内复工复产的推进以及出口持续上涨的影响，进口需求逐渐恢复，进口价格指数和进口数量指数均出现强劲反弹。其中，受国际大宗商品价格持续走低的影响，进口价格指数的恢复程度远远弱于进口数量指数的恢复程度。截至8月份，进口数量指数已经恢复至2018年中美贸易摩擦之前的水平，但出口价格指数仍然处于近几年的较低水平。分产品来看，受4月份国际原油价格暴跌的影响，矿产品进口价格指数创下自2009年10月份以来的历史最低值，但其对矿产品进口数量的拉动作用有限。此后，矿产品进口价格虽然有所恢复，但仍然处于近几年以来的较低水平。与矿产品进口价格走势不同，机电类产品的进口价格指数有所上涨，但仍然维持在近几年的平均水平。进口数量指数的分化程度较上年有所减弱。

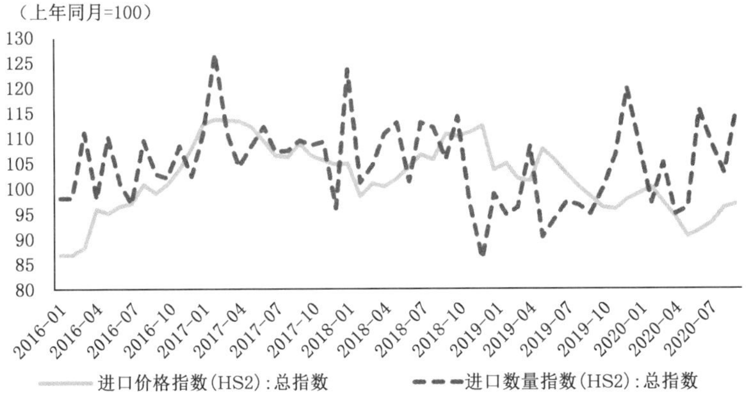


数据来源:海关总署。

**图20　2016年以来中国进口价格指数和数量指数走势**

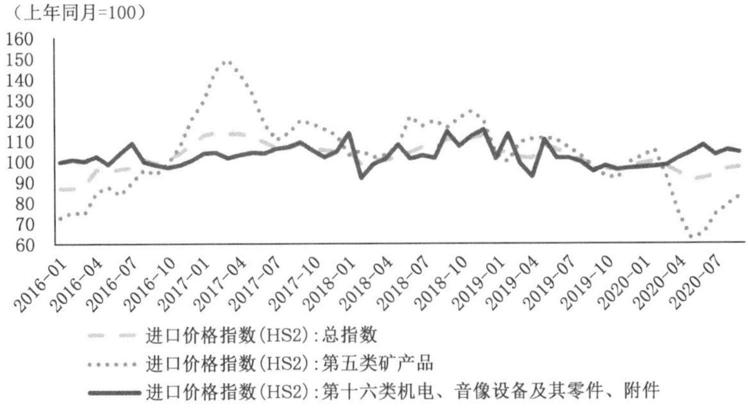


数据来源:海关总署。

**图21　2016年以来中国进口价格指数及其主要分项走势**

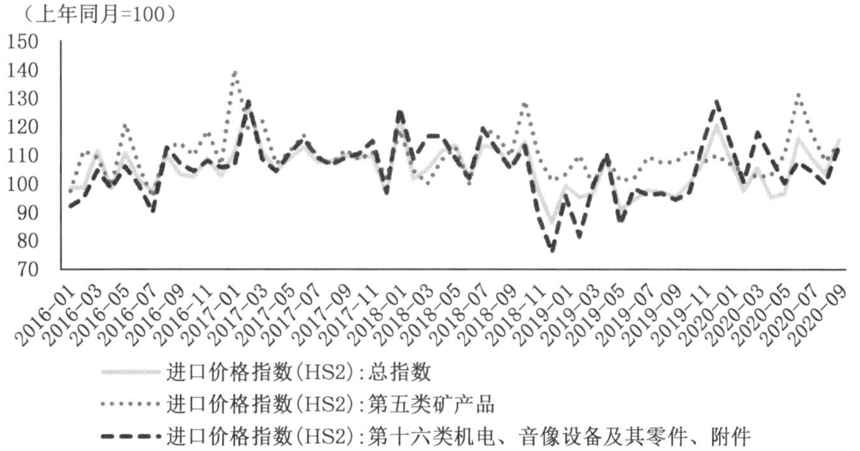


数据来源:海关总署。

**图 22　2016 年以来中国进口数量指数及其主要分项走势**

从贸易方式来看,2018 年以来,加工贸易增速和一般贸易增速开始分化,加工贸易增速显著低于一般贸易增速,2020 年疫情全球蔓延进一步强化了这种分化。主要原因在于:第一,由于新冠疫情先后在国内外爆发,导致国内外生产先后受阻。而加工贸易两头在外的特征,导致其比一般贸易受到更大的影响;第二,中美贸易摩擦导致出口和进口关税均有所提高,而加工贸易由于价格弹性较大,其受关税上升的负向影响较一般贸易也更大;第三,中国制造业持续转型升级,导致加工贸易不断转移至东南亚国家,加工贸易增速及其份额都在减小;第四,跨境电商的成本低于传统外贸企业,使得更多的外贸企业从线下转到线上,跨境电商的规模效应一定程度上缓解了疫情蔓延带来的一般贸易需求的下滑,有效促进了一般贸易的增长。

从国别来看,2020 年 1—11 月份,中国与主要贸易伙伴国的贸易增速继续分化。出口方面,受中美贸易摩擦带来的较低基数以及美国疫情持续的影响,中国对美国出口增速出现明显好转,累计增速达到 5.8%。除此以外,随着中国和东盟国家在贸易产业链上的依存度上升,中国对东盟出口持续保持强劲,累计增速达 5.6%。受贸易基数、地缘政治、疫情持续等因素的影响,中国对欧盟、印度、南非以及中国香港的出口增速出现大幅度下跌。中国对其他国家或地区的出口增速基本维持在零值附

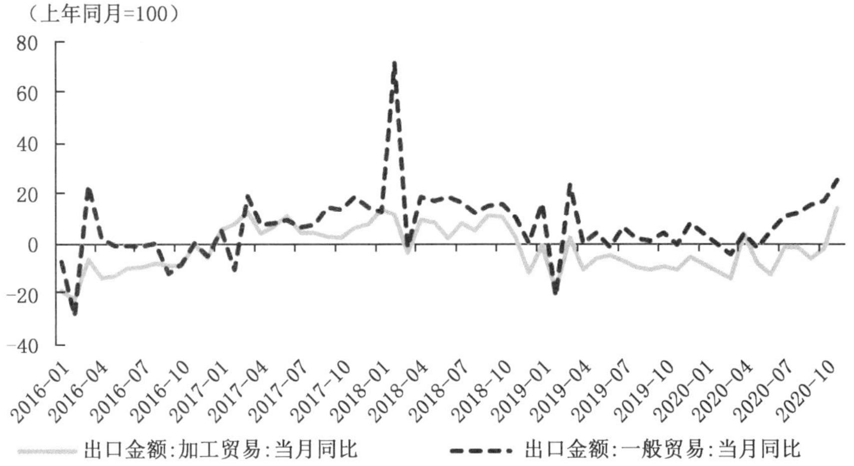


数据来源:海关总署。

**图 23　2016 年以来不同贸易方式出口增速**

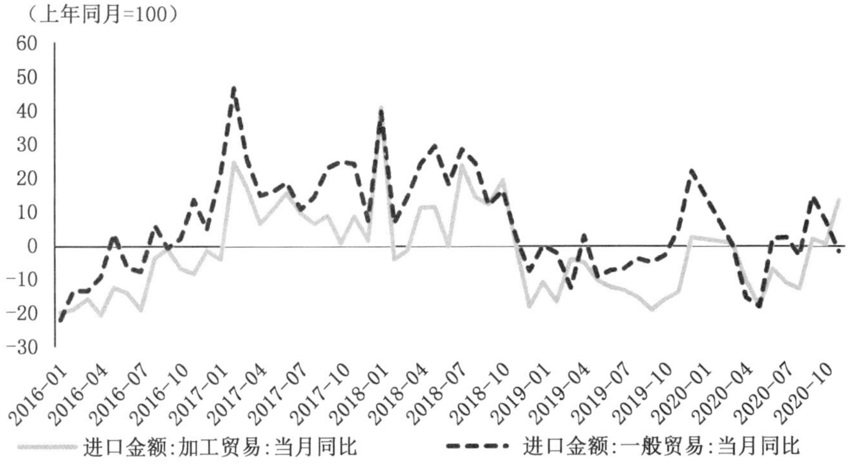


数据来源:海关总署。

**图 24　2016 年以来不同贸易方式进口增速**

近。进口方面,中国经济的持续复苏有效带动了中国从其他国家或地区的进口,叠加基数效应的影响,中国从美国、中国台湾、印度、巴西的进口增速大幅度增长。由于南非和欧盟均爆发了严重的疫情,导致中国从南非和欧盟的进口增速大幅度下跌。

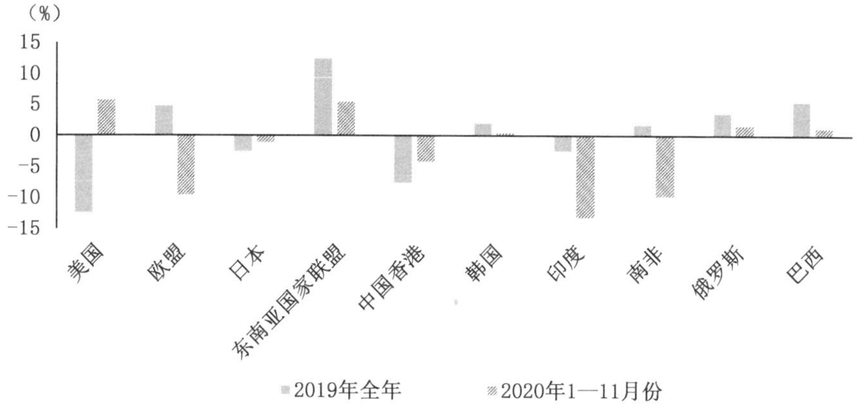


数据来源:海关总署。

**图 25　中国对主要出口国(地区)贸易增速**

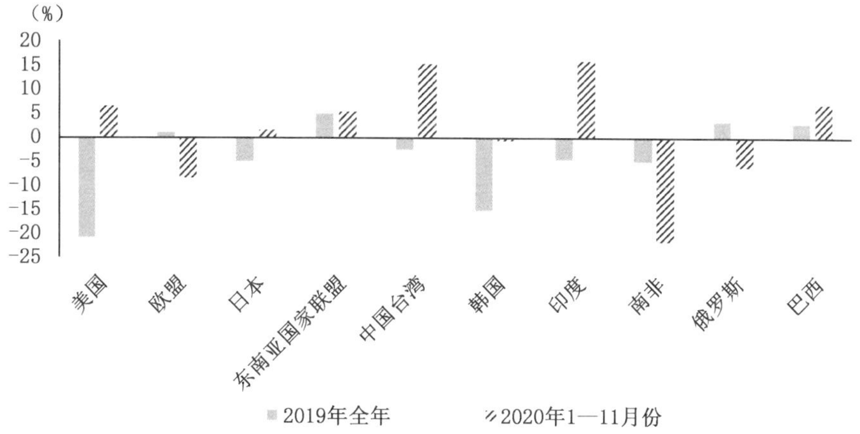


数据来源:海关总署。

**图 26　中国对主要进口国(地区)贸易增速**

2020 年 1—10 月份,中国服务贸易增速显著下滑,服务贸易进口增速跌幅较出口增速跌幅更大,导致服务贸易逆差较上年同期大幅度减小。服务贸易逆差的行业来源保持稳定,主要来源于旅行、运输、知识产权使用费、保险和养老服务这 4 个行业,并且以旅行逆差为主。2020 年 1—10 月份,服务贸易逆差为 1 242.4 亿美元,其中旅行逆差为 965.9 亿美元,对服务贸易总逆差的贡献下降到 77.7%。结构方面,占我国服务贸易较大比重的依然是一些传统的低附加值行业,如旅行、运输、加工服务等,服务贸易结构调整和持续增长的潜力依然存在。

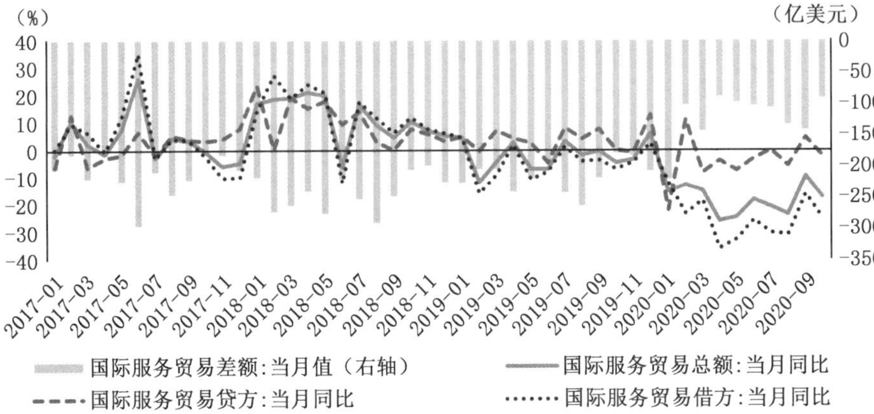


数据来源:国家外汇管理局。

**图 27　2016 年以来服务贸易走势**

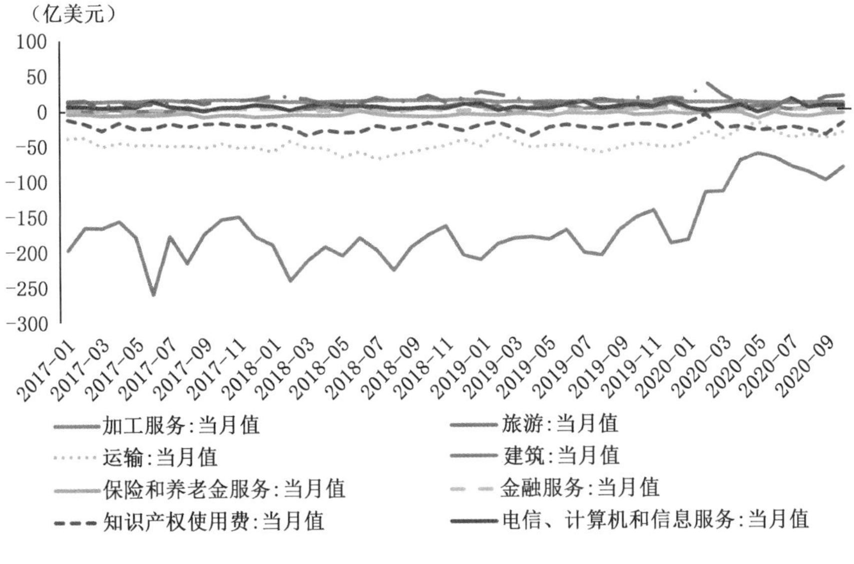


数据来源:国家外汇管理局。

**图 28　2016 年以来主要行业服务贸易差额变化**

## (四)劳动力市场受疫情冲击大,虽逐渐回暖但仍然承压

2020 年全年失业率先升高后下降,新增就业人数同比降幅收窄,求

人倍率上升，劳动力市场仍有风险；居民人均可支配收入增长率从第三季度开始转正，城乡收入差距缩小。

数据显示，全国城镇调查失业率最高点 6.2%出现在受疫情影响最大的 2 月份后，随着复工复产的进行，失业率逐渐波动下降，到 11 月份下降至 5.2%，同比下降 0.1%。其中，31 个大城市城镇调查失业率同样为 5.2%，同比下降 0.1%。但当前失业率的下降除了表明劳动力市场有所改善外，也有可能是城镇劳动参与率下降的结果。截至 11 月份新增就业人数累计 1 099 万人，完成全年任务目标的 122.1%。全年同比降幅从 2 月份最高点 37.93%逐步收窄至 14.07%，但仍然低于上年同期。从求人倍率看，2020 年全国求人倍率一直保持高位，在第三季度达到 1.4 的最高点，这主要是需求人数和求职人数同步下降，而求职人数下降更快所致。结合以上事实分析，疫情对劳动力市场的影响至少包括以下两个方面：第一，尽管短期内劳动力退出劳动力市场，但是当疫情好转这部分劳动力即可恢复就业；第二，由于疫情导致的结构性变化①，部分劳动力需要重新选择工作岗位，因此职业培训会在一定程度上改善劳动力市场。

疫情期间各 PMI 指数大幅度下降，随着疫情好转，PMI 从业人员指数逐步上升，基本稳定在上年同期水平。截至 11 月份，制造业 PMI 从业人员指数为 49.5%；非制造业 PMI 从业人员指数为 48.9%，其中服务业 PMI 从业人员指数为 47.9%，建筑业 PMI 从业人员指数为 54.4%。

全国企业就业人员周平均工作时间在 2 月份跌至最低点 40.2 小时，至 6 月份恢复到正常水平，11 月份为 46.9 小时，同比上升 0.2 小时。2020 年第三季度外出务工农村劳动力人数累计 17 952 万人，同比下降 2.1%，但是农村外出劳动力月均收入疫情后恢复态势良好，到第三季度为 4 035 元，同比上升 2.1%。

居民人均可支配收入累计值在疫情期间大幅度下降，之后缓慢上升，到第三季度为 23 781 元，同比增长 0.6%，增速较上年放缓。城镇与乡村居民可支配收入累计值分别为 32 821 元和 12 297 元，城镇居民实际收

① Hall Robert. Why does the Economy Fall to Pieces after a Financial Crisis[J]. Journal of Economic Perspectives，2009，4(24)：3－20.

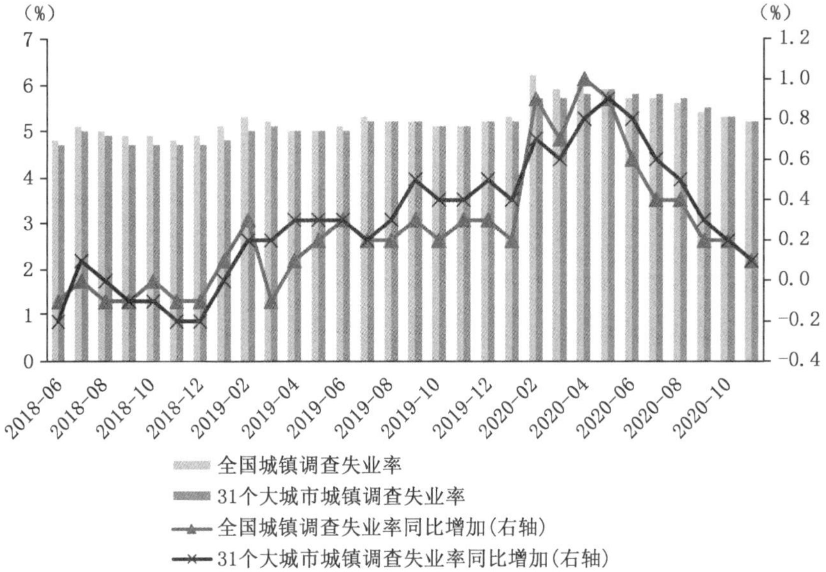


数据来源:国家统计局。

**图 29　城镇调查失业率**

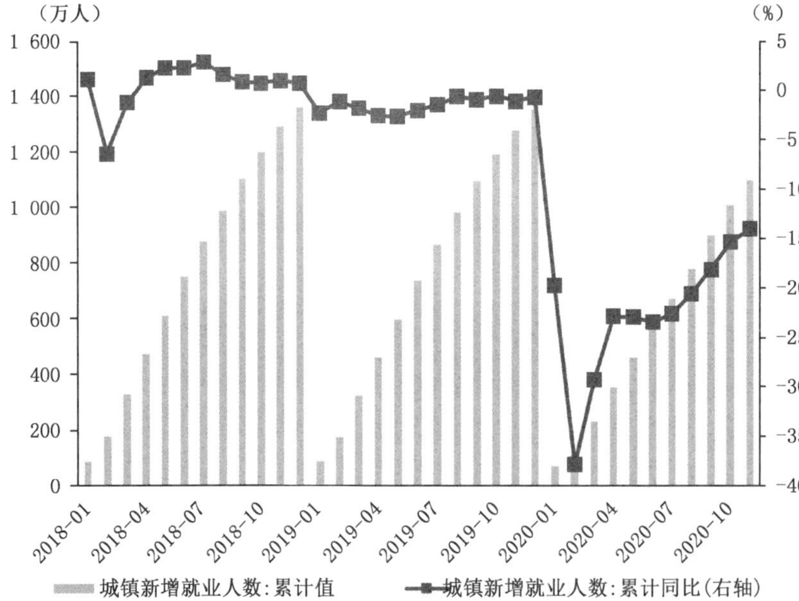


数据来源:国家统计局。

**图 30　城镇新增就业情况**

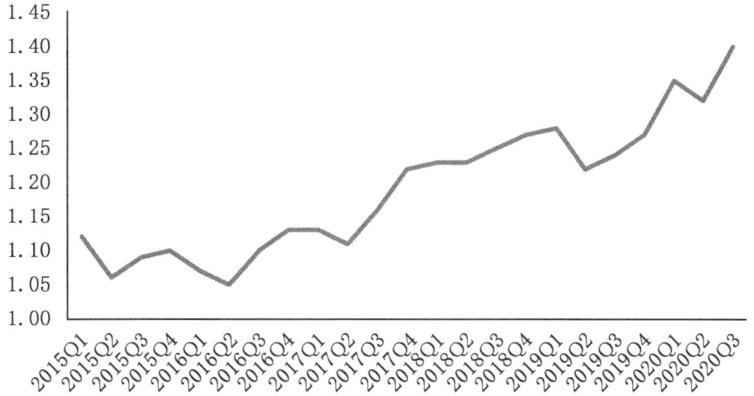


数据来源：人社部。

**图 31　全国整体求人倍率**

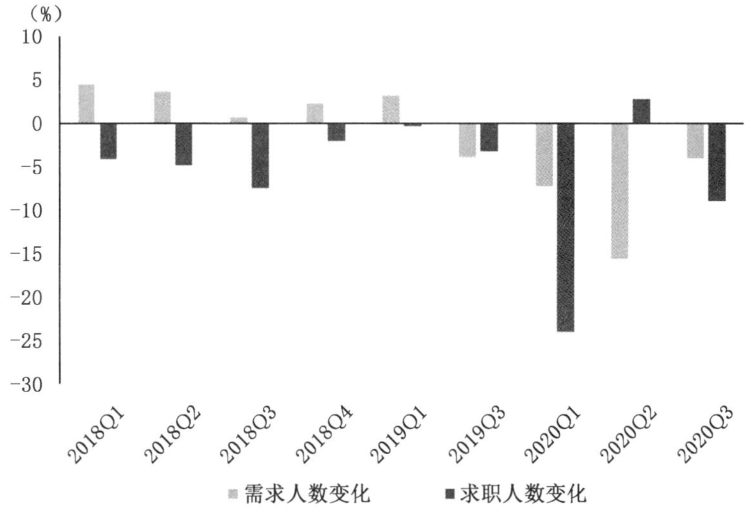


数据来源：人社部。

**图 32　需求人数和求职人数环比变化**

入同比下降 0.3%，农村居民实际收入同比上升 1.6%，总体收入上升由农村居民拉动。城乡居民收入比值为 2.67，同比下降 0.08，2020 年城乡收入差距仍保持长期下降趋势。

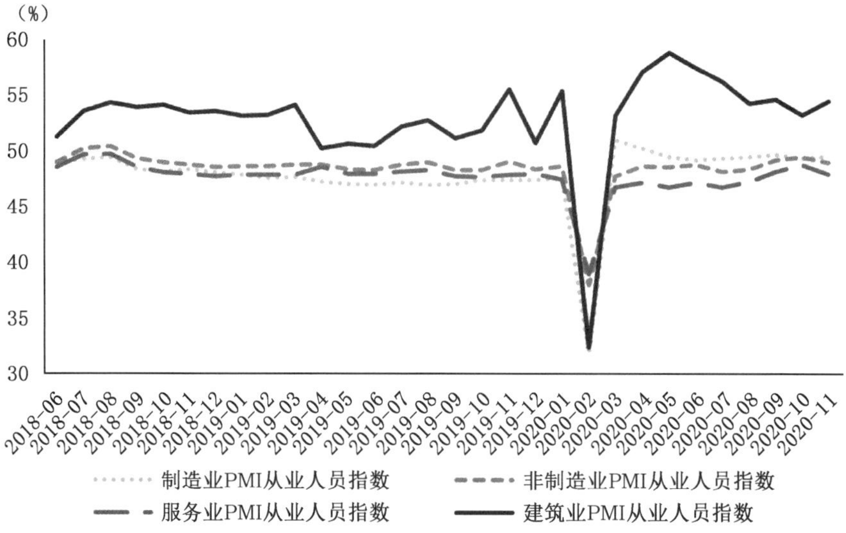


数据来源:国家统计局。

**图 33　PMI 从业人员指数**

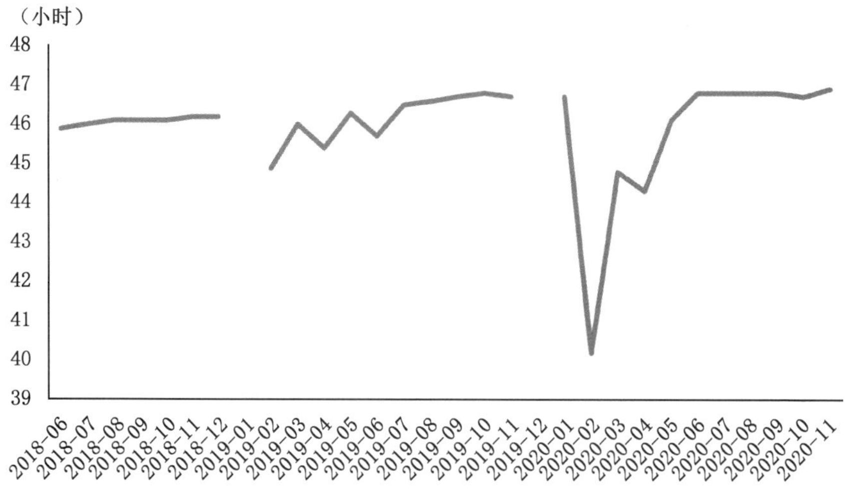


数据来源:国家统计局。

**图 34　全国企业就业人员周平均工作时间**

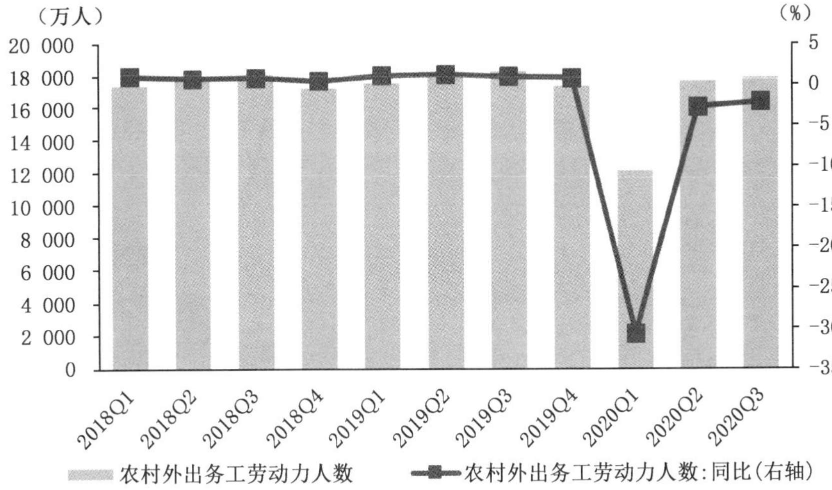


数据来源：国家统计局。

**图 35　农村外出务工劳动力人数**

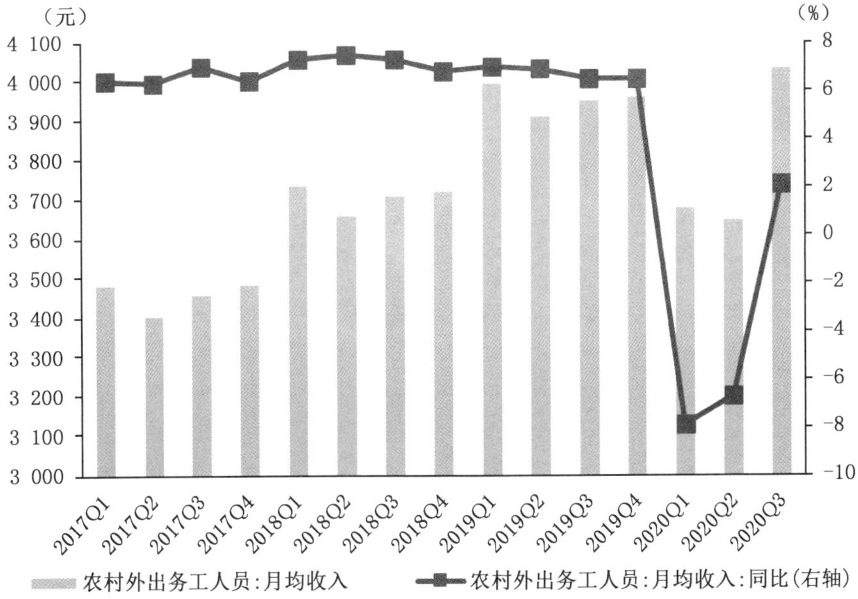


数据来源：国家统计局。

**图 36　农村外出务工人员月均收入**

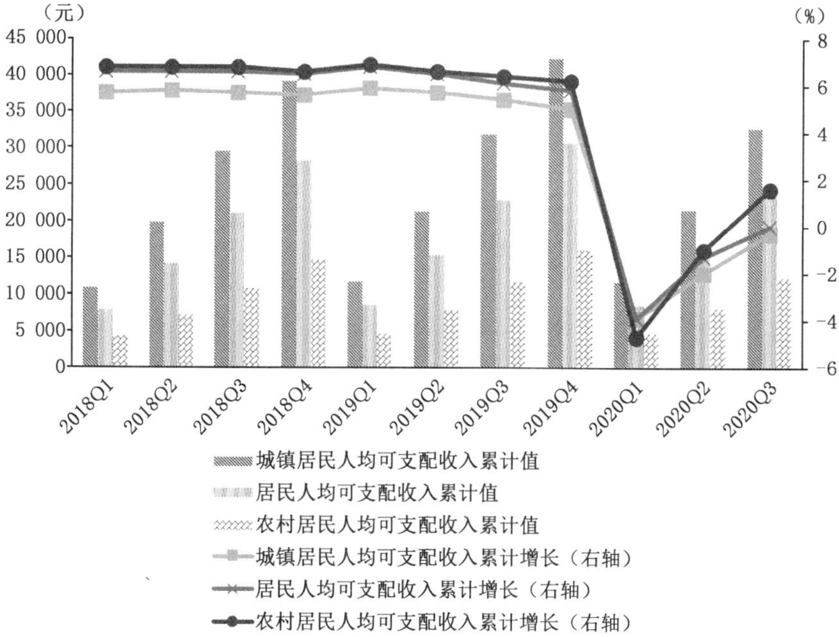


数据来源:国家统计局。

**图 37　居民人均可支配收入累计**

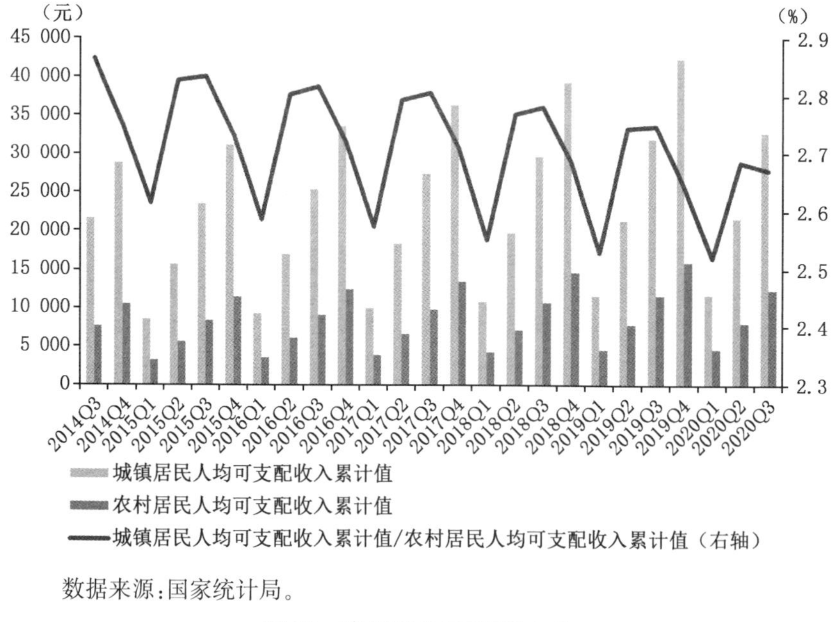


数据来源:国家统计局。

**图 38　城乡居民可支配收入比**

## (五)CPI和PPI剪刀差不断缩小

受新冠疫情影响，2020年前11个月核心CPI同比增速(累计增速为0.9%)较2019年年均1.6%的增速明显下降，2020年7月核心CPI创下自2013年有指标以来的新低0.5%，并连续5个月保持在该值。然而，CPI同比增速(累计增速为2.7%)较2019年年均2.9%的增速仅略有下降。但是，2020年前11个月内CPI同比增速大幅度下降，如图39所示，CPI同比增速在2020年1月份创下近9年来的新高5.38%，之后快速下滑，于11月份创下近11年来的新低−0.5%，也是自2008年金融危机以来的首次转负。2020年前11个月PPI同比增速(累计增速为−2.0%)较2019年年均−0.3%的增速也有明显下降。如图39所示，2020年PPI同比增速在1月份由负转正，但2月份旋即转负，随后几个月受新冠疫情和国际原油价格影响跌幅逐月扩大，于5月份达到近4年来的最低PPI值−3.7%，6—11月份随着复工复产稳步推进PPI跌幅有所收窄，与CPI的剪刀差不断缩小。课题组根据国家统计局公布的GDP名义值以及实际同比增长率构造计算得到的GDP平减指数非累计同比增长率在2020年先降后升，前三季度累计同比增速约为0.7%，明显低于2019年同期值1.6%。如图39所示，GDP平减指数自2017年第一季度达到高峰后呈现波动下降趋势，受新冠疫情影响，2020年第二季度首次转负(自2016年第一季度以来)，第三季度由于国内复工复产的顺利实现，GDP平减指数快速回升并重新转正。因此，总体而言，2020年价格增速较2019年有所下降，CPI和PPI剪刀差总体不断缩小，GDP平减指数同比增速先降后升。

GDP平减指数涉及全部商品和服务，反映一般物价水平走向，是对价格水平比较宏观的测量。相比较而言，CPI侧重于居民消费方面的价格变化情况，PPI侧重于工业生产方面的价格变化情况；CPI受食品和服务价格影响较大，PPI受国际大宗商品价格影响较大。

国家统计局2020年12月份最新发布的数据显示，2020年前11个月CPI同比上涨2.7%，较2019年同期2.8%的增速下降0.1个百分点。从食品来看，2020年前11个月食品价格平均上涨11.5%，导致CPI上升约2.30个百分点，而2019年同期食品价格增速为8.5%，拉动CPI上升

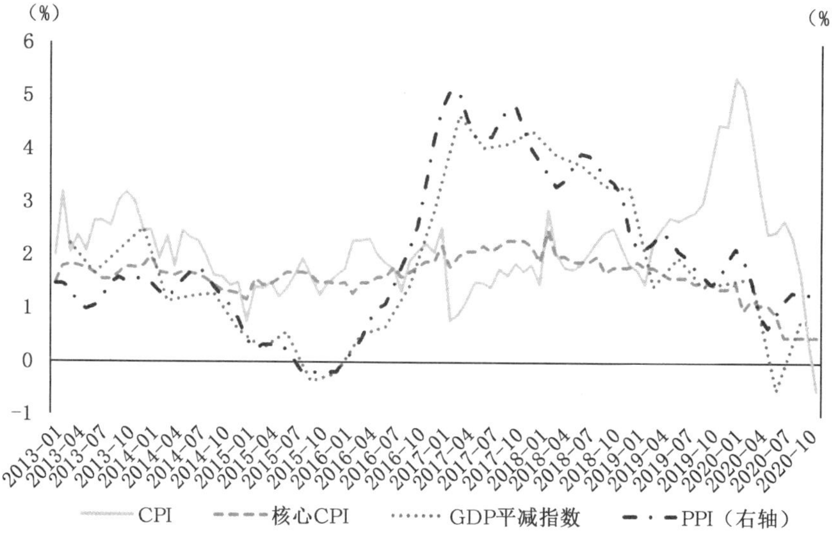


数据来源:国家统计局、上海财经大学高等研究院。①

**图 39　价格指数同比增速**

约 1.70 个百分点。从非食品来看,2020 年前 11 个月非食品价格平均上涨 0.4%,导致 CPI 上涨约 0.32 个百分点,而 2019 年同期增速为 1.4%,拉动 CPI 上升约 1.12 个百分点。进一步从服务业看,2020 年前 11 个月服务价格平均同比上升 0.6%,导致 CPI 上升约 0.21 个百分点,而 2019 年同期增速为 1.8%,拉动 CPI 上升约 0.63 个百分点。由此可见,2020 年 CPI 同比增速下降主要是由以服务为代表的非食品价格同比增速下降所导致。然而值得注意的是,尽管 2020 年前 11 个月食品价格累计同比增速较 2019 年同期有所上升,但自 2 月份以来总体呈下降趋势,如图 40 所示。

进一步从食品的分项来看,食品中猪肉价格对 CPI 的影响最大,其变化如图 40 所示。2020 年前 11 个月猪肉价格累计同比上涨 56.7%,导致 CPI 同比增速上升约 1.88 个百分点,而 2019 年同期同比上涨 37.3%,导致 CPI 同比增速上升约 1.07 个百分点。这一方面是因为 2019 年同期特别是上半年较低的基数水平,另一方面是因为 2020 年非

① 课题组根据国家统计局公布的 GDP 名义值以及实际同比增长率构造计算得到的 GDP 平减指数非累计同比增长率。

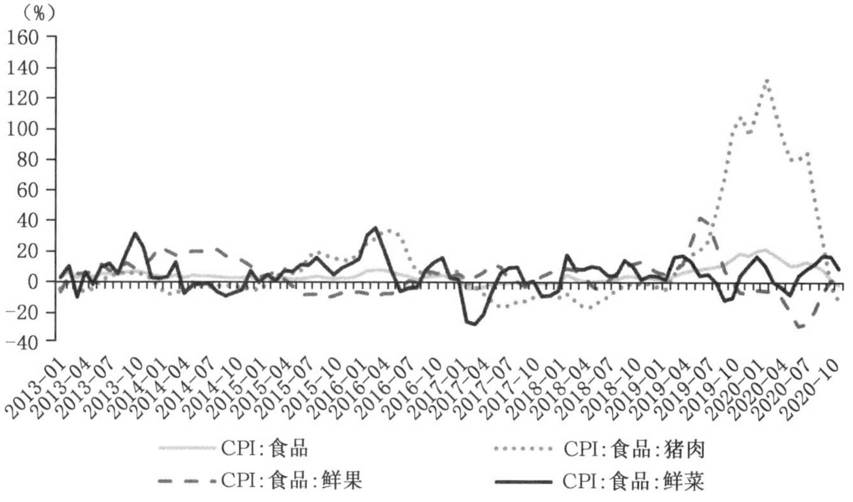


数据来源：国家统计局。

**图 40　猪肉、鲜菜、鲜果价格同比增速**

洲猪瘟仍未消失，猪肉供给并未完全恢复，猪肉价格处于历史高位。从图 41 所示的日高频猪肉批发价格可以看出，自 2018 年 5 月下旬开始，随着一些养猪散户逐渐退出市场，猪肉价格从下降周期转为上升周期，而从 2018 年下半年开始在全国各地出现的非洲猪瘟疫情则加快了猪肉价格的上升周期，使得猪肉价格从 2019 年 6 月份起快速上涨，于 2019 年 10 月底达到历史最高价，随后高位震荡。2020 年前 11 个月猪肉价格总体高位震荡，近两个月价格略有回落，表明猪肉供给已在不断改善。但是，由于 2019 年猪肉价格基数快速上升，2020 年前 11 个月猪肉价格同比增速从 2 月份的最高值 135.2%快速下滑到 11 月份的最低值−12.5%，对 CPI 同比增速的拉动也由最高的 3.2 个百分点下降到−0.3 个百分点，是 CPI 同比增速下滑最重要的原因。考虑到基数效应和未来猪肉供给的不断恢复，课题组预计，2021 年猪肉价格同比增速将总体持续为负，同时猪肉价格对 CPI 的影响也将较 2020 年显著下降。

除猪肉外，鲜菜、鲜果价格对 CPI 也有重要的影响。2020 年前 11 个月鲜菜价格累计同比上升 7.2%，导致 CPI 同比增速上升约 0.17 个百分点，而 2019 年同期同比上升 3.5%，导致 CPI 同比增速上升约 0.09 个百分点。2020 年前 11 个月鲜菜价格同比增速上升的主要原因是夏季多个地区的洪涝灾害,导致鲜菜价格快速上涨。2020 年前 11 个月鲜果价格累计同比上涨－12.4%,导致 CPI 同比增速下降约 0.22 个百分点,而 2019 年同期同比上涨 14.3%,导致 CPI 上升约 0.25 个百分点。鲜果价格同比增速大幅度下降的主要原因是 2019 年同期较高的基数效应。

猪肉、鲜菜和鲜果加在一起共拉高 CPI 约 1.83 个百分点,而 2019 年同期这三项共拉高 CPI 约 1.41 个百分点,因此 2020 年前 11 个月猪肉、鲜菜和鲜果价格合计对 CPI 的贡献较 2019 年同期上升约 0.42 个百分点。基于以上分析,考虑到基数效应和猪肉供给的不断恢复,在不发生极端天气的情况下,课题组预计,2021 年食品价格对 CPI 的拉动作用将较 2020 年明显下降。

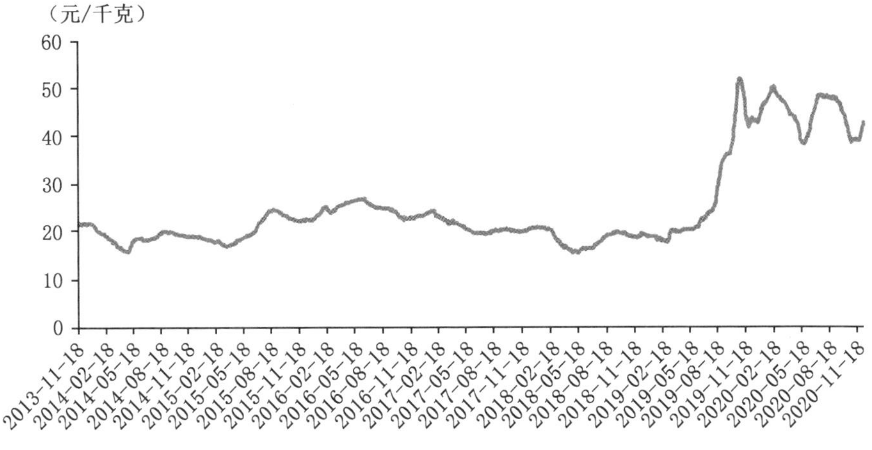


数据来源:农业部。

**图 41　猪肉平均批发价格**

如前面所说,2020 年前 11 个月非食品价格累计同比增速较 2019 年同期明显下降。从分类来看,非食品中价格下降最明显的是衣着类、居住类以及交通和通信类,如图 42 所示。2020 年前 11 个月衣着类价格累计同比增速为－0.2%,而 2019 年同期同比增速为 1.6%;居住类价格累计同比增速为－0.4%,而 2019 年同期同比增速为 1.4%。居住类和衣着类价格下降主要是由于新冠疫情导致的需求下降。2020 年前 11 个月交通和通信类价格累计同比下降 3.5%,而 2019 年同期同比下降 1.8%,主要是由于国际原油价格下跌带动交通工具用燃料价格的大幅度下降。因此，考虑到未来一年新冠疫情的影响逐渐减弱、需求逐渐恢复，同时原油价格大概率将保持稳中有升，课题组预计，2021 年非食品价格同比增速将有所上升。

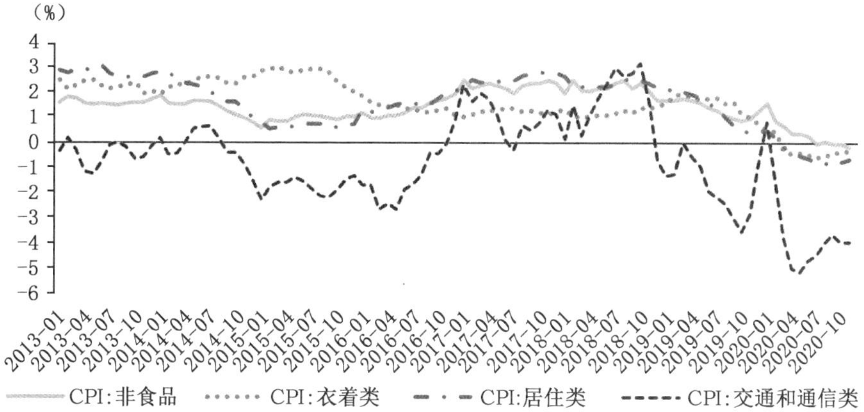


数据来源：国家统计局。

**图 42　衣着类、居住类、交通和通信类价格同比增速**

总体来看，2020 年 CPI 同比增速受疫情和猪肉价格叠加影响大幅度波动，总体先高后低，在 1 月份创下近 9 年来的新高 5.38%，之后快速下滑，于 11 月份创下近 11 年来的新低−0.5%，也是自 2008 年金融危机以来的首次转负；核心 CPI 同比增速也明显降低，7 月份创下自 2013 年有指标以来的新低 0.5%，并连续 5 个月保持在该值。考虑到基数效应、全球新冠疫情的影响减弱、猪肉供给继续恢复、国内国际的需求恢复以及 2021 年五年一次的基期调整，课题组预计，2021 年 CPI 年均同比增速较 2020 年明显下降，并在 0 附近波动。

CPI 是基于家庭消费支出的一篮子商品和服务价格，并不包含房价。如果把住房作为耐用品消费，那么房价的上升势必会带来家庭生活成本的上升，相应地，需要在通胀指标中包含房价。事实上，课题组自 2016 年以来就多次在报告中提到了包含资产价格的广义通胀并强调了其影响。近期中国金融学会会长、中国人民银行原行长周小川也撰文《拓展通货膨胀的概念与度量》，指出了现有通胀指数较少包含资产价格会带来失真，特别是长周期比较的失真，强调了通胀度量中融入房价的重要性和挑战。课题组基于国家统计局家庭调查微观数据和百城住宅价格指数初步构造

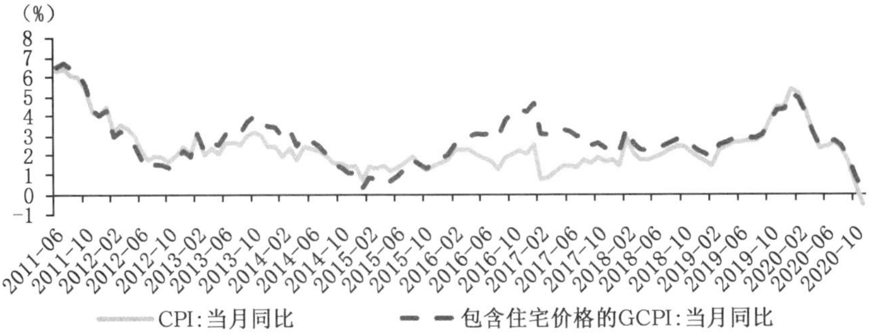


数据来源:国家统计局、上海财经大学高等研究院。

**图 43　广义通胀指数 GCPI 同比增速**

了一个包含住宅价格的广义通胀指数 GCPI。图 43 显示了包含住宅价格的广义通胀指数 GCPI 和传统的 CPI 同比增速的区别。尽管自 2020 年初以来,一线城市二手房价快速上升,但由于不同城市房价分化明显,百城住宅价格指数并未明显上升,因此对广义通胀的影响不显著。然而值得注意的是,11 月份广义通胀指数同比增速为正,不同于 CPI,而且一旦房价不能很好地控制,上升较快时,比如 2016 年至 2017 年间,住宅价格对广义通胀也会产生较大的影响,如图 43 所示。

下面分析 PPI 的走势。如图 39 所示,2020 年前 5 个月 PPI 同比增速大幅度下降,5 月份达到近 4 年来的最低值－3.7%,随后 6—11 月份跌幅逐月收窄。2020 年前 11 个月 PPI 累计同比增速为－2%,其中生产资料同比增速为－2.9%,生活资料同比增速为 0.5%。根据课题组分析,生产资料出厂价格对 PPI 的影响(即生产资料的权重)约占 74%,生活资料出厂价格对 PPI 的影响(即生活资料的权重)约占 26%,这与之前一段时间生产资料与生活资料产出分别占整个工业产出的比例基本一致。由于生产资料占比较大,且其本身价格波动也较大,因此 PPI 同比增速的变化与生产资料价格同比增速变化几乎一致。事实上,2020 年前 11 个月生产资料的价格变化影响 PPI 同比下降约 2.15 个百分点。

进一步分析显示,2020 年前 11 个月 PPI 同比增速明显下降(相较于 2019 年同期－0.3%的增速下降 1.7 个百分点),一方面是由于国际油价的大幅度下跌,另一方面是由于新冠疫情导致全球需求不足。PPI 定基价格指数从 2018 年初到 2019 年底在高位保持相对平稳，小幅度波动；但受新冠疫情和原油价格的影响，PPI 定基价格指数在 2020 年上半年快速下降，下半年略有回升并保持稳定，参见图 44。国际原油价格变化如图 45 所示，石油输出国组织（OPEC＋）于 2016 年 11 月 30 日正式达成了此前 8 年来的首份减产协议，该减产协议此后被多次延长，叠加 2018 年美国对伊朗的制裁，导致国际原油价格在 2018 年 10 月份达到近年来的价格高位。2018 年 11 月份，美国对伊朗石油的暂时性制裁豁免以及沙特原油产量触及纪录新高导致国际原油价格迅速下跌，但 2018 年 12 月份 OPEC＋达成新的减产协议又导致 2019 年前 4 个月原油价格明显回升，之后小幅度震荡总体保持稳定。2020 年 3 月份，沙特与俄罗斯进行石油战，双方大幅度增产导致国际原油价格疯狂下跌，甚至 4 月份出现原油期货合约为负的历史奇观。5 月份受新的 OPEC＋减产协议影响，国际原油价格快速反弹，下半年保持稳定但仍处于近年来的价格低位。因此，2020 年前 11 个月 WTI 原油和布伦特原油价格平均同比增速分别为 −30.93％、−34.94％，如图 46 所示。原油价格也受到新冠疫情的影响，导致石油等相关产品的需求明显减少。

事实上，新冠疫情几乎对所有行业都有影响，通过对 30 个主要行业出厂价格的分析可以发现，2020 年前 11 个月绝大多数行业的价格同比增速小于 2019 年同期的价格同比增速，仅 6 个行业略有上升，主要是因为新冠疫情导致大多数行业面临的需求减少。另一方面，疫情发生后，多国都推出了积极的经济刺激政策以应对疫情冲击，大量的超发货币以及疫情对全球供给链的影响也对大宗商品价格产生一定的推升作用，叠加国内经济的逐步复苏，近几个月大宗商品价格已经呈现出上涨趋势。2020 年下半年，一些国家有多款新冠疫苗获批上市，部分疫苗已经开始接种，预计 2021 年将有更多国家陆续开展大规模接种，全球新冠疫情将有望得到有效控制，疫情对经济的负面影响也将逐步减弱，经济复苏会更加强劲。因此，考虑到新冠疫苗对疫情的影响、全球经济复苏的速度、国际原油等大宗商品的价格波动趋势、刺激政策的滞后影响以及基数效应，课题组预计，2021 年 PPI 同比增速将波动上升，并由负转正。

因此，综合考虑疫苗普及对全球新冠疫情的影响、全球经济复苏速

数据来源:国家统计局。

**图 44　PPI 定基指数**

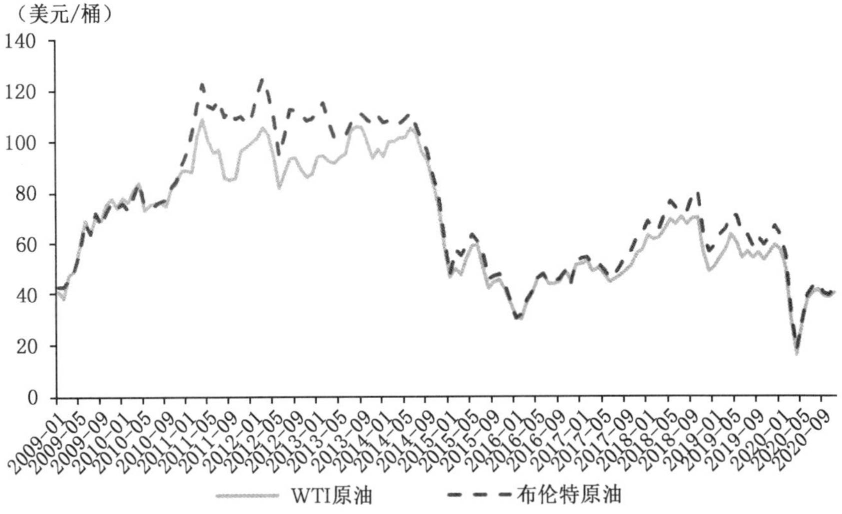


数据来源:EIA。

**图 45　国际原油价格**

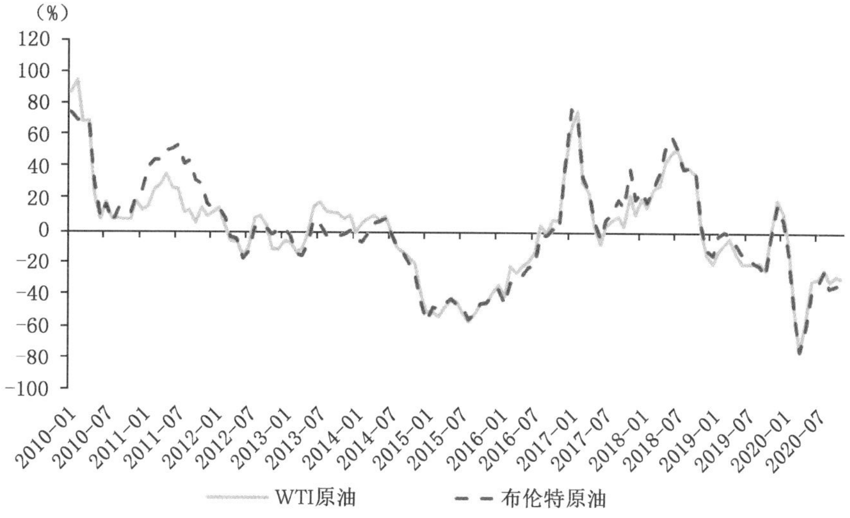


数据来源：上海财经大学高等研究院。

**图 46　国际原油价格同比增速**

度、食品价格波动、国际原油等大宗商品的价格变化趋势、刺激政策的滞后影响以及基数效应等各种因素，课题组认为，2021 年 CPI 年均增速将较 2020 年明显下降，并在 0 附近波动；PPI 同比增速将波动上升，并由负转正；相应地，GDP 平减指数同比增速也将有所上升。

## （六）金融市场整体平稳运行，国有企业债务问题值得警惕

货币供应方面，截至 2020 年 11 月份，M2 余额 217.2 万亿元，同比增长 10.7%，较 10 月份上升 0.2 个百分点，比上年同期上升 2.5 个百分点；M1 余额 61.9 万亿元，同比增长 10.0%，较 10 月份上升 0.9 个百分点，比上年同期上升 6.5 个百分点；M0 余额 8.2 万亿元，同比增长 10.3%。为应对新冠疫情的冲击，中国人民银行采取了积极稳健的政策措施，使得 M2 增速的中枢再次上升至 10%以上，而 M1 的增速更是从 3%左右的区间上升至 10%左右，M1 和 M2 增速的剪刀差在 11 月末基本消失。短期来看，M1 的高速增长主要是央行现金投放高速增长以及活期存款增速恢复的结果，尤其是现金投放的增速为 8 年来同期最高水平；M2 的增速持续上升除了有 M1 增速持续上升的影响外，居民存款保持较高增速也起到了推动作用。需要注意的是，当前 M2 的增速远高于前三季度 0.7%

的 GDP 实际增速和 11 月份－0.5%的 CPI 同比增速之和，且国内各部门杠杆率水平都创出新高，预计 2021 年货币供应的增速较 2020 年将有所下降。

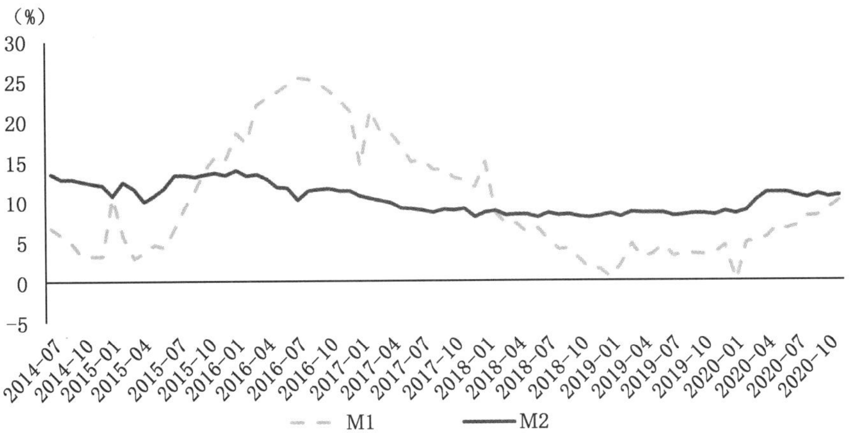


数据来源：中国人民银行。

**图 47　货币供应各项增速**

从 M2 的各来源结构来看，如图 48 所示，截至 2020 年 11 月份，存款性公司对其他金融部门的债权同比减少 0.8%，这反映了金融系统杠杆率水平经历了上半年的回升后再次开始回到稳杠杆甚至去杠杆的区间；而对非金融部门的债权同比增加 13.9%，金融系统在保持自身杠杆率水平回稳的情况下对实体经济的支持力度不减。从 M2 的分布来看，1—11 月份，人民币存款累计新增 19.9 万亿元，同比多增 5.1 万亿元；外币存款累计新增 1 331 亿美元，同比多增 1 108 亿美元。其中，居民户存款累计新增 9.6 万亿元，同比多增 1.5 万亿元；非金融企业存款累计新增 5.5 万亿元，同比多增 3 788 亿元；财政存款累计新增 1.3 万亿元，同比多增 2 384 亿元。

社会融资方面，为应对新冠疫情的冲击及其持续影响，灵活稳健的货币政策和积极的财政政策持续发力，社融增速回升至近年来最高区间。从社会融资规模存量的增速来看，截至 2020 年 11 月份，社会融资规模存量为 283.3 万亿元，同比增加 13.6%，较 10 月份下降 0.01 个百分点，比上年同期上升 3 个百分点，较 M2 增速高 2.9 个百分点。社会融资增速

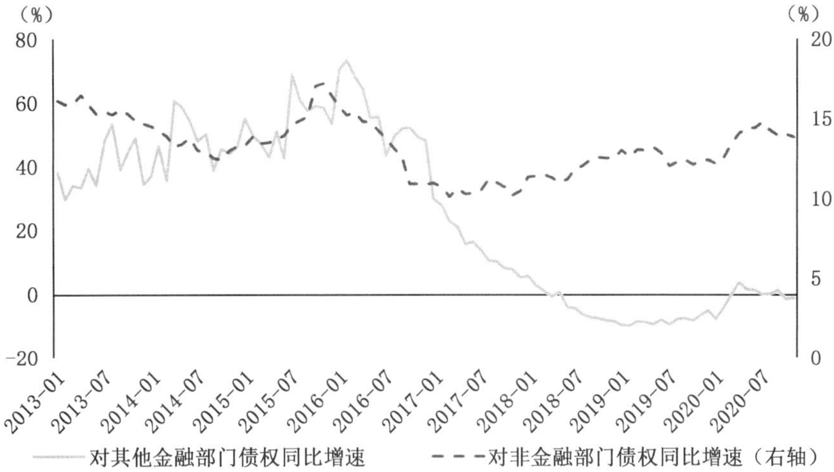


数据来源:中国人民银行。

**图 48　存款性公司概况(部分)**

的回升与 M2 增速中枢的上移相辅相成,当前 M2 增速继续上升的可能性较小,加上金融系统已率先开始稳杠杆,且货币政策宽松力度明显减弱,11 月份社会融资增速已开始小幅度回落。社会融资增长中,表内信贷是主要支撑,人民币贷款、企业债券净融资和政府债券融资占比较高,同比增速分别为 13.3%、19.3%和 21.4%,均高于社会融资增速。其中政府债券第四季度虽然明显减少,但由于前三季度的地方政府债券发行大量增加以及抗疫专项债的发行,政府债券仍是 2020 年社会融资增速的主要推动力。而表外融资的增速尽管依然缓慢,但大幅度下降的趋势已明显止住,对社会融资增速的拖累基本消失。

从社会融资规模的增量来看,2020 年 1—11 月份,社会融资累计新增 33.2 万亿元,同比多增 9.7 万亿元。其中,1—11 月份人民币贷款累计增加 18.9 万亿元,同比多增 3.1 万亿元,同比增速 19.5%,约占社会融资总量的 56.9%,虽然较上年同期水平下降 10.4%,但信贷仍然在社会融资中起主导作用。中长期贷款累计新增 13.8 万亿元,同比多增 3.3 万亿元,短期贷款以及票据融资累计新增 4.9 万亿元,同比少增 2 365 亿元。从新增人民币贷款的投向来看,增量信贷主要投入到中长期贷款中,这体现出信贷政策对促进中国经济复苏以及落实“六稳”工作的积极态度。

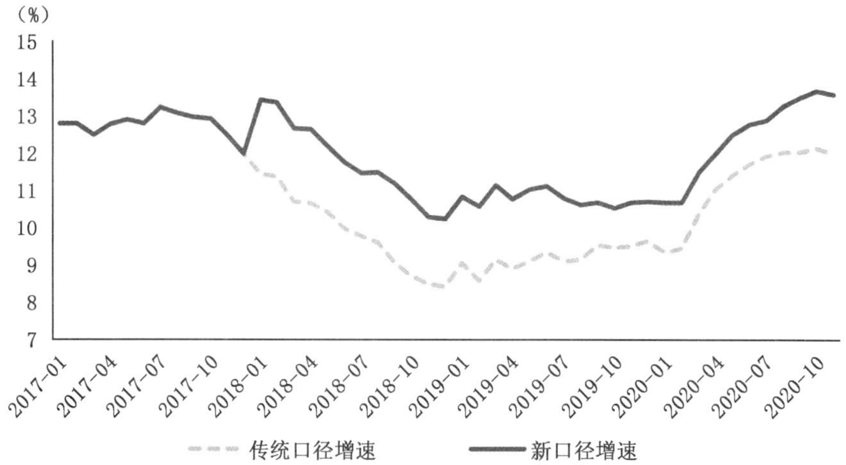


数据来源:中国人民银行。①

**图 49 社会融资规模存量同比增速**

非金融企业贷款方面,2020 年 1—11 月份非金融企业及机关团体的贷款累计新增 11.6 万亿元,同比多增 2.5 万亿元。其中,非金融企业的中长期贷款累计同比多增 2.8 万亿元,非金融企业的短期贷款累计同比多增 1.2 万亿元,非金融企业的票据融资累计同比少增 1.4 万亿元。中长期信贷增速明显加快,除了有应对疫情的因素外,也有国内经济结构调整的因素,例如 2019 年 12 月份的中央经济工作会议明确要求在 2020 年要增加制造业企业的中长期融资。而票据融资降幅较大的原因,除了中长期贷款的大量增长以及票据融资成本的上升外,还在于相关支持中小企业政策的实施,2020 年投放了大量短期贷款给中小企业以帮助他们渡过难关,中小企业对于票据融资的需求部分转换成一般贷款。

---

① 2018 年 7 月份起,人民银行完善社会融资规模统计方法,将“存款类金融机构资产支持证券”和“贷款核销”纳入社会融资规模统计,在“其他融资”项下反映。2018 年 8 月份以来,地方政府专项债券发行进度加快,对银行贷款、企业债券等有明显的接替效应。为将该接替效应返还到社会融资规模中,自 2018 年 9 月份起,人民银行将“地方政府专项债券”纳入社会融资规模统计。2019 年 9 月份起,人民银行完善“社会融资规模”中的“企业债券”统计,将“交易所企业资产支持证券”纳入“企业债券”指标。2019 年 12 月份起,人民银行进一步完善社会融资规模统计,将“国债”和“地方政府一般债券”纳入社会融资规模统计,与原有“地方政府专项债券”合并为“政府债券”指标,指标数值为托管机构的托管面值。传统口径:2018 年 7 月份调整之前的口径;新口径:在传统口径基础上增加了“存款类金融机构资产支持证券”“贷款核销”和“政府债券”。

居民贷款方面，2020 年 1—11 月份，居民户的贷款累计新增 7.3 万亿元，同比多增 5 224 亿元。其中，居民户的中长期贷款累计同比多增 5 432 亿元，居民户的短期贷款累计同比少增 107 亿元，居民户贷款增速虽然低于企业部门，但是增速也较上年明显加快，使得家庭部门杠杆率水平再创新高。受此影响，国内房价水平即便在 2020 年全球经济处于深度衰退的背景下，也依然呈现结构性上涨的态势。

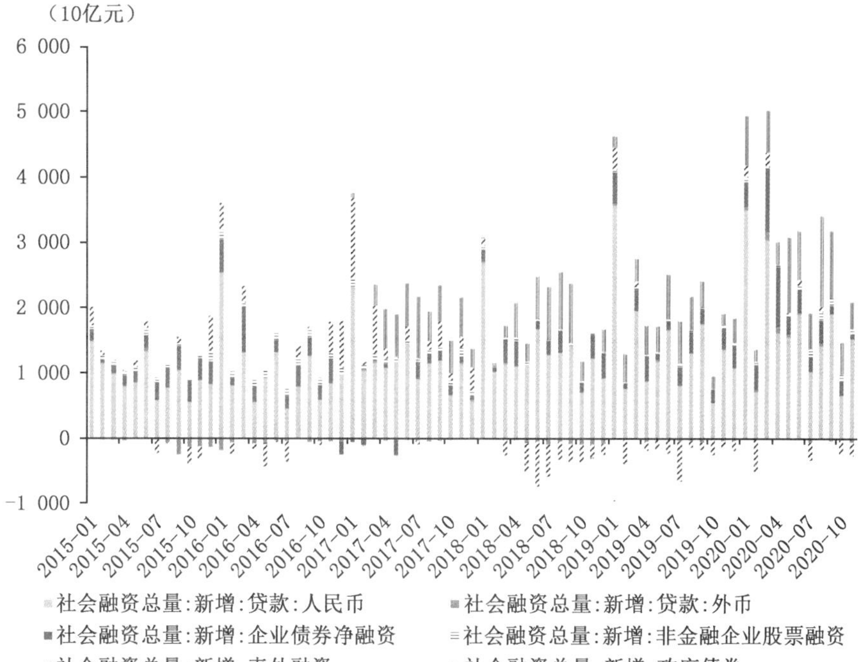


数据来源：中国人民银行。

**图 50　社会融资结构**

其他间接融资方面，截至 2020 年 11 月份，对实体经济发放的外币贷款折合人民币累计增加 2 430 亿元，同比多增 3 500 亿元。而表外融资方面，信托贷款和委托贷款延续下降趋势，未贴现银行承兑汇票规模持续上升。2020 年前 11 个月表外融资累计减少 5 832 亿元，同比少减 1.0 万亿元。分项来看，截至 2020 年 11 月份，未贴现的银行承兑汇票累计增加 3 962 亿元，同比多增 9 670 亿元；委托贷款累计减少 3 395 亿元，同比少减 4 685 亿元；信托贷款累计减少 6 399 亿元，同比多减 4 024 亿元。表外融资虽然仍在收缩,但降幅与上年相比大幅收窄。

直接融资方面,2020 年前 11 个月企业债券净融资累计增加 4.4 万亿元,同比多增 1.5 万亿元,约占社会融资总量的 13.4%。政府债券融资累计增加 7.6 万亿元,同比多增 3.3 万亿元,约占社会融资总量的 23.0%。实际上,地方政府专项债券和抗疫国债在前三个季度已基本完成年内计划,政府债券发行在 10 月、11 月份均明显减少。股票融资方面,前 11 个月非金融企业股票融资累计增加 7 798 亿元,同比多增 475 亿元,约占社会融资总量的 2.4%。

综上所述,2020 年前 11 个月,M2 增速中枢上移,社会融资总额存量增速持续回升,上半年宽松的货币政策效果仍在持续。流动性投放方面,继 1 月份全面下调存款准备金率 0.5 个百分点后,中国人民银行于 4 月、5 月份对农村信用社等中小金融机构下调存款准备金率共计 1 个百分点,约释放长期流动性 1.2 万亿元。降准增加了金融机构支持实体经济运行的资金来源,进一步降低了银行的负债成本,也加大了对民营企业和小微企业的支持力度。2020 年央行还分别下调 MLF 利率和 OMO 利率 30 个基点。截至 2020 年 11 月末,SLF 余额同比减少 503.5 亿元,MLF 余额同比增加 1.24 万亿元,公开市场操作净回笼 600 亿元。金融部门和实体部门的融资成本都有所下降,截至 2020 年 11 月末,DR007 的加权平均值为 2.30%,较 10 月末下降 0.29 个百分点,同比下降 0.28 个百分点。11 月份 LPR 报价一年期利率和五年期利率分别为 3.85%和 4.65%,同比降幅分别为 0.3 个百分点和 0.15 个百分点。总体而言,市场整体流动性合理充裕,这些举措体现了央行加强逆周期调节和提升货币政策传导效率的政策要求,支持了社会融资和信贷规模的增长,金融机构对实体经济的支持力度也持续加大。

从贷款的利率水平来看,如图 51 所示,票据融资的加权平均利率自 2020 年第三季度以来持续回升,一般贷款利率和居民个人住房贷款利率保持平稳。截至 2020 年 9 月,各类贷款的加权平均利率为 5.12%,同比下降 0.5 个百分点,环比上升 0.06 个百分点。其中,一般贷款的加权平均利率为 5.31%,同比下降 0.7 个百分点,环比上升 0.05 个百分点;票据融资的加权平均利率为 3.23%,同比下降 0.1 个百分点,环比上升 0.38 个百分点;个人住房贷款的加权平均利率为 5.36%,同比下降 0.2 个百分点，环比下降 0.06 个百分点。贷款利率整体保持平稳，处于 6 年来最低水平，虽然其中主要贡献来自票据利率持续保持低位，但更能代表实体部门融资需求的一般贷款利率也下降至 6 年来的最低水平。

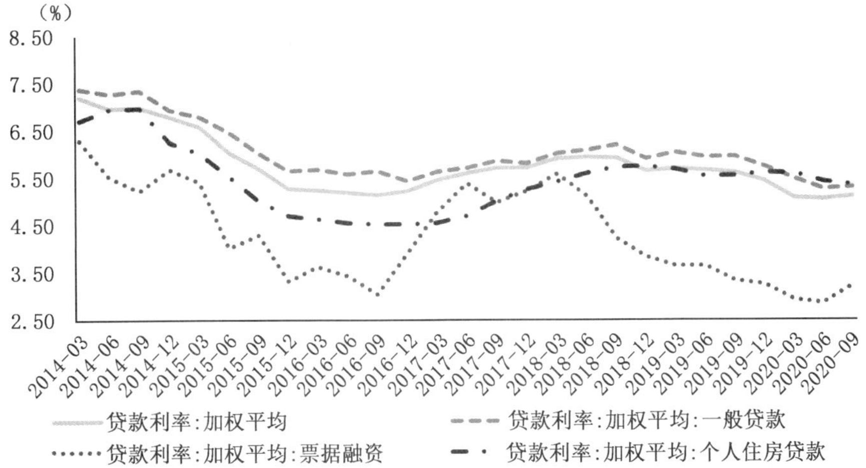


数据来源：中国人民银行。

**图 51　贷款加权平均利率**

实体经济的融资成本总体下降明显，企业付息压力似乎有所缓解，如图 52 所示，2020 年发生违约的债券共计 204 只，较 2019 年减少 33 只，但是值得注意的是，2020 年国有非金融企业发行债券的违约只数大幅度上升。其中，涉及中央国有非金融企业的违约债券数为 30 只，较 2019 年增加了 24 只；涉及地方国有非金融企业的违约债券数为 44 只，较 2019 年增加了 34 只。从涉及资金的规模来看，如图 53 所示，2020 年非金融企业债券违约涉及资金规模上升至 1 452.6 亿元，较 2019 年增加 349.4 亿元，而且国有非金融企业债券违约涉及资金规模占比大幅度上升接近 50%。其中，中央国有非金融企业债券违约涉及资金规模为 391.4 亿元，地方国有非金融企业债券违约涉及资金规模为 293.9 亿元，较 2019 年分别增加 341.4 亿元和 238.9 亿元。尤其是中央国有非金融企业，平均而言，单只债券涉及的资金规模上升较快。

从违约率来看，如图 54 所示，民营企业的违约高峰发生在 2019 年年中，2020 年在疫情的巨大冲击下，其违约率逆势持续下降，课题组认为，民营企业违约风险在 2021 年大概率不会明显由降转升。但与之形成鲜明对比的是,国有企业的违约率在2020年大幅度上升。其中,中央国有企业的违约率在疫情爆发之初达到最高点,而地方国有企业的违约率则仍处于持续攀升的状态。此外,存量债券的数据显示,在2021年将到期的非金融企业债券总额约为7.3万亿元,其中,涉及的中央和地方国有非金融企业数量分别为348家和1 746家,中央国有和地方国有非金融企业涉及的规模分别约为2万亿元和4万亿元,国有企业所发行债券在2021年的到期量占总规模的82.2%。

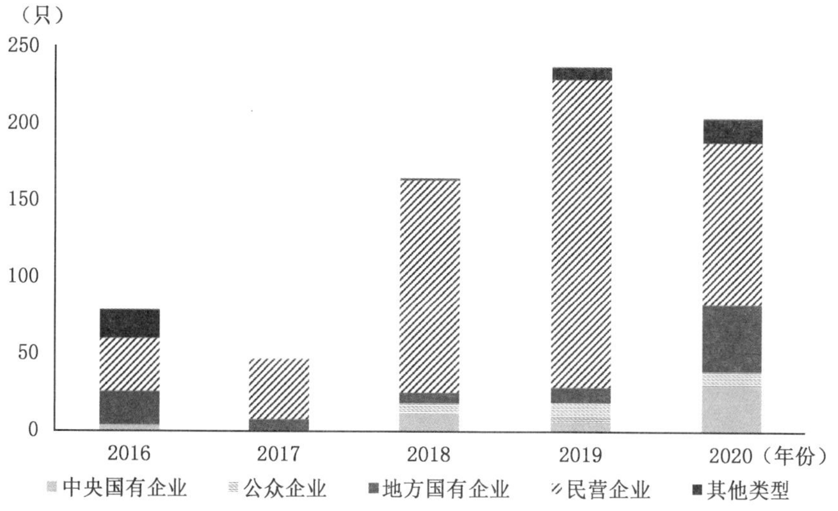


数据来源:上海财经大学高等研究院。

**图52 违约债券数目:按企业类型分**

可见,不同于2018—2019年以民营企业发生违约为主,2020年国有非金融企业的债券违约风险快速上升,成为债券市场新的风险点。以华晨集团和永煤集团等国有企业违约为代表的,已导致自11月1日至12月16日,取消发行的信用债多达182只,涉及债券规模1 382亿元,而此前9月份和10月份取消的金额仅为613.89亿元和342.5亿元。这不仅将会对存量债券的价格造成负面影响,还可能导致其他企业由于债券融资受阻而进一步产生流动性问题,从而产生更多更大的违约风险。在2021年保持债券市场平稳运行,防范和化解债券市场金融风险的重点在于国有企业所涉及的债务问题。

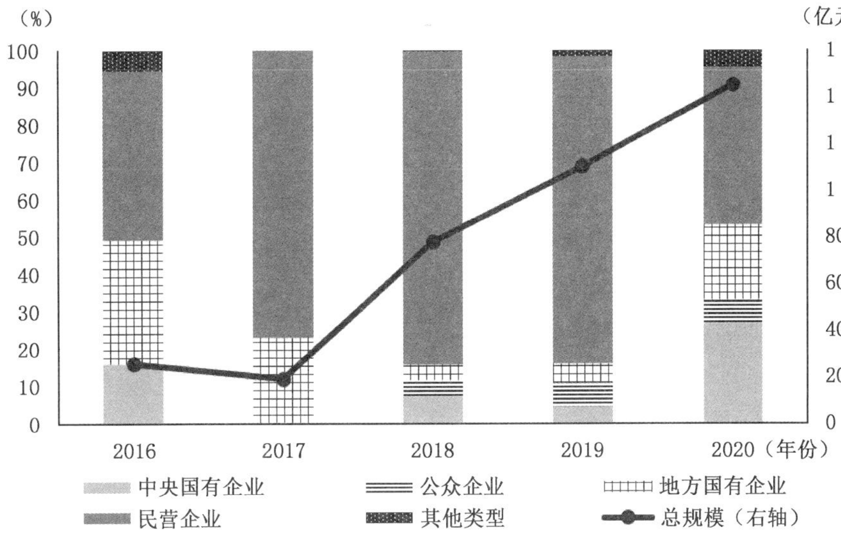


数据来源：上海财经大学高等研究院。

**图 53　违约债券资金占比和规模：按企业类型分**

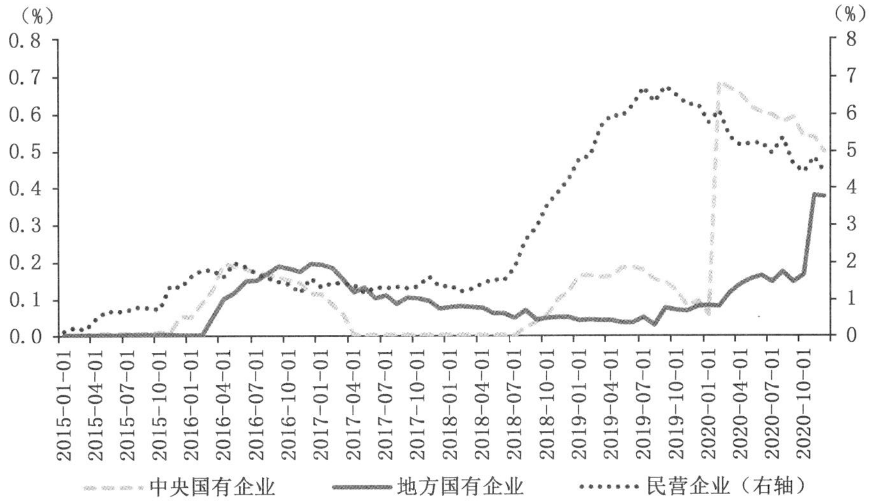


数据来源：上海财经大学高等研究院。

**图 54　企业违约率**

### (七)外汇储备规模总体稳定,下半年人民币宽幅震荡升值

2020年以来,突发的新冠疫情、内外需疲软、国际金融市场剧烈震荡等一系列内外部不确定性事件,使外汇储备波动增大,但总体上其规模比较稳定。2020年第一季度,外汇储备规模从年初的3.12万亿美元下降至3.06万亿美元,3月份环比降幅达1.48%,为2016年以来最大单月降幅。之后,外汇储备规模连续5个月回升,8月份升至3.16万亿美元。第四季度外汇储备继续站稳3.1万亿美元,与年初外汇储备规模持平。

2020年上半年,人民币汇率经历了3次较大幅度的贬值和回调过程,至7月初处于7左右水平。2020年下半年,人民币震荡升值,11月15日突破6.6。受新冠疫情、中美贸易摩擦和频频发生的全球金融市场动荡等因素的影响,2020年上半年,人民币汇率双向波动增强,表现出较强的"弹性"和"韧性"。虽然2019年12月13日达成的中美第一阶段经贸协议曾让人民币稳步升值——在岸和离岸人民币汇率曾一度升至6.858 5和6.866 9——但国内新冠疫情的爆发使人民币持续贬值。1月中下旬,人民币汇率更是突破7.0关口。2月中下旬,随着国内疫情形势的好转和海外疫情的扩散,美元指数下跌,人民币汇率得到提振。然而,从3月9日起10天内,美股熔断4次,市场陷入恐慌,避险情绪高涨,对美元现金和国债等高流通性替代资产的强烈持有意愿带动美元指数强势上涨,人民币被迫贬值:汇率中间价于3月20日突破7.10,而在岸和离岸价也于3月23日触及7.118 7和7.119 8的高位。由于我国抗疫取得阶段性成果,复工复产持续推进,人民币再度回暖,5月中下旬前人民币汇率在7.05至7.10区间内波动。尔后由于中美之间动荡因素频发,人民币维持宽幅震荡,5月28日人民币兑美元汇率在岸价和离岸价一度跌至7.160 0和7.170 2。5月25日,美国明尼苏达州一名黑人男子遭警察暴力执法致死引发全美抗议游行,聚众活动增加了疫情二次爆发的风险,美元指数走弱。在我国经济率先恢复的有力支撑下,人民币顺势回升,重回7.05至7.10区间。

2020年下半年,美元指数持续下滑,逼近年内低点,中美利差不断拉大,伴随美国大选落定,《区域全面经济伙伴关系协定》(RCEP)达成,中国经济强劲增长,人民币持续升值,迈入6.5至7.0区间。7月初,由

于欧美发达国家逐步实行零利率,人民币资产吸引力大增,人民币突破7.0关口(见图55)。8月份,中国经济稳步复苏,中美关系缓和,加之疫情使美国经济急速下滑,第二季度GDP环比下降32.9%,美元疲软,人民币持续升值。8月25日,中美双方就第一阶段经贸协议落实等问题进行了具有建设性的对话,双方同意继续推动中美第一阶段经贸协议落实,中美关系缓和推动人民币走强。8月27日,美联储主席鲍威尔表示美联储已经同意采取平均通胀目标的政策,将会允许通胀在一定时间适度超过2%,以弥补通胀持续低于2%的影响。8月底,美国财政部表示,未来几个季度将继续把融资品种从国库券转向期限较长的债券,将长期发行作为管理国债到期情况并限制未来潜在发行波动的审慎手段。美国利率将长期维持零利率水平,美元走弱预期加强,人民币继续升值。9月下旬,美元指数有所回升,国内股市波动较大,美国芝加哥联储主席表示采取平均通胀目标的政策还需要做更多讨论,不排除加息的可能,美元指数回升,人民币承压。10月份美元回升影响减弱,伴随海外疫情再次爆发,人民币延续升值趋势。10月底,央行决定将远期售汇业务的外汇风险准备金率下调为0。央行表示,2020年以来,人民币汇率以市场供求为基础双向浮动,弹性增强,市场预期平稳,跨境资本流动有序,外汇市场运行保持稳定,市场供求平衡。11月份,伴随美国大选落定和《区域全面经济伙伴关系协定》(RCEP)签署,人民币得到支撑。

人民币汇率2020年下半年的走势主要由以下几点原因导致。从内部环境看,我国疫情防控成果显著并坚持稳健的货币政策,保持灵活适度的操作,实施必要的宏观审慎管理,推动金融供给侧改革,促进更高水平的对外开放,这些都将在短期内对人民币的稳定甚至升值形成支撑。9月21日,央行、国家外汇局发布《境外机构投资者投资中国债券市场资金管理规定(征求意见稿)》,统一债券市场资金管理和外汇风险管理,取消单币种投资的汇出比例限制,取消即期结售汇限制,将银行间债券市场外汇风险管理政策扩展至涵盖交易所债券市场,以进一步便利境外机构投资者投资中国债券市场。

从外部环境看,中美利差处于高位,利好人民币资产。美联储加码宽松货币政策刺激经济预期升温,短期内美元指数预期继续波动走弱,欧美等发达经济体仍将维持零利率政策。欧美主要发达经济体疫情反复,虽然疫苗的研发进度比较乐观,但短期内海外经济复苏依然面临严峻考验。

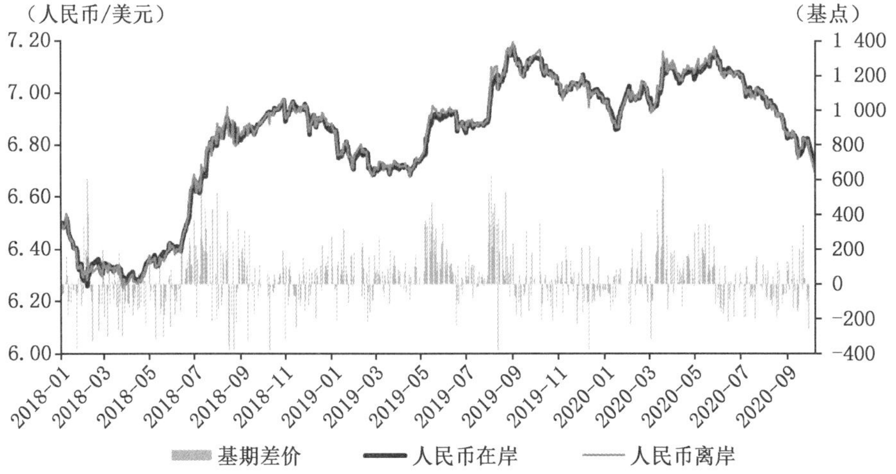


数据来源:Wind。

**图 55　人民币在岸(USD-CNY)与离岸(USD-CNH)走势**

课题组使用标准化的外汇储备变动幅度除以标准化的汇率变动幅度建构的外汇干预指数(见图 56),指标越接近 1,表明外汇干预力度越大。从上海财经大学高等研究院构建的指数可以看出,2020 年上半年央行干预汇市的力度逐渐加大,于 5 月份达到最大值 1。这显示出因为疫情导致的内外部环境不确定性较大,人民币面临贬值压力时,央行及时加大政策力度,稳定市场情绪和预期,使人民币汇率在合理区间内波动。自疫情爆发以来,作为避险资产的美元始终较受青睐,美元指数强势上升,于 2 月 20 日达到 99.89;随着对疫情海外扩散的担忧,3 月初又回落至 95.06。3 月 9 日起 10 天内,美股熔断 4 次,市场再度陷入恐慌,避险情绪高涨,对美元现金强烈的持有意愿带动美元强势上涨,3 月 19 日美元指数高达 102.69。2020 年下半年,随着人民币震荡升值,外汇干预指数处于低位,反映出央行干预汇市的力度逐渐减弱。

结合美联储货币政策、美元指数变动、人民币贬值的预期压力以及跨境资本流动管理等几方面因素,课题组预估 2021 年人民币兑美元汇率或将在 6.5 附近宽幅震荡;若国内外疫情得到有效控制、中美贸易谈判形势向好,2021 年人民币汇率甚至可能继续升值;若发生重大“黑天鹅”事件,例如新冠疫情再次爆发、中美贸易摩擦突然严重升级，预计人民币汇率将跌落至7左右。课题组对人民币汇率2021年走势判断主要基于如下理由。

第一，人民币汇率度量了人民币相对于美元的地位强弱，因此人民币汇率未来的走势很大程度上取决于美元指数的走势，以及美联储货币政策相应的路径选择。自疫情爆发以来，作为避险资产的美元始终较受青睐，美元指数强势上升，于2月20日达到99.89；而随着对疫情海外扩散的担忧加剧，3月初又回落至95.06。3月9日起，由于10天内美股熔断4次，市场再度陷入恐慌，避险情绪高涨，对美元现金强烈的持有意愿带动美元指数强势上涨，令3月19日美元指数高达102.69。其间，为应对疫情引发的经济下行压力和恐慌情绪，缓解美元流动性紧张的局面，美联储出台了一系列常规和非常规货币政策。3月3日和3月16日，美联储召开两次紧急会议，分别降息50个和100个基点，将联邦基金利率下调至0～0.25%区间，为2008年金融危机以来首次重回零利率区间。3月16日，美联储开启新一轮总规模至少达7 000亿美元的量化宽松，3月23日又将量化宽松的规模扩大至无限量。4月9日，美联储宣布将为家庭和雇主提供高达2.3万亿美元的贷款。除此之外，美联储还动用商业票据融资便利工具（CPFF）、一级市场企业信贷支持工具（PMCCF）、二级市场企业信贷支持工具（SMC-CF）、定期资产抵押证券信贷支持工具（TALF）等非常规流动性工具。5月21日，美联储公布4月份会议纪要，显示美联储致力于使用所有工具支撑经济，预计将维持当前的利率目标区间。6月10日，美联储政策会议表示将主要项目的最低贷款额度下调至25万美元，并延长还款期，利好经济恢复及就业，美元指数因此回升。6月30日，美联储表示不会使用负利率，6月份的议息会议的点阵图也显示当前的利率状态或将至少维持到2022年。美国第二季度GDP增速大幅度下降，鲍威尔表示，在疫情得到控制之前，经济不可能全面复苏，高度不确定性进一步削弱了投资者对美元的信心。7月2日，美联储兜底债市，同意对收益率曲线控制进行更多分析。8月27日，美联储主席鲍威尔表示，美联储已经同意采取平均通胀目标的政策，将会允许通胀在一定时间适度超过2%，以弥补通胀持续低于2%时的影响。11月份美联储仍对经济形势表示担忧,市场对美联储加码宽松货币政策预期上升。美国财政部要求年底结束 CARES Act 专项拨款支持的美联储信贷工具,即 TALF、CCF、MSLP 和 MLF,这将削弱美国经济和金融市场的稳定性,预期美元指数下降的可能性增加。美国经济数据显示,10 月份 CPI 环比相同,同比上涨 1.2%;核心 CPI 环比上涨 0.1%,同比上涨 1.6%,通胀疲软显示需求不足。10 月份非农就业人数增加 64 万人,失业率下降至 6.8%。此外,PMI、进出口、零售、消费者信心指数全面回升,制造业复苏对全社会整体就业率的拉动作用逐步显现。然而对疫情防控的担忧犹存,经济何时复苏仍高度不确定,预计拜登政府急需加大疫情控制和刺激经济政策力度,美联储未来仍将保持低利率,并动用全方位的货币政策工具以援助家庭和企业,降低疫情对经济的长期损害。5 月底以来,美元指数逐渐下行并突破历史低点,但考虑到疫苗研发进度频传利好消息,美元指数未来下行空间可能有限。同时也要注意到,美元一直是全球最重要的避险货币,每当全球经济波动性加剧或者全球金融市场动荡加剧之时,美元通常会受到投资者的青睐,未来疫情仍存在较大的不确定性,预计 2021 年美元指数可能在 93 左右呈现宽幅震荡(见图 57)。

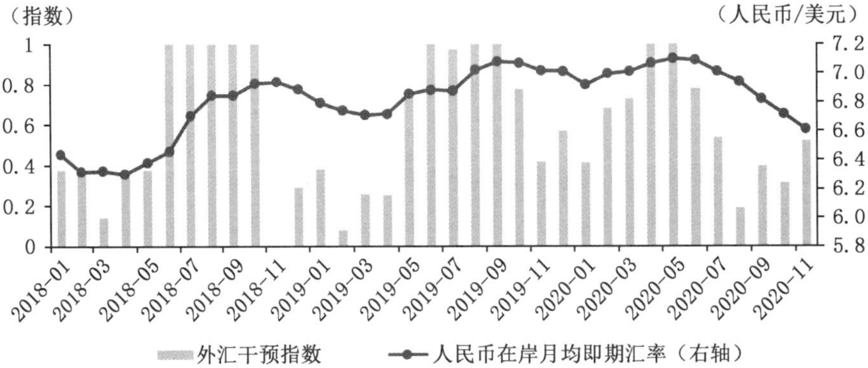


数据来源:Wind、上海财经大学高等研究院。

**图 56　外汇干预指数**

第二,外汇储备规模总体稳定。2019 年外汇储备规模整体较为平稳并小幅度上升,较 2019 年年初增加 200 亿美元。然而 2020 年以来,突发的新冠疫情、内外需疲软、国际金融市场剧烈震荡等一系列内外部

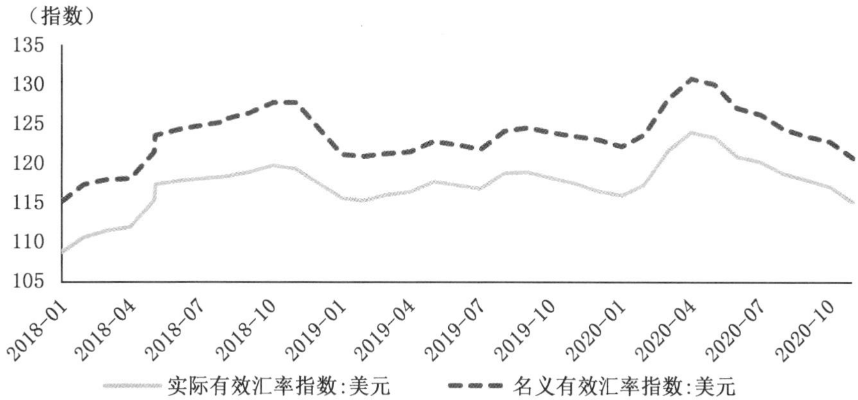


数据来源：Wind。

**图 57　美元指数近期走势**

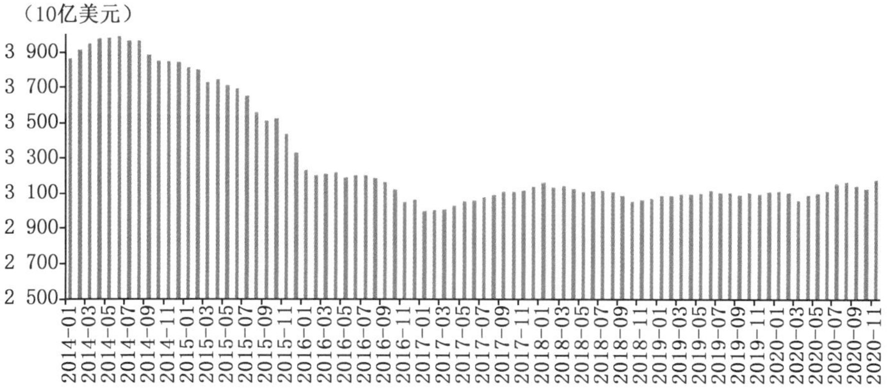


数据来源：Wind。

**图 58　外汇储备近期走势**

不确定性因素，使外储波动增大。2020 年第一季度，外汇储备规模从年初的 3.12 万亿美元下降至 3.06 万亿美元，3 月份环比降幅达 1.48%，为 2016 年以来最大单月降幅。之后，外汇储备规模连续 5 个月回升，8 月份上升至 3.16 万亿美元。第四季度外汇储备继续站稳 3.1 万亿美元，与年初外汇储备规模持平（见图 58）。外汇储备/M2 是国际货币基金组织的新标准，用于衡量外汇储备是否够用，近来呈现下降趋势，2019 年底已经下降至 11%以下，远低于国际货币基金组织建议资本账户开放国家所应该具备的20%(或是比对亚洲国家平均约有25%)。2020年以来,外汇储备/M2比例下降幅度明显增大,11月份降至约9.67%的水平(见图59)。

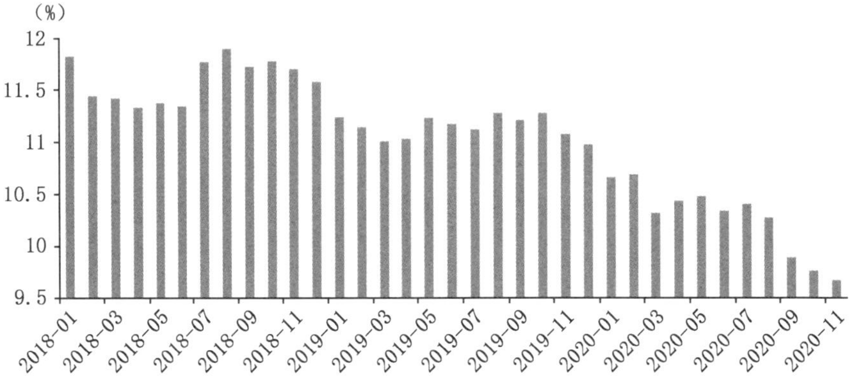


数据来源:Wind、上海财经大学高等研究院。

**图59 外汇储备/M2比例**

第三,人民币汇率的贬值预期若使用人民币无本金交割远期外汇交易衡量(见图60)可知,2020年,一年期、两年期与三年期远期外汇交易价格均揭示较高的人民币贬值预期,且三者分化逐渐加大(一年期NDF:2019—12,1.06%;2020—03,1.31%;2020—06,1.69%;2020—09,2.33%;2020—11,2.48%。两年期NDF:2019—12,2.01%;2020—03,2.64%;2020—06,3.18%;2020—09,4.47%;2020—11,4.77%。三年期NDF:2019—12,3.34%;2020—03,3.45%;2020—06,4.98%;2020—09,6.49%;2020—11,6.98%)。尤其是2020年3月中旬,美股数次熔断导致国际金融市场恐慌,一年期、两年期与三年期远期外汇交易价格均呈现跳崖式上升。随后三者虽短暂回落,但仍未改变上升的趋势,且三者分化程度和速度显著提高。2020年12月份,三年期远期外汇交易价格指向约7%的贬值幅度,高于一年期NDF和两年期NDF的贬值预期,故而长期贬值压力仍不可忽视。

最后,我们从跨国资本流动的变化看近年来央行加强资本管制的效果,以及其可能对未来汇率走势的影响。

在国际收支平衡表中,非储备性质的金融账户包括直接投资、证券

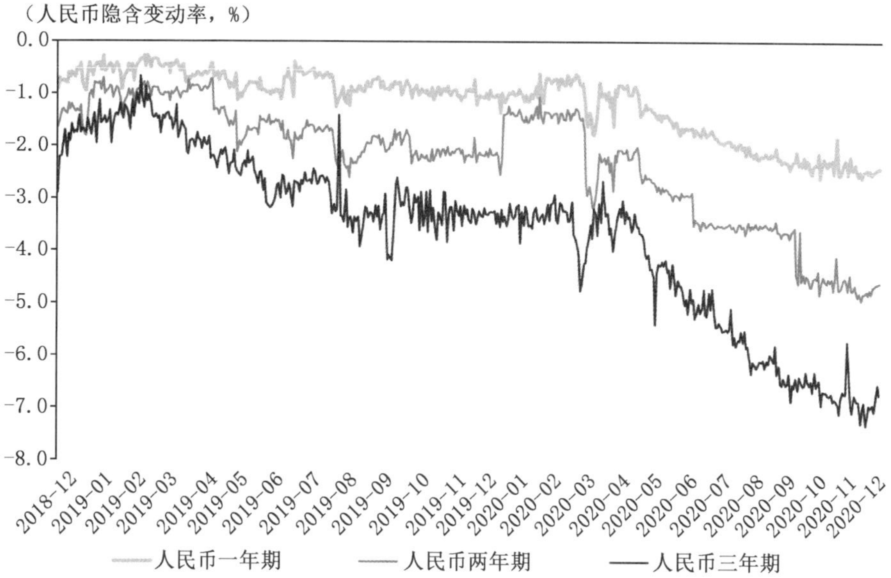


数据来源：Wind、上海财经大学高等研究院。

**图 60　人民币无本金交割远期外汇交易**

投资、金融衍生工具和其他投资。非储备性质的金融账户集中反映民间部门的跨境资本流动。从中国非储备性质的金融账户来看（见图 61），非储备性质的金融账户在 2017 年扭转了自 2015 年“8. 11”汇改以来的大量资本流出的局势，变为资本流入，这与人民币兑美元汇率在 2017 年的较大幅度升值是相对应的，同时也显示了自“8. 11”汇改之后资本管控政策已见成效。尽管由于中美贸易摩擦，2019 年资本流入大幅度减少，但仍为净流入。从另一层面也能反映出我国金融市场双向开放的稳步推进，国际资金聚焦中国市场。2020 年 5 月 7 日，央行和外汇管理局发布《境外机构投资者境内证券期货投资资金管理规定》，落实取消 QFII 和 RQFII 境内证券投资额度管理要求，这有利于吸引海外增量资金，丰富我国资本市场投资者结构，加速资本市场国际化改革。9 月 21 日，央行、国家外汇局发布《境外机构投资者投资中国债券市场资金管理规定（征求意见稿）》，明确境外机构投资中国债券市场专用账户的开立条件和收支范围，允许同一境外机构投资者 QFII/RQFII 项下与直接入市项下的资金可以相互划转，将银行间债券市场外汇风险管理政策扩展至涵盖交易所债券市场，进一步便利境外机构投资者投资中国债券市场。此外,我国加大力度打造区域性国际金融中心,扩大对外开放。2020 年 5 月 15 日,央行、银保监会、证监会和外汇管理局发布《关于金融支持粤港澳大湾区建设的意见》,针对 2019 年 2 月出台的《粤港澳大湾区发展规划纲要》中的金融部分进行细化。围绕促进跨境贸易和投融资便利化、扩大金融业对外开放、推进资金融通渠道多元化、提升金融服务创新水平和防范金融风险五个方面,提出包括开展私募股权投资基金跨境投资试点、扩大跨境资产转让业务试点、探索设立理财通机制等 26 条具体举措。2020 年 6 月 1 日,国务院发布《海南自由贸易港建设总体方案》,以资本账户可兑换、外汇和利率零管制、跨境投融资自由化等为最终建设目标。11 月 26 日,央行发布第三季度中国货币政策执行报告,我国执行稳健的货币政策,兼顾对外均衡,人民币汇率以市场供求为基础双向浮动,弹性增强,市场预期平稳,跨境资本流动有序,市场供求平衡。

然而,影响我国跨境资本流动的不稳定不确定因素依然存在。新冠疫情在国内外的发展、中美两国的货币政策、中美贸易摩擦、国际地缘政治风险、国内经济金融领域风险等因素,可能对国际金融市场和国际资本流动造成一定影响,加大跨境资本波动。从净误差与遗漏项来看,短期内不容乐观(见图 62)。自 2015 年"8. 11"汇改以来,尽管我国实行了严格的资本管制,但净误差与遗漏项所隐含的资本流出已经接连三年呈现 2 000 多亿美元的规模。这显示跨境资本出现净流出压力,反映了在人民币贬值预期下,市场的避险情绪持续强烈。尽管 2018 年有所减缓,但仍呈现了 1 790 多亿美元的规模,2019 年上升至 1 980 亿美元。

此外,2020 年人民币快速升值,我国与美国息差位于高位,短期国际资本大量流入,也给国内金融体系带来风险。11 月 26 日,央行发布《2020 年第三季度中国货币政策执行报告》,我国执行稳健的货币政策,兼顾对外均衡,人民币汇率以市场供求为基础双向浮动,弹性增强,市场预期平稳,跨境资本流动有序,市场供求平衡。盛松成表示,我国经济总体平稳,货币政策稳健,国内外利差较大,可能面临持续的资本流入,输入型通胀压力增加,"双顺差"的国际收支结构可能再现,适度的资本流出有助于对冲输入型通胀和资产价格泡沫风险,我国长期坚持的投资"宽进严出"应该调整为金融双向开放,包括资本项目双向开放,适当提高资金流入门槛、降低资金流出门槛，以应对资本流入压力，防止人民币过快升值。

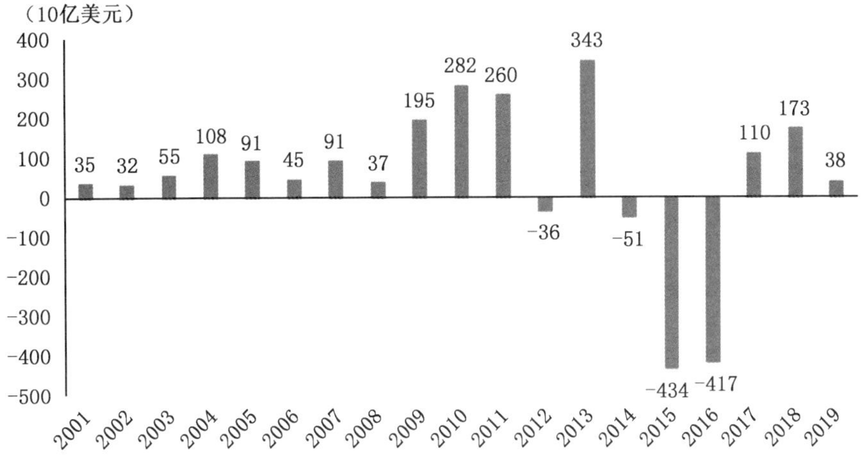


数据来源：Wind。

**图 61　中国非储备性质的金融账户**

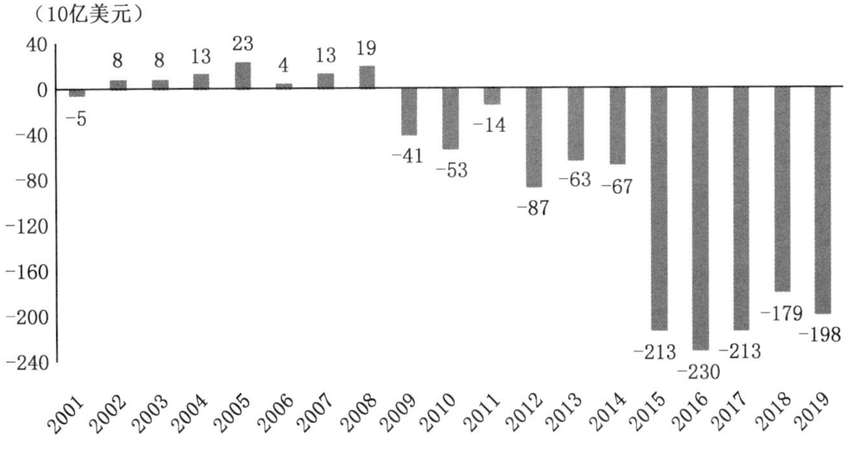


数据来源：Wind。

**图 62　中国净误差与遗漏项**

综上所述，从人民币汇率的短期波动看，国内外疫情的发展、美元走势、中美货币政策、中美贸易摩擦以及中国经济形势会对汇率走势产生直接影响。第一，新冠疫情直接影响各国的经济生产。世界银行称，受疫情冲击,预计2020年全球经济将下滑5.2%,相比之下,中国经济则有望实现1%的增长。第二,美元指数的强弱表现是人民币汇率调整的外部压力来源。境外疫情和世界经济形势仍存在很大的不确定性,全球避险需求使得美元指数下行空间有限。第三,美联储已经全方位动用各种非常规工具为市场提供流动性,联邦基金利率也已重回零利率区间;而中国人民银行坚持稳健的货币政策,保持灵活适度的操作。相比于美国无底线的宽松政策,我国货币政策仍留有较大的空间,中美利差处于高位,提振人民币资产的吸引力。第四,随着我国金融开放程度的加深,国际资金将更加积极地参与中国金融市场。第五,短期来看,国内疫情防控已取得显著成果,经济基本面的改善为人民币升值提供有力支撑。第六,中美贸易摩擦仍有很大的不确定性。然而,在人民币汇率的浮动更趋向于市场化的形势下,我国的货币政策会更加具有自主性,会对调节我国的内部平衡起到更有效的作用。因此,课题组认为,货币当局有充足的外汇储备,积累的丰富的经验和足够的政策工具为人民币汇率提供实时性支撑,2021年外汇储备会在波动中保持稳定,人民币汇率将在合理区间内宽幅震荡。

## 二、中国宏观经济下一步发展面临的内部主要不确定性

### (一)农民工提高社会总生产率,但仍需提高流动性

近年来,农民工的流动性有所提高,越来越多的农民工进入城市发展,与此同时,伴随着教育水平的不断提升,农民工的生产效率也会有所提升,这一趋势对于社会整体的产业结构和生产率水平会有什么样的影响?本报告发现,农民工可以很好地适应整体社会产业结构调整,甚至极大地推动了第二、第三产业结构变化。同时,随着越来越多的农村劳动力成为农民工,以及农民工生产效率的相对提升,农民工对于各个产业生产率变化的影响逐渐增大。然而,产业本身生产率的变化仍然远远快于农民工相应的流动。因此,深化户籍与土地改革、保障农民工权益、降低流动壁垒将进一步提升社会生产率。

首先,我们要关注农民工是否能适应社会产业结构变化。图63为

总体就业人员和农民工三大产业占比的变化趋势,重点关注2013年至2019年。从数值上看,就业人员在第三产业占比最高,第一、第二产业占比较为接近;农民工主要集中在第二、第三产业,第一产业占比不足1%。从趋势上看,总体就业人员和农民工第三产业的占比均在逐年增加,而第一、第二产业占比则逐步下降。对于总体而言,第一产业占比相较第二产业下降更快。对于农民工而言,2018年之前,第二产业占比一直高于第三产业;自2018年起,第三产业占比超过第二产业,且有进一步上升的趋势。此外,对比总体与农民工在同一产业的占比变化趋势可知,第三产业占比变化趋势两者相近,第二产业占比农民工下降稍快,第一产业占比总体水平下降稍快。同时,农民工在2019年相对2013年第二、第三产业结构变化中的贡献率①分别为70.34%和58.49%,推动了第二、第三产业的结构变化。由此可见,农民工的产业结构变化接近总体水平,农民工可以很好地适应甚至推动社会的发展,从而更好地服务于社会。

农民工流动在多大程度上提高社会生产率一直备受关注。图64为2014年至2019年劳动生产率变化中农民工占比变动的贡献率。② 除了2015年该贡献率为-1.55%外,其余年份该贡献率均为正且位于15%以内。由此可见,农民工占比变化对于社会劳动生产率变化有一定的促进作用。

表3计算了2019年相对2013年各产业农民工与非农民工贡献率,并且考虑随农民工占比变化的各种反事实情况下的结果,其中基准是2019年的实际数据($m=0.875\ 2$)。由表可知,随着农村外出务工人员的比例($m$)上升,农民工在各产业对于生产率变化的贡献会不断增大,此增量在第二、第三产业尤为显著。因此,随着农民工越来越多,农民工对于社会生产率变化的促进作用不断增大。

---

① 第$i$产业的产业结构变化中农民工的贡献率$=(L_{1i,2019}-L_{1i,2013})/(L_{i,2019}-L_{i,2013})$,$L_{1i,t}$为年份$t$第$i$产业中农民工人数,下标仅为$t$的为年份$t$总体值。

② 年份$t$,总体劳动生产率变化中农民工占比的贡献率$=\{A_(1,t)\times[(L_(11,t)/L_t)-(L_(11,t-1)/L_(t-1))]+A_(2,t)\times[(L_(12,t)/L_t)-(L_(11,t-1)/L_(t-1))]+A_(3,t)\times[((L_(13,t)-1)/L_(t-1))-(L_(11,t-1)/(L_t-1))]\}/[A_t-A_(t-1)]$,$A_(i,t)$为年份$t$第$i$产业的劳动生产率,$L_(1i,t)$为年份$t$第$i$产业中农民工人数,下标仅为$t$的为年份$t$总体值。

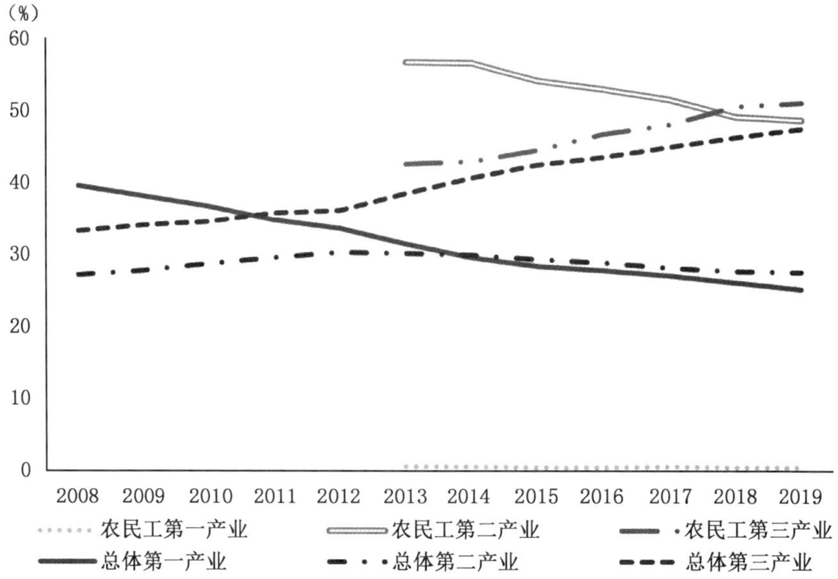


数据来源:国家统计局。

**图 63 产业结构变化趋势**

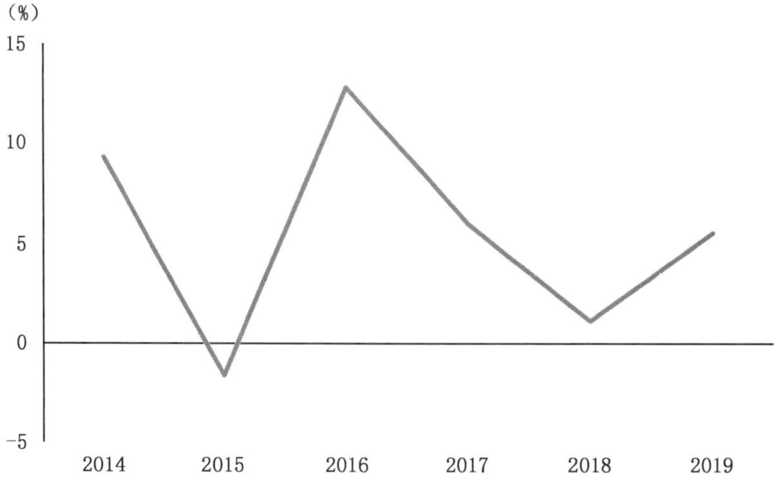


数据来源:国家统计局。

**图 64 农民工占比对于劳动生产率的贡献率**

**表 3　　各产业农民工与非农民工贡献率随农民工占比变化　　单位：%**

| | 农民工第一产业 | 农民工第二产业 | 农民工第三产业 | 非农民工第一产业 | 非农民工第二产业 | 非农民工第三产业 |
|---|---|---|---|---|---|---|
| $m$=0.9 | 0.02 | 21.50 | 28.22 | 4.31 | 9.59 | 36.35 |
| $m$=0.875 2 | 0.02 | 20.89 | 27.30 | 4.32 | 10.20 | 37.27 |
| $m$=0.6 | −0.04 | 12.20 | 15.55 | 4.38 | 18.90 | 49.02 |
| $m$=0.3 | −0.07 | −4.61 | −1.90 | 4.41 | 35.70 | 66.47 |
| $m$=0.1 | −0.09 | −26.10 | −17.71 | 4.42 | 57.19 | 82.27 |

注：$m$ 是农村劳动人员中农民工的占比，87.52%为 2019 年实际占比数据。

数据来源：国家统计局、上海财经大学高等研究院。

以上结果没有考虑农民工与城镇劳动力的教育水平差异。事实上，数据显示二者存在一定差异，所以课题组考虑不同农民工与非农民工效率($r$)的反事实分析，其中 $r=1$ 是我们的基准情况。表 4 为 2019 年相对 2013 年总体劳动生产率变化中各产业的农民工和非农民工的贡献率。① 由表可见，随着农民工劳动生产率相对值($r$)增加，第一产业中的农民工和非农民工的贡献率基本不变；第二、第三产业的农民工的贡献率不断上升，非农民工的贡献率不断下降。

**表 4　　劳动生产率变化中各产业的农民工和非农民工的贡献率　　单位：%**

| | 农民工第一产业 | 农民工第二产业 | 农民工第三产业 | 非农民工第一产业 | 非农民工第二产业 | 非农民工第三产业 |
|---|---|---|---|---|---|---|
| $r$=0.37 | 0.01 | 13.40 | 13.74 | 4.33 | 17.69 | 50.83 |
| $r$=0.5 | 0.01 | 15.73 | 17.29 | 4.33 | 15.37 | 47.28 |
| $r$=0.8 | 0.01 | 19.31 | 23.85 | 4.33 | 11.79 | 40.72 |
| $r$=1 | 0.02 | 20.89 | 27.30 | 4.32 | 10.20 | 37.27 |

注：$r$=农民工效率/非农民工效率。

数据来源：国家统计局、上海财经大学高等研究院。

---

① 总体劳动生产率变化中第 $i$ 产业的农民工的贡献率 $=\left[A_{1i,2019}\times\left(\frac{L_{1i,2019}}{L_{2019}}\right)-A_{1i,2013}\times\left(\frac{L_{1i,2013}}{L_{2013}}\right)\right]\Big/[A_{2019}-A_{2013}]$，$A_{1i,t}=[A_{i,t}\times r]\Big/\left[\left(\frac{L_{1i,t}}{L_{i,t}}\right)\times r-\left(\frac{L_{2i,t}}{L_{i,t}}\right)\right]$ 为年份 $t$ 第 $i$ 产业中农民工的劳动生产率，$A_{i,t}$ 为年份 $t$ 第 $i$ 产业的劳动生产率，$L_{1i,t}$ 为年份 $t$ 第 $i$ 产业中农民工人数，下标仅为 $t$ 的为年份 $t$ 总体值。

在以上的分解中,农民工的贡献率包含了产业本身的生产率变化以及农民工构成的变化,表5将做进一步分解。由表可见,在不同的相对效率($r$)下,产业生产率变化的影响都是正向的,并且在第二、第三产业中的贡献值显著大于农民工占比变化的贡献值。因此,深化户籍和土地改革、保障农民工权益、降低流动壁垒将进一步提高社会生产率。

**表5　产业生产率及劳动力占比变动引起的各产业农民工与非农民工贡献率变化比例①**

| | | 农民工<br>第一产业 | 农民工<br>第二产业 | 农民工<br>第三产业 | 非农民工<br>第一产业 | 非农民工<br>第二产业 | 非农民工<br>第三产业 |
|---|---|---|---|---|---|---|---|
| 产业生产率变动 | $r$=0.37 | 255.52 | 116.83 | 72.06 | 162.39 | 121.39 | 77.74 |
| | $r$=0.5 | 255.43 | 116.90 | 71.85 | 162.36 | 121.48 | 77.56 |
| | $r$=0.8 | 255.22 | 117.01 | 71.45 | 162.31 | 121.63 | 77.22 |
| | $r$=1 | 255.08 | 117.06 | 71.24 | 162.28 | 121.69 | 77.04 |
| 劳动力占比变动 | $r$=0.37 | －155.52 | －16.83 | 27.94 | －62.39 | －21.39 | 22.26 |
| | $r$=0.5 | －155.43 | －16.90 | 28.15 | －62.36 | －21.48 | 22.44 |
| | $r$=0.8 | －155.22 | －17.01 | 28.55 | －62.31 | －21.63 | 22.78 |
| | $r$=1 | －155.08 | －17.06 | 28.76 | －62.28 | －21.69 | 22.96 |

注:$r$＝农民工劳动生产率/非农民工劳动生产率。

数据来源:国家统计局、上海财经大学高等研究院。

在讨论农民工对生产率的推动作用后,我们探讨农民工对城乡收入差距的影响。由于农村收入由农民收入以及部分农民工收入组成,所以有必要区分农民工是否获得城镇户籍。在假设农民工都不能获得城市户籍时,相比2013年,2019年城乡居民收入差距有所下降。从贡献率来看,农村居民收入的上升解释了－2.53%,农民工的收入变化解释了102.35%。②

---

① 产业生产率变动贡献率＝$\left[(A_{1i,2019}-A_{1i,2013})\times\left(\frac{L_{1i,2019}}{L_{2019}}\right)\right]\Big/\left[A_{1i,2019}\times\left(\frac{L_{1i,2019}}{L_{2019}}\right)-A_{1i,2013}\times\left(\frac{L_{1i,2013}}{L_{2013}}\right)\right]$,劳动力占比变动贡献率＝$A_{1i,2013}\times\left[\left(\frac{L_{1i,2019}}{L_{2019}}\right)-\left(\frac{L_{1i,2013}}{L_{2013}}\right)\right]\Big/\left[A_{1i,2019}\times\left(\frac{L_{1i,2019}}{L_{2019}}\right)-A_{1i,2013}\times\left(\frac{L_{1i,2013}}{L_{2013}}\right)\right]$。

② 乡村和城市收入比变动分解公式(1)如下:

$$\frac{I_R}{I_U}_{2019}-\frac{I_R}{I_U}_{2013}=\left[\left(L_{RU}\times\frac{I_{RU}-I_{RR}}{I_U}\right)_{2019}-\left(L_{RU}\times\frac{I_{RU}-I_{RR}}{I_U}\right)_{2013}\right]+\left[\left(\frac{I_{RR}}{I_U}\right)_{2019}-\left(\frac{I_{RR}}{I_U}\right)_{2013}\right]$$

其中,$I$ 表示收入,下标 $R$、$U$、$RU$ 分别表示农村居民、城市居民、农民工;$L_{RU}$ 表示农民工的比例。第一项表示农民工的贡献,第二项表示乡村就业人员的贡献。

图 65 展现了假设当这一比例（$h$）变化时的结果，比如，当这一比例达到 40％时，农村居民收入的上升解释了 31.28％，农民工的收入变化解释了 68.72％。因此，城镇化降低了城乡收入差距，同时，伴随着城市化进程的推进，留在农村的农民可以进一步扩大生产规模、增加收入水平。

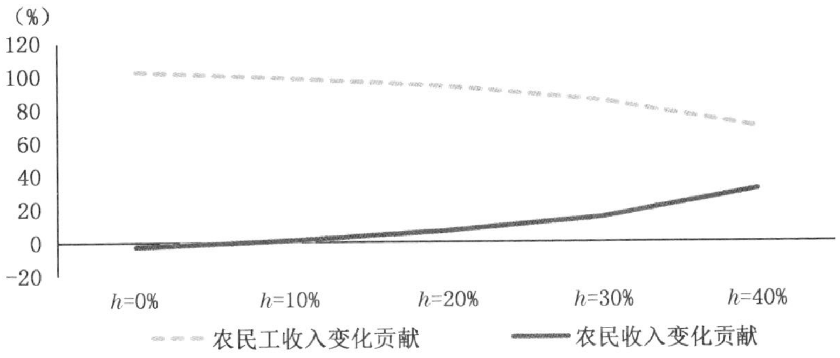


数据来源：国家统计局、上海财经大学高等研究院。

**图 65　城乡收入差距分解**

我们进一步对农民工收入的分解表明，与农民工的构成变化相比，农民工相对工资水平的提高对于提高农民工收入的贡献更大。在没有农民工能够获得城市户籍时（$h=0$），工资变化解释了 83.26％，构成变化解释了 16.74％。伴随着获得城市户籍比例的增加，构成变化能够解释的部分也在上升。[①] 当 $h=40\%$时，工资变化解释的部分下降至 71.68％，构成变化上升至 28.32％。如果户籍制度进一步放开，农民外出打工不仅能提高工资水平，还能享受到城镇的公共服务，并且对于农村地区收入上升将有进一步的拉动作用。

## （二）扶贫效果显著，贫困人群收入持续增加但水平仍然较低

我国的精准扶贫政策有效解决了现阶段的贫困问题。产业发展扶贫以及健康与兜底保障扶贫对贫困人群的收入增加有正向效应，其中产业发展扶贫政策的短期效果最为显著，而教育扶贫政策在长期层面有效。此外，贫困人口数量在政策影响下不断减少，其绝对收入持续增长且相对

---

① 农民工收入变化的分解：$[\{L_{RU}\times I_{RU}\}_{2019}-\{L_{RU}\times I_{RU}\}_{2013}]=[\{I_{RU}\}_{2019}-\{I_{RU}\}_{2013}]\times\{L_{RU}\}_{2019}-I_{RU\,2013}\times[\{L_{RU}\}_{2019}-\{L_{RU}\}_{2013}]$。

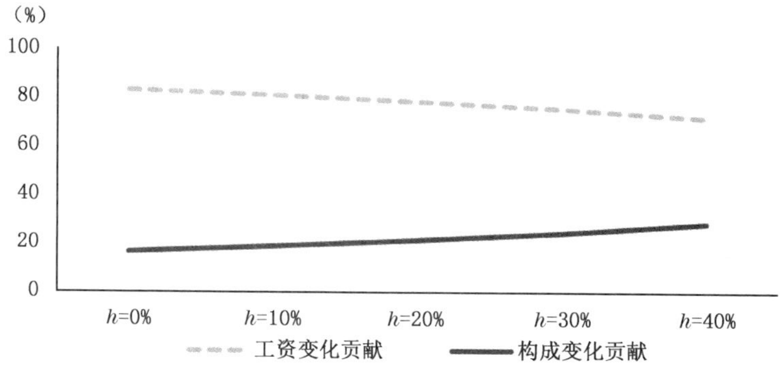


数据来源:国家统计局、上海财经大学高等研究院。

**图 66　农民工收入分解**

收入呈现上涨趋势。

1. 精准扶贫有效降低贫困发生率

从 2004 年至 2018 年,全国贫困人口数量从 2.86 亿下降至 1 660 万,贫困发生率由 30.2%下降至 1.7%。为了说明精准扶贫政策的重要影响,本报告基于双重差分法,将我国七个贫困问题最为严重的省以及自治区设定为实验组①,研究精准扶贫前后对照组贫困发生率的变化情况。所用数据为各省市 2003 年至 2018 年的相关社会经济数据,来源为各省统计年鉴。表 6 中贫困发生率为被解释变量,其他变量均为控制变量。②

**表 6　　主要变量描述性统计**

| 变量名称 | 样本量 | 均值 | 标准差 | 最小值 | 最大值 |
|---|---|---|---|---|---|
| 贫困发生率 | 255 | 9.69 | 9.29 | 0 | 49.2 |
| 农村居民平均受教育年限 | 496 | 8.21 | 0.52 | 6.47 | 10.53 |
| 居民消费增速 | 496 | 12.87 | 7.34 | −5.889 | 49.84 |
| 城镇化速度 | 496 | 1.49 | 4.53 | −12.474 | 19.51 |

DID 模型如下:

$$Y = \beta_0 + \beta_1 T + \beta_2 M + \beta_3 MT + \varepsilon \quad (1)$$

① 新疆维吾尔自治区、贵州省、云南省、甘肃省、广西壮族自治区、四川省以及宁夏回族自治区为实验组;西藏数据缺失;其余的省、市以及自治区为对照组(共 31 个)。

② 控制变量包括:分地区农村居民平均受教育年限,分地区农村居民消费增长速度以及城镇化速度(第三产业 GDP 占总 GDP 比重增长率)。

其中，$T$ 为政策实施虚拟变量，政策实施前 $T$ 取值为 0，否则为 1；$M$ 为分组虚拟变量，指代该省是否为受精准扶贫政策支持的严重贫困地区，是则取 1，否则为 0；$MT$ 为政策实施的净影响；$\beta_3$（DID 估计量）代表了精准扶贫政策对实验组各省及自治区贫困发生率的净影响。由表 7 可以看出，政策效果对被解释变量具有显著负向效应，说明精准扶贫有效地降低了地区贫困发生率。

**表 7　　精准扶贫的影响：DID**

| 被解释变量 | DID 估计量 | S. E | 观测值 | $R^2$ |
|---|---|---|---|---|
| 贫困发生率 | −5.342*** | 0.391 | 255 | 0.737 1 |

注：* 表示在 10%的水平下显著，** 表示在 5%的水平下显著，*** 表示在 1%的水平下显著。

数据来源：国家统计局。

2. 三大扶贫政策效果分析

课题组选择了三种主要的扶贫政策①：产业发展扶贫，健康扶贫与兜底保障，以及教育扶贫，进一步分析扶贫政策的作用。数据集包括 832 个国家级贫困县 2001—2017 年的宏观经济数据，数据来源为《中国农村贫困监测报告》。

本报告选取了各省贫困地区常住居民年平均收入作为因变量。收入水平是判断贫困的主要标准，因此通过分析不同政策对收入的影响可以说明不同扶贫的效果。在解释变量上，假设扶贫重点县的经济、社会发展来自扶贫政策的推动，以下指标的选择能够较好地反映政策效果：对于产业发展扶贫政策，选取各县第一产业增加值和第二产业增加值作为产业扶贫政策的度量。国家政策对贫困县产业的扶持范围集中在第一、第二产业，部分与第三产业相关（旅游扶贫、电商扶贫等），但占比较小。对于健康扶贫与兜底保障，选取医疗卫生机构床位数的变动作为健康和社会保障的度量。在教育扶贫方面，选取各贫困县小学及普通中学在校生人数增加情况作为教育扶贫政策效果的度量，滞后 2 期。另外，本报告选取各县的财政支出作为控制变量，从而控制地方差异对各县收入的影响。表 8、表 9 为主要变量的描述性统计结果。由于精准扶贫政策实施开始

① 资料来源：《“十三五”脱贫攻坚规划》。

于 2014 年,因此增加表 9 以解释回归结果。

表 8　　主要变量描述性统计(自 2001 年起)

| 变量 | | (1)<br>观测值 | (2)<br>均值 | (3)<br>标准差 | (4)<br>最小值 | (5)<br>最大值 |
|---|---|---|---|---|---|---|
| 居民平均收入(元) | *avginc* | 10 537 | 4 194 | 2 876 | 886.7 | 11 273 |
| 第一产业增加值(万元) | *pri* | 13 387 | 94 728 | 105 445 | 84 | 1 122 219 |
| 第二产业增加值(万元) | *sec* | 13 343 | 154 748 | 225 787 | 0.400 | 3 443 057 |
| 医疗卫生机构床位数 | *health* | 13 431 | 808.7 | 841.4 | 10 | 14 459 |
| 小学在校生人数 | *pristu* | 13 463 | 32 363 | 35 585 | 3 | 1 600 272 |
| 普通中学在校生人数 | *midstu* | 13 425 | 20 142 | 20 214 | 31 | 166 089 |
| 地方财政支出(万元) | *f_exp* | 13 455 | 109 609 | 117 914 | 69 | 996 614 |

数据来源:国家统计局。

表 9　　主要变量描述性统计(自 2014 年起)

| 变量 | | (1)<br>观测值 | (2)<br>均值 | (3)<br>标准差 | (4)<br>最小值 | (5)<br>最大值 |
|---|---|---|---|---|---|---|
| 居民平均收入(元) | *avginc* | 3 236 | 7 982 | 1 277 | 5106 | 11 273 |
| 第一产业增加值(万元) | *pri* | 3 236 | 158 581 | 138 852 | 2019 | 1 122 219 |
| 第二产业增加值(万元) | *sec* | 3 236 | 290 287 | 307 748 | 83 | 3 443 057 |
| 医疗卫生机构床位数 | *health* | 3 223 | 1 332 | 1 228 | 12 | 14 459 |
| 小学在校生人数 | *pristu* | 3 235 | 27 179 | 26 971 | 266 | 188 125 |
| 普通中学在校生人数 | *midstu* | 3 233 | 17 899 | 18 415 | 180 | 154 552 |
| 地方财政支出(万元) | *f_exp* | 3 236 | 240 914 | 132 899 | 24 975 | 996 614 |

数据来源:国家统计局。

设定以下模型说明不同政策的影响,模型(2)(3)(4)分别为研究产业发展、健康与兜底保障政策以及教育政策效果的模型。

$$\ln avginc=\beta_0+\beta_1\ln pri+\beta_2\ln sec+\beta_3\ln f\_exp+\varepsilon \tag{2}$$

$$\ln avginc=\beta_0+\beta_1\ln health+\beta_2\ln f\_exp+\varepsilon \tag{3}$$

$$\ln avginc=\beta_0+\beta_1\ln pristu+\beta_2\ln midstu+\beta_3\ln f\_exp+\varepsilon \tag{4}$$

表 10 为三种扶贫政策对贫困县常住居民平均收入的回归结果。结果说明,三种扶贫政策对收入变动均有显著影响,其中产业发展扶贫政策效果为正向显著,健康扶贫与兜底保障政策也有正向效果,但教育扶贫政策效果为负。

**表 10　　三种扶贫政策对贫困地区收入的影响**

| | (1)<br>居民平均收入<br>(log) | (2)<br>居民平均收入<br>(log) | (3)<br>居民平均收入<br>(log) | (4)<br>居民平均收入<br>(log) |
|---|---|---|---|---|
| 第一产业<br>增加值(log) | 0.281***<br>(37.37) | | | 0.288***<br>(34.89) |
| 第二产业<br>增加值(log) | 0.071***<br>(16.39) | | | 0.072***<br>(15.35) |
| 医疗卫生机构<br>床位数(log) | | 0.030***<br>(7.77) | | 0.011***<br>(4.41) |
| 小学在校生人<br>数_滞后 2 期(log) | | | −0.119***<br>(−11.66) | −0.054***<br>(−5.65) |
| 普通中学在校生人<br>数_滞后 2 期(log) | | | −0.116***<br>(−17.34) | −0.139***<br>(−21.56) |
| _cons | −0.713***<br>(−16.95) | 0.876***<br>(43.21) | 3.270***<br>(30.47) | 1.045***<br>(8.89) |
| 观测值 | 10 524 | 9 817 | 9 658 | 9 031 |

注:括号内为对应估计系数的标准误。* 表示在 10%的水平下显著,** 表示在 5%的水平下显著,*** 表示在 1%的水平下显著。

数据来源:国家统计局。

在表 10 中,第 4 列结果展示了三种扶贫政策对贫困地区居民收入的综合影响。具体来看,第 1 列回归结果包括了第一产业增加值和第二产业增加值两个解释变量;两个变量的回归系数显著为正,可知产业发展政策中第一产业发展对人均收入的增加弹性在 0.28~0.29 之间,第二产业的增加弹性约为 0.07。第 2 列为说明健康与兜底保障政策的变量,医疗卫生机构床位数有显著正影响,但系数较小,该政策对收入的增加弹性在 0.01~0.03 范围内。第 3 列包括滞后 2 期的小学与普通中学在校生数量,对平均收入的影响显著,产出弹性分别在−0.054~−0.119 之间以及−0.116~−0.139 之间。

根据表 9,贫困县第一产业与第二产业增加值均值分别为 158 581 万元和 290 287 万元,医疗机构床位数均值为 3 223 床,小学与普通中学在校生平均人数为 27 179 人与 17 899 人,贫困县人均年收入的均值在 8 000 元左右。因此通过简单计算,在其他条件不变的情况下,第一产业扶贫水平每提高 1 个百分点,人均年收入可提高 0.288%(第一产业增加值每上升 1 586 万元,人均年收入可提高 23 元);第二产业扶贫水平每提高 1 个百分点,人均年收入可提高 0.072%(第二产业增加值每上升 2 903 万元,人均年收入可提高 5.76 元)。健康扶贫水平每提高 1 个百分点(床位数每增加 32 床),人均年收入可提高 0.9～2.4 元。从教育方面看,小学在校生人数每增加 270 人,人均年收入降低 4.32～9.52 元;中学生人数每增加 180 人,年收入降低 9.28～11.12 元。

产业发展扶贫政策的短期效果显著。其中,由于贫困县主要从事第一产业①,因此政策扶持第一产业发展的增收效果优于第二产业。

健康扶贫与兜底保障政策主要扶持非劳动力或少部分因病因残致贫人群,从增收角度看扶贫效果并不显著。而从最穷的 1%人群层面来看,在 2017 年剩余的贫困家庭中,因病因残致贫群体占到 70%左右,健康与兜底保障扶贫政策对这部分群体的脱贫及防止返贫将起到关键作用。

教育扶贫政策的负向作用原因包括:代理变量的选择,滞后效应的影响以及接受教育的机会成本问题。首先,本报告选用在校学生数量作为代理变量存在一定问题。扶贫早期,贫困县文盲率高,参与基础教育的人数比扶贫后期多。同时,代理变量忽略了贫困地区教育质量的影响(可通过师生比进行研究),还可以增加参与职业培训(针对成年劳动力)人数指标分析教育扶贫的增收作用。其次,教育扶贫在长期效果上的表现更为突出,2 期滞后效应并不足以说明长期影响。最后,对于部分人群而言,选择接受基础教育的机会成本是失去短期收入,这可能导致系数为负。

为了确定教育扶贫政策是否存在机会成本问题,报告进行如下的研究:

选取 2001 年至 2012 年②贫困县乡村从业人数、小学与普通中学在校学生人数以及对应年份贫困地区常住居民年平均收入数据③,对乡村从业人数对年平均收入的影响及乡村从业人数与参与义务教育人数关系进行分析。

(1)因变量为年平均收入,解释变量为乡村从业人数进行一元回归分析,结果如表 11 第 1 列所示,乡村从业人数的增加对年平均收入具有显著正效应,从业人数每增加 1 万人,贫困县平均年收入上升 30 元。

---

① 贫困县农产品:粮食、肉类与油料产量占比(全国)达到 18%、25%与 19%。数据来源:《县级统计资料汇编》。

② 2012 年后数据缺失。

③ 数据来源:《中国农村贫困监测报告》。

(2)因变量为乡村从业人数,解释变量为小学及普通中学在校学生数,结果分别为表 11 第 2 列、第 3 列。首先,小学在校学生数对乡村就业人数有显著负效应。其次,普通中学在校学生数对乡村就业人数在当期和滞后 1、2 期有显著负效应,滞后 3、4 期转为显著正效应。这是因为:我国农村地区居民平均受教育年限集中在 7 至 8 年,这说明大多数人在义务教育阶段结束转为就业或待业人群,这与解释普通中学在校人数滞后分析结果转正现象相符。

回归结果说明教育扶贫政策在短期存在机会成本问题,因此只能反映教育扶贫的短期问题,对长期的正向效应解释不足。

**表 11　　教育扶贫政策分析回归结果**

| | (1)<br>居民平均收入 | (2)<br>乡村从业人数 | (3)<br>乡村从业人数 |
|---|---|---|---|
| 乡村从业人数 | 0.003***<br>(7.06) | | |
| 小学在校生人数_当期 | | −0.010<br>(−0.86) | |
| 滞后 1 期 | | −0.197***<br>(−2.75) | |
| 滞后 2 期 | | −0.075<br>(−0.91) | |
| 滞后 3 期 | | −0.102**<br>(−2.17) | |
| 滞后 4 期 | | −0.243***<br>(−6.27) | |
| 普通中学在校生人数_当期 | | | −0.244***<br>(−3.62) |
| 滞后 1 期 | | | −0.136*<br>(−1.70) |
| 滞后 2 期 | | | −0.314***<br>(−4.04) |
| 滞后 3 期 | | | 0.268***<br>(4.04) |
| 滞后 4 期 | | | 0.450***<br>(8.09) |
| _cons | 1 469.837***<br>(16.83) | 1.92e+05***<br>(117.48) | 1.71e+05***<br>(107.99) |
| *N* | 6 426 | 5 735 | 5 704 |

注:括号内为对应估计系数的标准误。* 表示在 10%的水平下显著,** 表示在 5%的水平下显著,*** 表示在 1%的水平下显著。

数据来源:国家统计局。

3. 最低收入人群收入持续上升

精准扶贫对提升最低收入人群的收入水平具有重要意义。为了分析扶贫政策下贫困人群的收入变动情况,课题组选用2013—2018年相关宏观数据对贫困人口的收入变动情况进行分析。①

图67显示不同标准下的贫困人口②数量持续减少。通过对宏观数据的处理,本报告发现,扶贫政策实施下的贫困人口平均年收入持续增长(见图68),增速高于全体居民人均可支配收入(见图69)。从图70来看,贫困人口的相对收入呈现上涨趋势,但增幅较小。从收入分组情况分析,按人均可支配收入五等份分组的贫困地区常住居民收入各组均持续增长,其中高收入组增速快且增长幅度大;最低收入组年收入始终较低,且增速出现负值(2018年)。这意味着最贫困人群脱贫速度慢、难度大,且这部分人群具有较大的返贫风险。政府应加强对最低收入组人群的政策保障和扶持力度,尤其要加强动态监测力度,巩固扶贫攻坚成果。

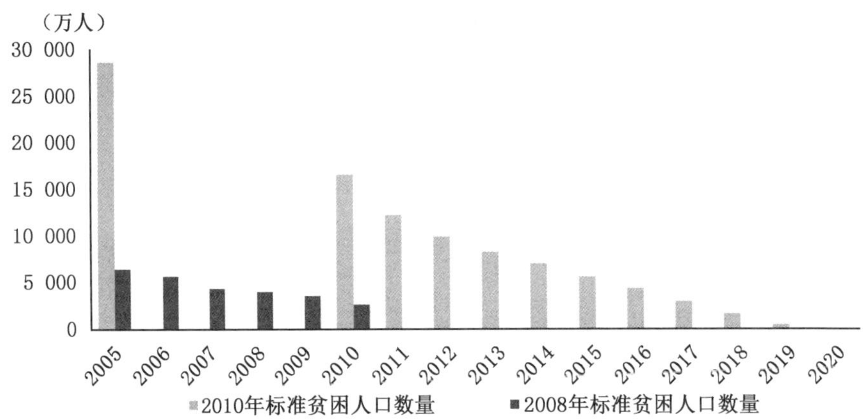


数据来源:国家统计局。

**图67 贫困人口数量变化情况**

① 根据《中国农村贫困监测报告》,选用贫困地区农村常住居民人均可支配收入作为贫困人口收入。

② 贫困人口根据国家统计局发布的当年收入现行价标准确定,2008年标准为基本温饱标准,按2008年价格每人每年收入为1 196元;2010年标准为现行农村贫困标准,按2010年价格每人每年收入为2 300元。

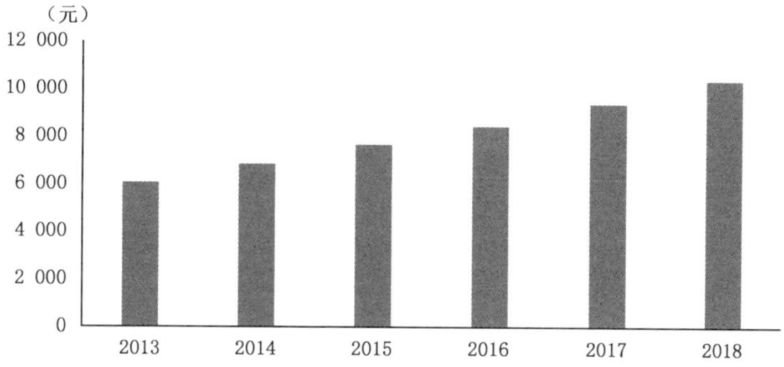


数据来源:国家统计局。

**图 68　贫困地区常住居民人均可支配收入变化情况**

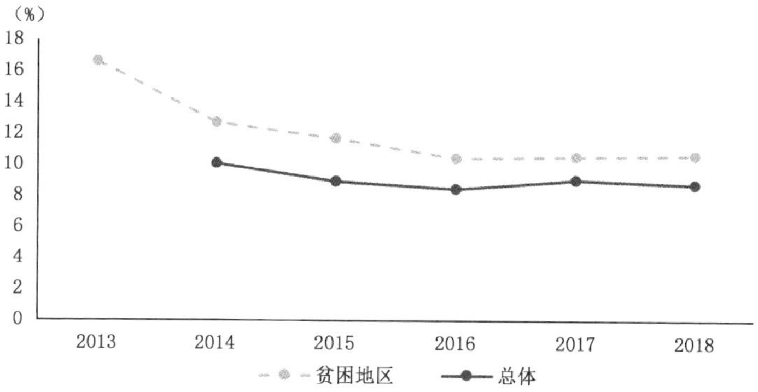


数据来源:国家统计局。

**图 69　贫困地区常住居民收入与总体人群收入增速变化情况**

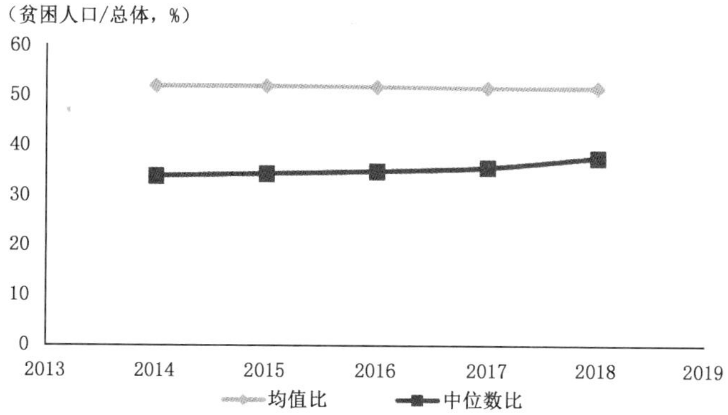


数据来源:国家统计局。

**图 70　贫困地区常住居民相对收入变化情况**

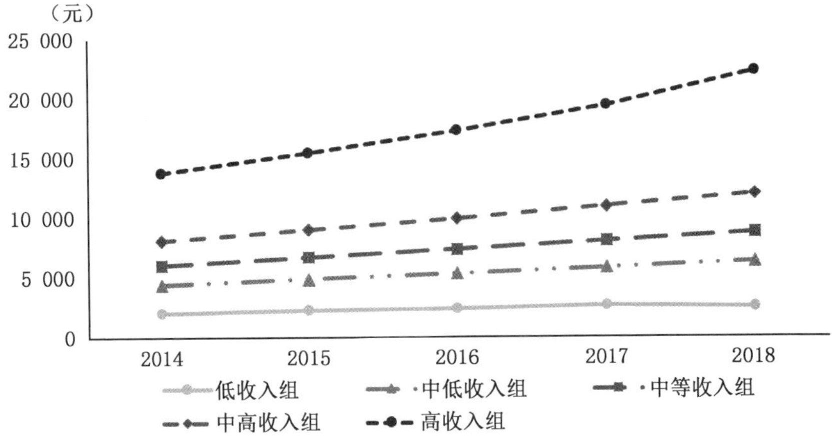


数据来源:国家统计局。

**图 71　人均可支配收入五等份分组的贫困地区常住居民收入**

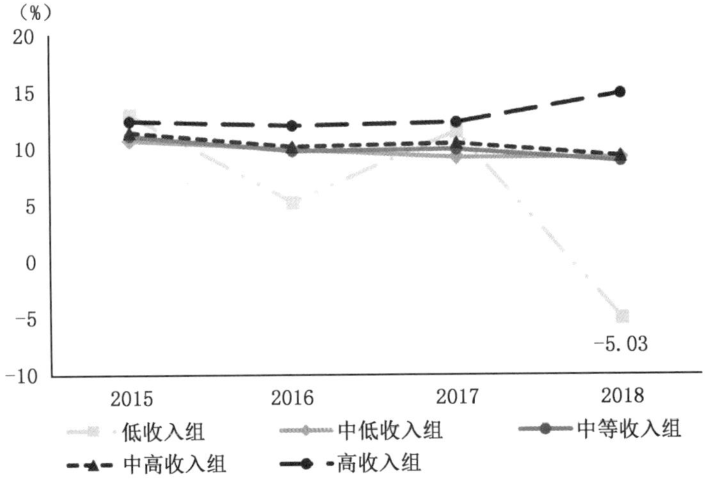


数据来源:国家统计局。

**图 72　人均可支配收入五等份分组的贫困地区常住居民收入增速**

## (三)劳动力市场教育错配突出、对工资影响显著

我国劳动力市场中劳动者受教育程度与工作岗位的匹配率为39.70%,过度教育的发生率为24.40%,教育不足发生率为35.90%,错配程度突出。从对工资的影响看,教育不足对工资的影响显著为正,过度

教育对工资的影响显著为负,表明劳动力市场对过度教育有一定惩罚,而教育不足有一定的工资溢价效应。

1. 我国劳动力市场教育错配发生率较高

课题组使用2018年中国家庭追踪调查(CFPS)城市居民子样本研究我国劳动力市场技能错配情况及其对工资的差异性影响。在调查中,受访者需要根据自己的主要工作情况回答:"从知识和技能的角度上讲,您/你认为胜任这份工作实际需要多高的教育程度?"课题组通过将受访者对这一问题的回答与受访者的实际教育程度相比,判断受访者是否存在教育错配。如果受访者回答的岗位要求教育程度大于受访者实际的教育水平,就将其定义为教育不足的劳动者;反之,则定义为过度教育的劳动者;当受访者的受教育程度和岗位要求的教育程度相同时,将其定义为恰好匹配。

图73显示了全国教育错配发生率情况,结果表明,在我国劳动力市场中对于工作岗位所要求的教育程度,劳动者可以恰好匹配的为39.70%,过度教育的发生率为24.40%,教育不足的发生率为35.90%。相对于美国等发达国家平均10%以下的教育错配率而言①,我国劳动力市场教育错配发生率较高,错配程度突出。

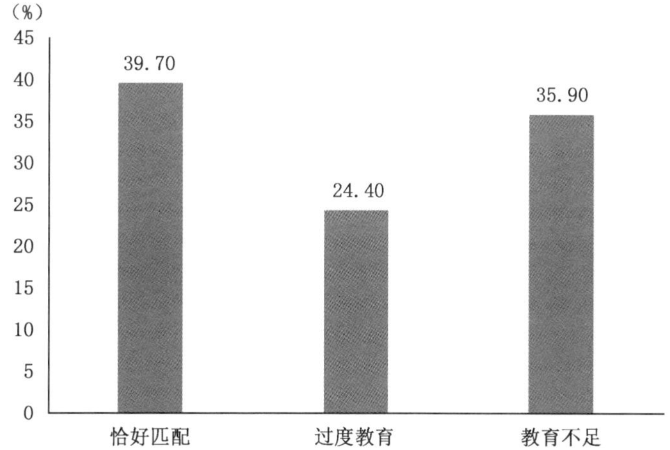


数据来源:2018年中国家庭追踪调查。

**图73 全国教育错配发生率情况**

① Carla Varona Cervantes, Russell Cooper, 2020. Labor Market Implications of Education Mismatch[J]. NBER Working Paper 28169.

分性别看,图 74 表明在我国劳动力市场中,女性劳动者的教育恰好匹配率为 40.70%,高于男性 38.80%的匹配率;女性和男性劳动者的过度教育率十分相近,均为 24%;男性劳动者的教育不足率为 37.20%,高于女性 34.50%的教育不足率。

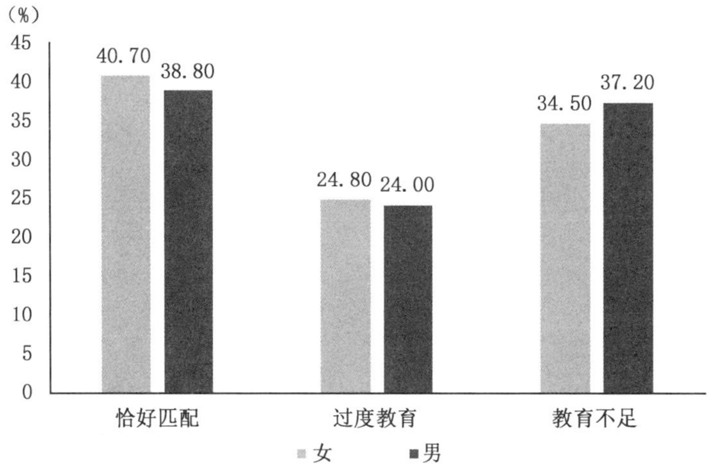


数据来源:2018 年中国家庭追踪调查。

**图 74　分性别教育错配发生率情况**

分区域看,图 75 表明西部地区劳动者的教育恰好匹配率为 37.70%,低于中部地区的 39.70%,也低于东部地区的 40.60%;东、中和西部地区的过度教育率较为相近,均为 24%左右;西部地区的教育不足率最高,为 38.50%,高于中、东部地区 35%的水平。

分产业看,图 76 表明第一产业劳动者的教育恰好匹配率为 15.90%,远低于第二产业的 35.50%和第三产业的 43%;过度教育率也呈现出类似的特征,第一产业的过度教育率为 15.90%,低于第二产业的 21%和第三产业的 26.90%;从教育不足率来看,第一产业的教育不足率最高,达到了 68.30%,远高于第二产业的 43.50%和第三产业的 30.10%。

2. 劳动力市场教育错配对工资的影响显著

设定以下回归模型来评估教育错配对劳动者工资的影响:

$$\ln income = \alpha + \beta_1 \text{mis}match + X + \lambda_p + \lambda_i + \varepsilon$$

其中,ln*income* 为工资的对数;mis*match* 为一类别变量,如果劳动者当前实际受教育程度与工作所要求的教育程度恰好匹配,则 mis*match* 为 0;

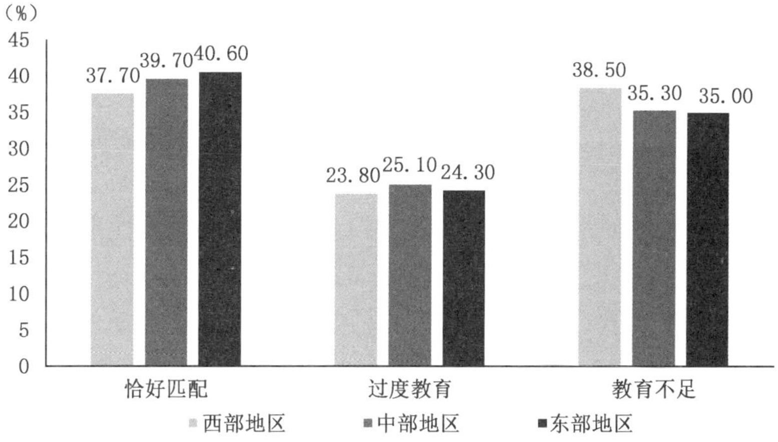


数据来源：2018 年中国家庭追踪调查。

**图 75　分区域教育错配发生率情况**

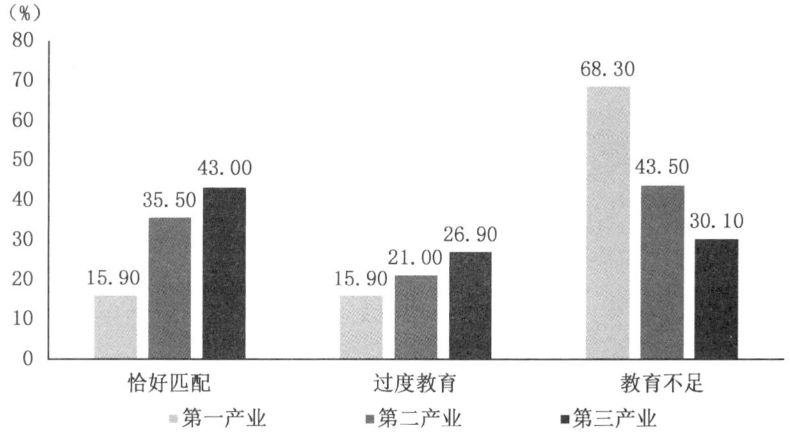


数据来源：2018 年中国家庭追踪调查。

**图 76　分产业教育错配发生率情况**

如果劳动者受教育程度低于工作所要求的教育程度，即教育不足，则 mis*match* 为 1；如果劳动者受教育程度高于工作所要求的教育程度，即过度教育，则 mis*match* 为 2；$X$ 为一系列控制变量，包括性别、年龄、受教育程度、健康和婚姻状况等；$\lambda_p$、$\lambda_i$ 分别表示省份和行业固定效应；$\varepsilon$ 为随机扰动项。

使用 2018 年中国家庭追踪调查(CFPS)城市居民子样本数据，逐步加入控制变量进行回归,估计结果见表12。可以发现,教育不足对工资的影响显著为正,系数为0.2026;过度教育对工资的影响显著为负,系数为－0.4848。结果表明,平均而言,在教育程度相同的情况下,过度教育劳动者的工资比恰好匹配劳动者的工资低,而教育不足劳动者的工资比恰好匹配劳动者的工资高,即劳动力市场对过度教育有一定惩罚,而教育不足却有一定的工资溢价。分样本回归结果见表13。分性别来看,这一教育错配效应对女性劳动者非常显著,而对男性则不显著;分地区和产业来看,过度教育的惩罚效应在东部地区和第三产业中非常显著,而教育不足的工资溢价效应在中、东部地区和第二、第三产业中非常显著。

**表12　对数工资收入对教育错配的总体回归结果**

| | (1) | (2) | (3) |
|---|---|---|---|
| 教育不足 | 0.2370*** <br>(0.0873) | 0.2030** <br>(0.0854) | 0.2026** <br>(0.0853) |
| 过度教育 | －0.4552*** <br>(0.1526) | －0.4929*** <br>(0.1489) | －0.4848*** <br>(0.1489) |
| 岗位学历 | －0.0500*** <br>(0.0119) | －0.0379*** <br>(0.0118) | －0.0367*** <br>(0.0118) |
| 受教育年限 | 0.2129*** <br>(0.0268) | 0.2271*** <br>(0.0290) | 0.2275*** <br>(0.0292) |
| 性别 | | 0.7164*** <br>(0.0647) | 0.7069*** <br>(0.0651) |
| 年龄 | | 0.1459*** <br>(0.0145) | 0.1464*** <br>(0.0157) |
| 年龄的平方 | | －0.0018*** <br>(0.0002) | －0.0018*** <br>(0.0002) |
| 健康 | | | －0.0791*** <br>(0.0290) |
| 婚姻 | | | 0.0411 <br>(0.0557) |
| 常数项 | 9.7419*** <br>(0.3734) | 6.6358*** <br>(0.4665) | 6.7358*** <br>(0.4676) |
| 省份固定效应 | Yes | Yes | Yes |
| 行业固定效应 | Yes | Yes | Yes |
| 观测值 | 3913 | 3913 | 3913 |
| $R^2$ | 0.0689 | 0.1161 | 0.1179 |

注:括号内为对应估计系数的标准误。* 表示在10%的水平下显著,** 表示在5%的水平下显著,*** 表示在1%的水平下显著。

数据来源:2018年中国家庭追踪调查。

表 13 分性别、区域和产业:对数工资收入对教育错配的回归结果

| | (1)<br>女性群体 | (2)<br>男性群体 | (3)<br>西部地区 | (4)<br>中部地区 | (5)<br>东部地区 | (6)<br>第一产业 | (7)<br>第二产业 | (8)<br>第三产业 |
|---|---|---|---|---|---|---|---|---|
| 教育不足 | 0.3584**<br>(0.1464) | 0.0602<br>(0.0965) | 0.1719<br>(0.1907) | −0.0250<br>(0.1790) | 0.3788***<br>(0.1102) | −0.1220<br>(1.4321) | 0.1444<br>(0.1252) | 0.2486**<br>(0.1149) |
| 过度教育 | −0.9130***<br>(0.2732) | −0.1802<br>(0.1598) | −0.3984<br>(0.3541) | −0.6103**<br>(0.2907) | −0.3904**<br>(0.1963) | −2.4936<br>(1.6827) | −0.5067**<br>(0.2115) | −0.4018*<br>(0.2060) |
| 控制变量 | Yes | Yes | Yes | Yes | Yes | Yes | Yes | Yes |
| 省份效应 | Yes | Yes | Yes | Yes | Yes | Yes | Yes | Yes |
| 行业效应 | Yes | Yes | Yes | Yes | Yes | Yes | Yes | Yes |
| 观测值 | 1800 | 2113 | 929 | 1077 | 1907 | 63 | 1522 | 2328 |
| $R^2$ | 0.1031 | 0.1231 | 0.0977 | 0.1264 | 0.1434 | 0.4776 | 0.1486 | 0.1167 |

注:括号内为对应估计系数的标准误。* 表示在 10%的水平下显著,** 表示在 5%的水平下显著,*** 表示在 1%的水平下显著。

数据来源:2018 年中国家庭追踪调查。

## (四)人口结构压力凸显并将逐渐增大

我国老龄化上升势头明显,青壮年人口占比逐渐下降,人口红利逐渐消失,幼年人口占比显著低于同等收入水平国家平均水平,人口结构呈现未富先老趋势,老龄人口占比未来还将持续增加,人口结构压力逐渐变大。

自 1960 年以来,中国人口结构的变化可大体分为两个阶段:计划生育前与计划生育后。1978 年是全国范围内严格执行计划生育政策的元年,在此之前,中国 0～14 岁人口占比稳定在 40%左右,15～64 岁人口占比稳定在 56%左右,65 岁及以上人口占比则在 6%水平上下波动。计划生育政策后,中国 0～14 岁人口占比显著下降至 2019 年的 17.8%,减少了近 22 个百分点,而 15～64 岁人口占比则整体提高至 2019 年的 70.7%。该阶段人口占比提高主要由两方面原因导致:(1)1978 年前 0～14 岁稳定的人口占比保证了 15～64 岁阶段有充足的人口补充;(2)计划生育政策下总人口增速放缓。但值得注意的是,15～64 岁人口占比进入 2010 年后开始呈现下降趋势,这意味着 15～64 岁阶段人口补充速度开始慢于总人口上升的速度。尽管 65 岁及以上人口占比变化幅度较小,仅从 6%上涨到了 2019 年的 11.5%,但其上升趋势显著,且呈现逐渐加快的趋势。

与其他国家相比,中国幼年人口占比显著低于同等收入水平国家的平均水平。青壮年人口占比虽然整体高于中等、高等收入国家的平均水平,但该阶段人口优势在逐渐消失。老龄化上升趋势快于同等收入水平

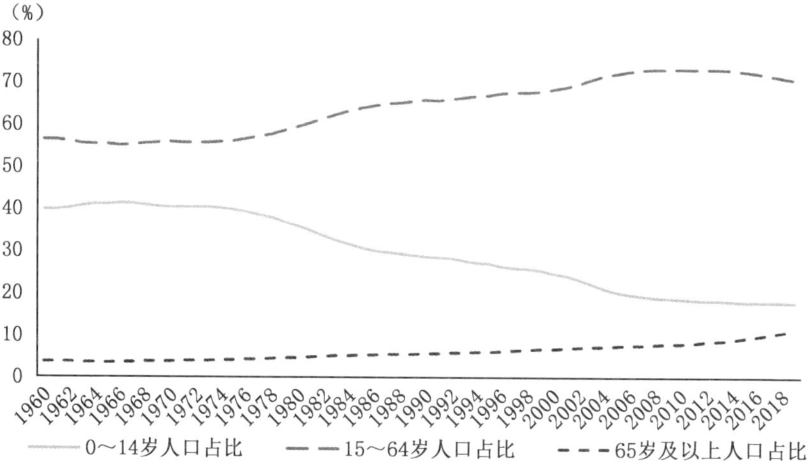


数据来源:世界银行。

**图 77　1960—2019 年中国人口结构变化图**

国家的平均水平。

中国 0～14 岁人口占比显著低于同等收入国家的平均水平。与其他国家相比,在计划生育政策实施前,中国 0～14 岁人口占比与中等收入国家的平均水平相近。进入 20 世纪 80 年代后,尽管中等收入国家 0～14 岁人口占比整体都在下降,但中国 0～14 岁人口占比下降更快更显著。截至 2019 年,中国 0～14 岁人口占比低于其所在收入水平地区(中高等收入国家)其他国家平均水平 4.8 个百分点。与美国相比,自 2004 年后,中国 0～14 岁人口占比开始低于美国,但二者之间的差距有收敛的趋势。以上分析可以看出,中国 0～14 岁人口占比低于其收入对应的正常水平,面临 0～14 岁人口占比偏低的问题。

中国 15～64 岁人口占比虽然仍处于较高的水平,但该阶段人口占比优势总体在不断减小。中国 15～64 岁人口占比自 20 世纪 80 年代开始超过中等高收入国家(不含中国)的平均水平,并在 2010 年达到最高值 73.27%。从 15～64 岁人口占比绝对数值来看,中国 15～64 岁人口占比仍高于中等收入国家、高等收入国家的平均水平。但从 15～64 岁人口占比的变化趋势来看,中等高收入国家 15～64 岁人口占比趋于稳定,而同为中等高收入国家的中国,其 15～64 岁人口占比却呈下降趋势,下降速度甚至稍快于高等收入国家。

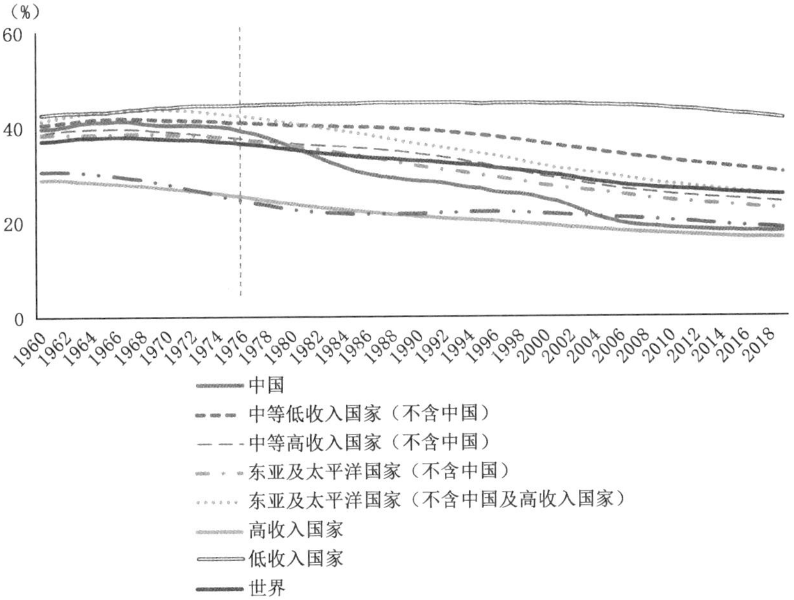


数据来源:世界银行。

**图 78　1960—2019 年中国及世界其他地区 0～14 岁人口占总人口比例**

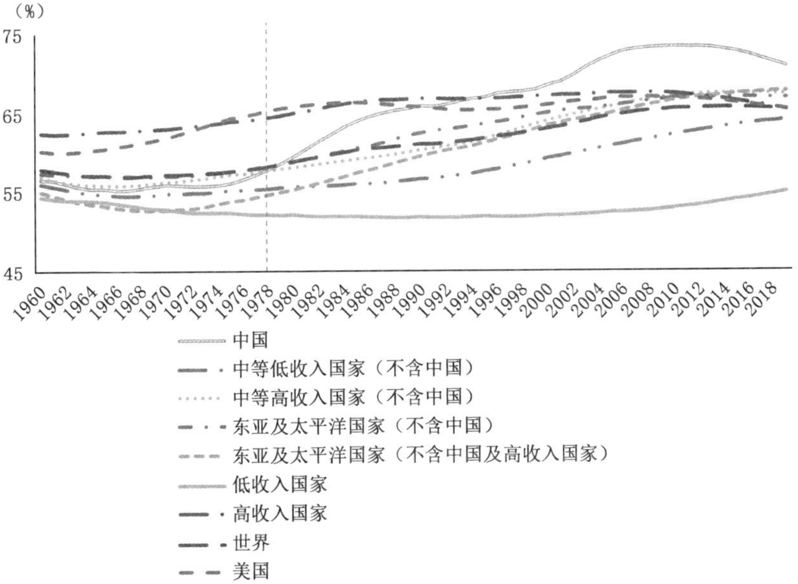


数据来源:世界银行。

**图 79　1960—2019 年中国及世界其他地区 15～64 岁人口占总人口比例**

65岁及以上人口占比上升趋势快于中等高收入国家的平均水平。计划生育以来,中国65岁及以上人口占比上升速度快于中等高、低收入国家(不含中国)的平均水平,2016年后其上升速度甚至稍快于美国。

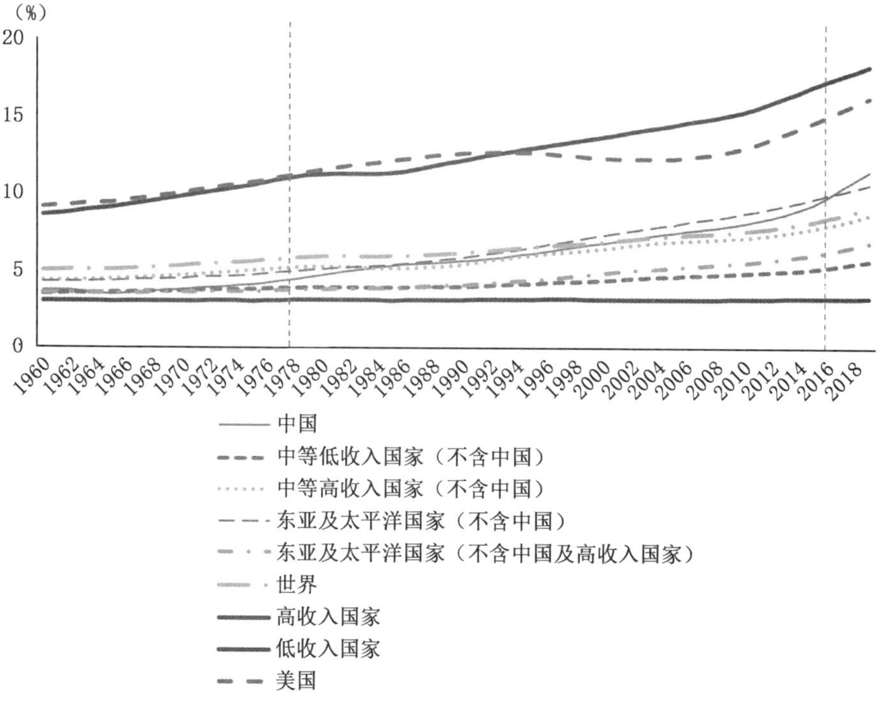


数据来源:世界银行。

**图80 1960—2019年中国及世界其他地区65岁及以上人口占总人口比例**

中国老龄人口占比高于与中国人均GDP水平相近国家的平均水平,呈现未富先老的人口结构。为进一步比较中外老龄化状况,课题组先对每个国家每年的人均GDP进行排序,然后以中国1990年以来每年的人均GDP为基准,筛选出人均GDP排名在中国之后的5名和在中国之前的5名作为基础数据,来探究与中国人均GDP相近国家的65岁及以上人口占比的特征(见图81)。从图中可以看出,进入21世纪前,中国65岁及以上人口占比整体高于其人均GDP附近水平的其他国家。进入21世纪后,伴随着中国经济的高速发展,中国人均GDP快速提升,中国进入了中等高收入国家的行列,开始出现一些与中国人均GDP相近但是65岁及以上人口占比更高的国家。但是总的来看,中国65岁及以上人口占比显著高于其所在人均 GDP 水平的平均水准以上,这也足以表明中国的老龄化进展快于中国人均 GDP 的增长,出现了未富先老的问题。这背后的主要原因是生育率长期处于较低水平,较低的生育率导致总人口的增速低于老年人口的增速,老年人口占比也因此不断增高。

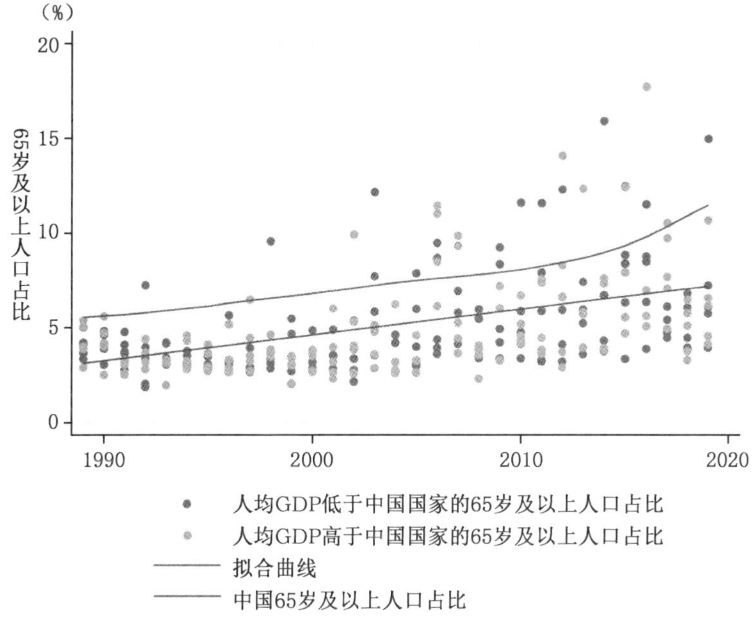


数据来源:世界银行。

**图 81　1989—2019 年相近人均 GDP 水平下中外 65 岁及以上人口占比比较**

未来老龄人口占比还将持续增加,出生率的提高既可以缓解该问题,还可以帮助人口结构更快地过渡到老龄人口占比下降的阶段。课题组以 2018 年为界,对中国 2019—2050 年的人口结构进行了预测。预测模型如下:

$$n_{t+1}^{i+1} = Death^{i} \cdot n_{t}^{i}, i = 0, \cdots, 90, 90+$$

$$n_{t+1}^{0} = N_{t} \cdot Birth_{k}, k = 1,2,3,4,5,6$$

$$N_{t} = \sum_{i} n_{t}^{i}$$

其中,$n_t^i$ 表示 $t$ 年年龄为 $i$ 的人口数量;$i=90+$ 代表 90 岁以上的年龄;$Death^i$ 代表年龄为 $i$ 的人口组死亡率;$Birth_k$ 代表第 $k$ 个情景下设定的粗出生率;$N_t$ 代表 $t$ 年的总人口数量。

课题组预测主要依据的假设是:2019—2050年保持相同的分年龄死亡率与粗出生率。其中分年龄死亡率的依据为2018年中国分年龄死亡率,粗出生率则设定了6种情景,6种情景下的粗出生率及预测结果如表14所示。6种情景中,粗出生率为0.5%模拟了粗出生率极差的情景(2018年全世界最低粗出生率为0.59%)。2018年日本与2018年欧盟代表未来出生率进一步下降的情况。2018年中国情景则代表未来出生率保持2018年现状不变的情况。由于2016年是中国二胎政策放开的第一年,该年出生率有一个较显著的提高,因此,用2016年中国情景对未来放开生育政策的情况进行模拟。最后,2018年中等收入国家情景则是对未来出生率恢复到乐观水平时的模拟。

**表14　6种情景下的初始粗出生率与预测结果**　单位:%

| 情景 | 粗出生率 | 预测指标 | 2030年 | 2040年 | 2050年 |
|---|---|---|---|---|---|
| 粗出生率为0.5% | 0.5 | 0～14岁人口占比 | 9.7 | 7.8 | 8.1 |
| | | 15～64岁人口占比 | 69.8 | 63.1 | 58.9 |
| | | 65岁及以上人口占比 | 20.5 | 29.1 | 33.0 |
| 2018年日本 | 0.74 | 0～14岁人口占比 | 12.4 | 11.3 | 11.7 |
| | | 15～64岁人口占比 | 67.8 | 61.2 | 58.3 |
| | | 65岁及以上人口占比 | 19.9 | 27.4 | 30.0 |
| 2018年欧盟 | 0.93% | 0～14岁人口占比 | 14.4 | 14.0 | 14.3 |
| | | 15～64岁人口占比 | 66.2 | 59.8 | 57.7 |
| | | 65岁及以上人口占比 | 19.4 | 26.2 | 27.9 |
| 2018年中国 | 1.09 | 0～14岁人口占比 | 16.1 | 16.2 | 16.5 |
| | | 15～64岁人口占比 | 64.9 | 58.6 | 57.2 |
| | | 65岁及以上人口占比 | 19.0 | 25.2 | 26.3 |
| 2016年中国(开放二胎政策) | 1.30 | 0～14岁人口占比 | 18.2 | 18.8 | 19.2 |
| | | 15～64岁人口占比 | 63.2 | 57.2 | 56.5 |
| | | 65岁及以上人口占比 | 18.5 | 24.0 | 24.3 |
| 2018年中等收入国家 | 1.80 | 0～14岁人口占比 | 23.1 | 25.0 | 25.3 |
| | | 15～64岁人口占比 | 59.4 | 53.7 | 54.5 |
| | | 65岁及以上人口占比 | 17.4 | 21.3 | 20.2 |

数据来源:世界银行、《中国人口和就业统计年鉴》。

从6种情景的总体比较来看，不同情景下0～14岁人口占比未来会分化出不同的变化趋势。其中，2018年中国、2018年欧盟、2018年日本、粗出生率为0.5%这4种情景下，0～14岁人口占比都呈现一个先下降后逐渐上升的趋势，且均在2033年左右达到最低点，分别约为15.9%(2018年中国)、13.7%(2018年欧盟)、11.1%(2018年日本)、7.7%(粗出生率为0.5%)。总的来说，2018年中国的情景中的变动最小，为16%左右波动，该水平与高收入国家2019年的0～14岁人口占比相同。而2018年欧盟与2018年日本情景中，后期则分别在14%、11%水平附近，要明显低于高收入国家2019年的水平。在粗出生率为0.5%的情景中，0～14岁人口占比甚至跌到了10%以下，为8.1%。在2016年中国、2018年中等收入国家情景下，0～14岁人口占比均有所上升。其中，2018年中等收入国家情景下的上升最为明显，经历2033年的拐点后，0～14岁人口占比在25%的水平上缓慢上升，该水平与世界2019年0～14岁人口占比相近。如果粗出生率2019—2050年仅保持在中国开放二胎政策第一年(2016年)的水平，0～14岁人口占比虽然会经历一个缓慢上升的过程，但到2050年末也仅为19.2%，与美国2019年0～14岁人口占比(18.5%)相近。

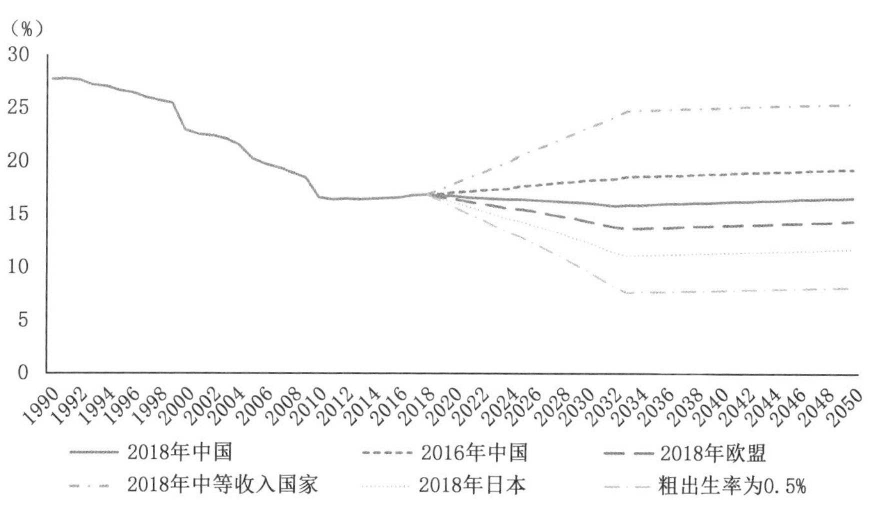


数据来源：世界银行。

**图82　2019—2050年中国0～14岁人口占比预测**

与 0～14 岁人口占比预测结果不同,15～64 岁人口占比的预测结果在各种情景下都展现出了相对稳定的下降趋势。但在初始粗出生率更高的情景下,会较早地结束下降阶段,进入缓慢回升阶段。这一点可以在 2018 年中等收入国家的情景中看出,该情景下 15～64 岁人口占比下降最快,在 2041 年达到最低点(53.7%),随后开始缓慢提高。与之形成对比的是其他 4 种情景下同时期均还处于下降阶段。同样地,在初始粗出生率低的情景下,15～64 岁人口占比下降得较为缓慢,但需要更长的时间达到下降的最低点。总体来看,除去 2019～2050 年粗出生率可以保持在 2018 年中等收入国家平均水平的乐观情景,剩下的 5 种情景下,15～64 岁人口占比最终会达到一个较为稳定的区间,即 56.5%～58.9%,该水平与中国 1976—1979 年(严格执行计划生育前夕)15～64 岁人口占比相近。

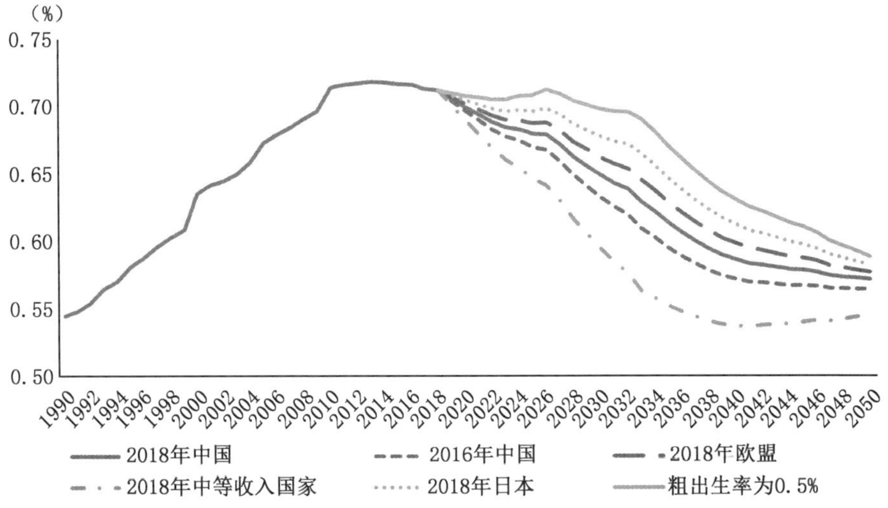


数据来源:世界银行。

**图 83　2019—2050 年中国 15～64 岁人口占比预测**

与 15～64 岁人口占比预测结果中总体下降趋势相反,65 岁及以上人口占比预测结果总体呈现上升趋势。在初始的粗出生率较高的情景下,65 岁及以上人口占比的上升程度更低,也能更快地结束上升阶段,进入缓慢降低的阶段。在 2018 年中等收入国家情景下,2041 年 65 岁及以上人口占比达到最高值(21.3%)。该水平在 2019 年全世界各国 65 岁及以上人口占比排名中位列第 7,比高等收入国家 2019 年水平高出 3 个百分点。随后,该情景下 65 岁及以上人口占比开始缓慢下降,并在 2050 年底达到 20.2%。另外 5 种情况下,除 2016 年中国情景下在 2047 年达到峰值 24.4%的水平外,在 2050 年前都还没有结束上升期。其中,最为严重的是在粗出生率为 0.5%的情景下,中国 65 岁及以上人口占比将在 2039 年超过日本 2019 年 65 岁及以上人口占比(为 28.02%,2019 年全世界最高),并在 2050 年达到 33.01%。

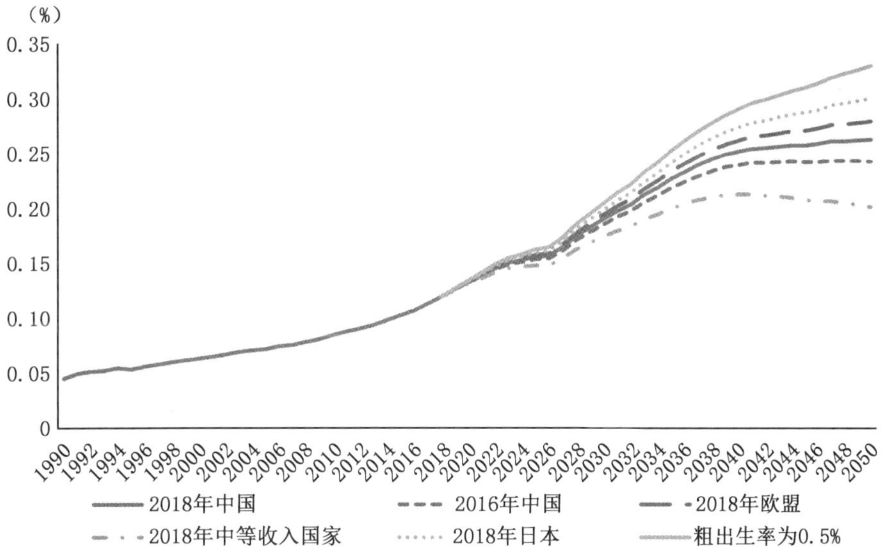


数据来源:世界银行。

**图 84　2019—2050 年中国 65 岁及以上人口占比预测**

总的来看,15～64 岁人口占比下降趋势与 65 岁及以上人口占比上升趋势都会在未来持续一段时间。若大力出台鼓励生育政策,降低生育、养育、教育成本,并保障女性权益,且出生率得到较为明显的提高,那么一定程度上可以缓解老龄人口占比过高的情况,同时也能更快地过渡到老年人口占比下降、中年人口占比上升的阶段。

## (五)家庭部门杠杆率激增,资产负债表衰退迹象初显

家庭金融配置方面,经历了由疫情导致的第一季度大滑坡之后,家庭部门债务再次开始持续攀升。如图 85 所示,从 2020 年 3 月份以来,除 10

月份受整体信贷供给收缩有所降低外，居民户新增人民币中长期贷款当月值均高于 2017—2019 年的平均值。第三季度中长期贷款新增额甚至达到 1.8 万亿元，不仅是历年来第三季度的峰值，也超过第二季度成为单季新增额的峰值。虽然第一季度受到疫情影响，截至 2020 年 11 月份新增人民币中长期贷款 5.5 万亿元，但仍比 2019 年同期多增 5 000 多亿元，且比 2019 年全年还多增 608 亿元。上半年居民中长期贷款的巨量新增虽有疫情期间贷款合同滞后的影响，但这一新增速度一直持续也反映出后疫情时代房地产市场的升温和家庭购房动机的高涨。

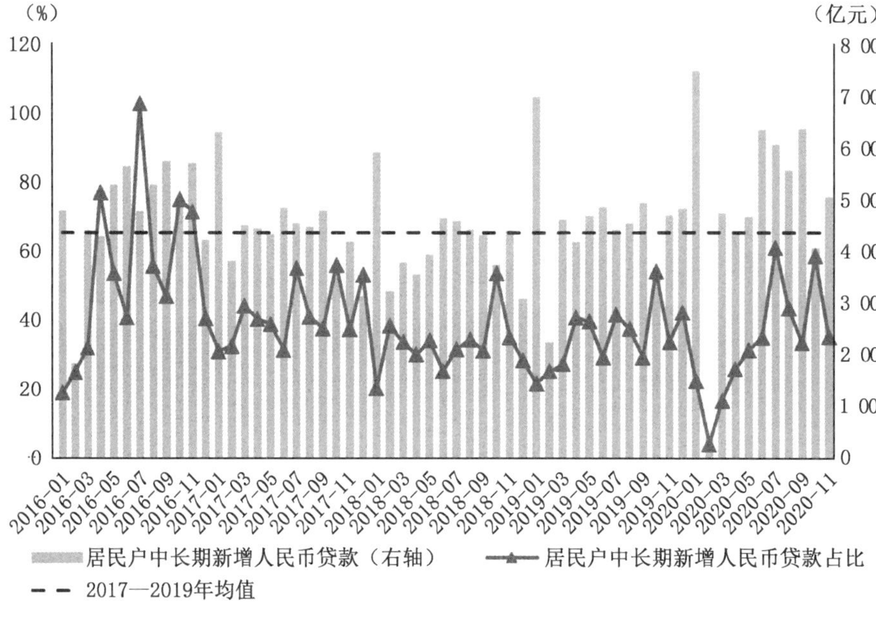


数据来源：上海财经大学高等研究院、Wind。

**图 85 新增人民币家庭中长期贷款增量**

居民户新增人民币短期贷款也从 4 月份开始发力，如图 86 所示，除 7 月份和 10 月份较低外，其余月份新增额均高于 2017—2019 年的均值。第三季度短期贷款新增 7 748 亿元，虽仅较第二季度的 8 061 亿元有所下降，但也是历年来第三季度的新高。无论是中长期贷款还是短期贷款，第二、第三季度的当季新增额均是历史前二新高，只不过短期贷款的新高出现在第二季度，中长期贷款的新高出现在第三季度。总体而言，疫情之后，2020 年 3—11 月份家庭部门共新增短期贷款 2.37 万亿元，远高于上年同期的近 1.82 万亿元。在疫情对劳动力市场造成冲击、收入大幅度下滑的情况下，家庭愈加依赖各类短期贷款进行消费。家庭短期债务的剧增也反映出家庭部门平滑消费的努力，在受到收入冲击的时候，家庭会尽一切可能平滑消费，而银行贷款仅仅是显性的部分，亲朋好友之间的民间借贷以及家庭在蚂蚁花呗、京东白条等网络金融工具中的贷款同样值得关注。

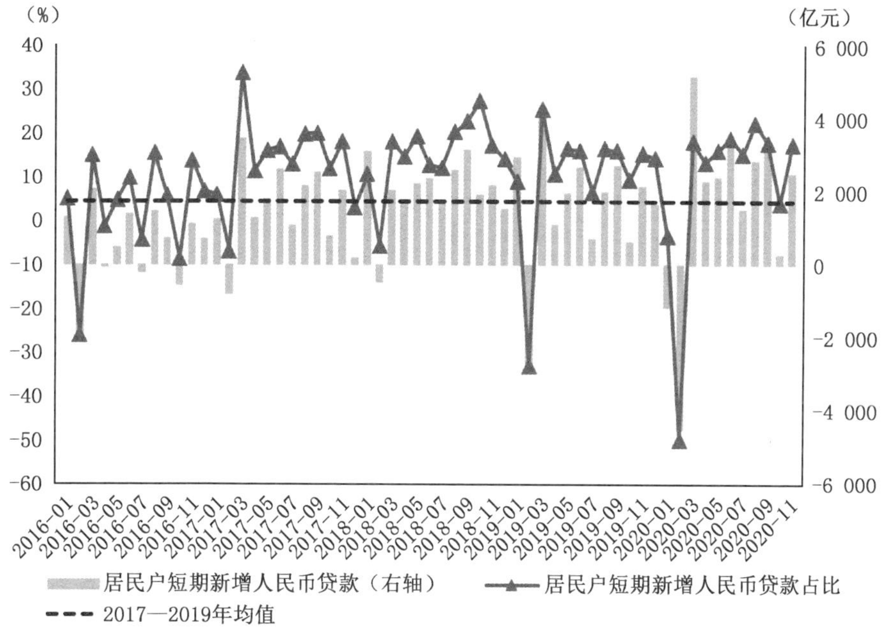


数据来源：上海财经大学高等研究院、Wind。

**图 86　新增人民币家庭短期贷款增量**

同时，虽然家庭部门新增贷款维持高位，但其占全部新增贷款的比例却从 7 月份起呈现下降趋势，由 7 月份的 76.3% 下降至 11 月份的 52.7%，接近 2017—2019 年的平均值，如图 87 所示。后疫情时代家庭债务新增额居高不下，但新增贷款占比却下降的情况也反映出整个市场的宽松状态，家庭部门债务剧增并非特例。当然，从图中也可以看出，即使家庭债务占比呈下降趋势，但仍然高于 2017—2019 年的平均值。如果再加上房地产企业的贷款，全部涉房贷款的比例会更高，正如银保监会主席郭树清所言，“房地产是现阶段我国金融风险方面最大的‘灰犀牛’”。

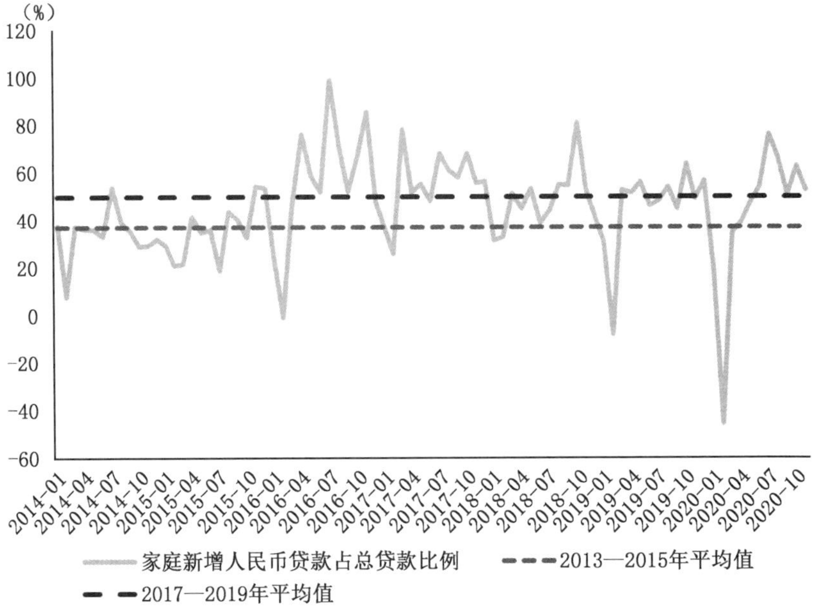


数据来源:上海财经大学高等研究院、Wind。

**图 87　家庭部门新增人民币贷款占比**

在家庭部门的债务存量方面,截至 2020 年 10 月份,家庭部门共累积了 15.1 万亿元左右的短期贷款、46.7 万亿元左右的中长期贷款。同家庭债务新增额相对应,从 4 月份开始,家庭债务的累积呈现加速态势,10 月份同比增速达到 20.1%,远远超过 2019 年,如图 88 所示。且不同于 2017—2019 年的下降趋势,当前家庭中长期贷款累计额的增速一直稳步上升。虽然短期债务的累积同比增速仍然为负,但降幅也在逐渐收窄,且在 8 月份之后又恢复正增长,11 月份同比增速为 0.5%。后疫情时代家庭的债务结构日趋平稳,从 4 月份开始,家庭短期贷款与中长期贷款的比值一直稳定在 32%附近。

受债务增加与 GDP 增速下降的双重影响,如图 89 所示,截至 2020 年第三季度,家庭部门杠杆率(家庭债务余额与 GDP 之比)已经升至 64.1%,比上一季度增加了 4.4 个百分点。并且疫情后每个季度杠杆率都增加了至少 2 个百分点,远远超过疫情前一个季度 1 个百分点的增速。从近些年家庭杠杆率的变动趋势也可以看出,金融危机后,我国家庭部门杠杆率演变经历了三个阶段:第一个阶段是 2014 年之前,第二个阶段为

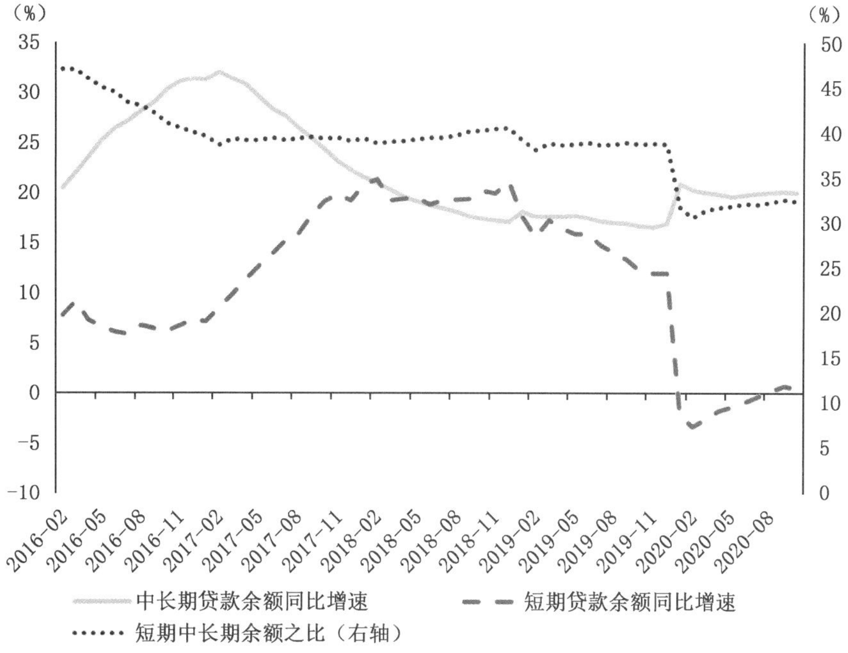


数据来源:上海财经大学高等研究院、Wind。

**图 88 家庭债务余额同比增速**

2015 年到疫情前,第三个阶段为疫情期间。可以看出,家庭债务增速一次比一次快。在全球疫情状况仍不明朗、中国经济仍未完全恢复的大背景下,家庭部门积累的大量债务仍然会削弱家庭的现金流,可能成为实现国内大循环、需求侧改革顺利进行的制约因素。

伴随着近年来家庭债务的膨胀,家庭部门的储蓄率正逐年下降,中国储蓄之谜恐怕不再是谜团。课题组利用国家统计局资金流量表构造出家庭和政府部门以及整体的储蓄率,如图 90 所示,可以看出,家庭部门储蓄率已经由 2010 年最高值的 42.1%下降到 2018 年的 34.8%,平均一年下降近 1 个百分点,家庭部门的“弹药”所剩不多。当然,从图中也可以看出,伴随着 4 万亿元刺激政策以及后续的一系列财政扩张政策的实施,政府部门的储蓄率下降得更多,已经由 2011 年峰值的 30%下降至 2018 年的 11.2%。

虽然家庭储蓄率在趋势上正在下降,但短期内受疫情导致的预防性储蓄动机以及为买房而存款的动机的影响,尽管 2020 年家庭收入受到很

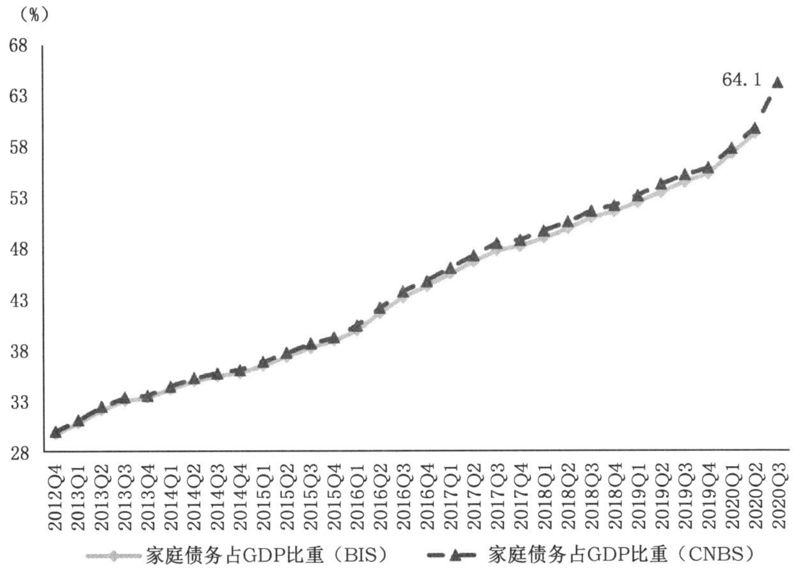


数据来源:国家统计局、中国人民银行、BIS、CNBS、上海财经大学高等研究院。

**图 89　家庭部门杠杆率**

数据来源:国家统计局、上海财经大学高等研究院。

**图 90　资金流量表中分部门储蓄率**

大影响，但家庭部门的存款却在很多时候多于往年。如图 91 所示，1 月份、3 月份、5 月份、6 月份和 9 月份均是历年来的存款峰值。截至 11 月份，2020 年家庭部门存款新增 9.63 万亿元，远高于上年同期的 8.18 万亿元。同时，伴随着疫情的缓解，在经历了第一、第二季度的高速新增后，第三季度家庭存款新增有所放缓，当季新增 1.62 万亿元，不但低于上年同期的 1.71 万亿元，也低于第二季度的 1.86 万亿元，首次出现第三季度比第二季度低的情况。虽然疫情的影响仍未结束，但从新增贷款与存款的日益分化来看，家庭部门更希望将资产配置在流动性较差、但回报率更高的房产上。

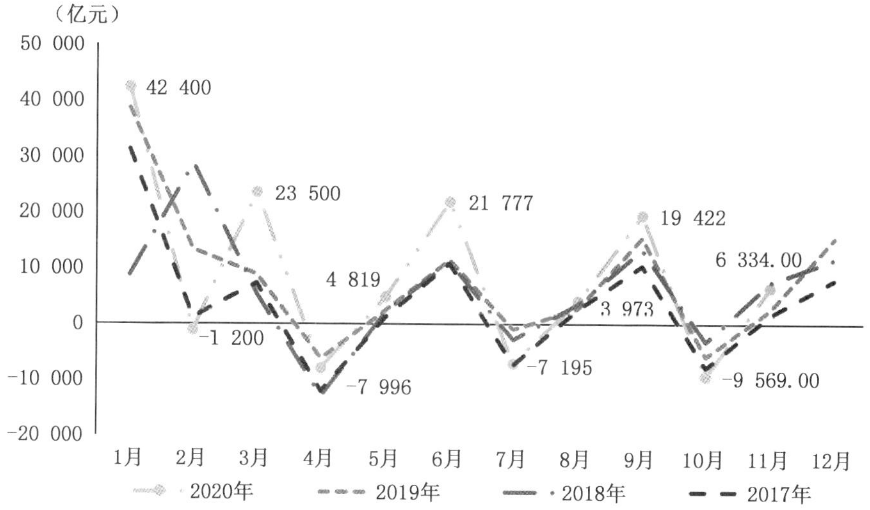


数据来源：国家统计局、中国人民银行、上海财经大学高等研究院。

**图 91　家庭单月存款新增额**

疫情引发家庭的预防性储蓄动机以及强烈的购房动机，导致家庭债务和储蓄均有所增加，但 2020 年 1—10 月份期间，除北京、上海等个别省市外，其余省份的贷款存量的相对增速要更快一些，如图 92 所示。体现在杠杆率（家庭总贷款除以家庭总存款）上，即表现为杠杆率的分化加剧，如图 93 所示，比如上海的杠杆率在疫情期间甚至呈下降状态，但福建的杠杆率已经突破 120％。整体而言，截至 2020 年 10 月份，共有 10 个省份的杠杆率超过了全国平均值。在疫情导致宏观经济疲软的情况下，家庭一方面在加速购买房产，另一方面又在抓紧储备现金。这两方面都会对消费造成挤出效果。

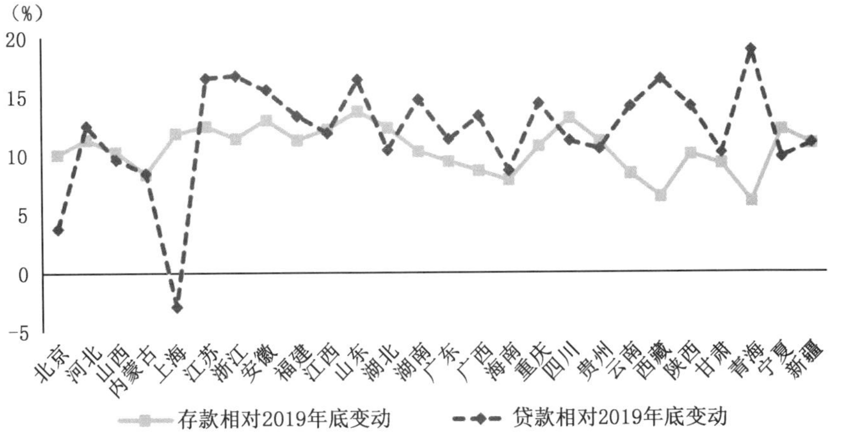


数据来源:国家统计局、中国人民银行、上海财经大学高等研究院。

**图 92　2020 年 1—10 月份家庭存款与贷款同 2019 年末的相对变动比例**

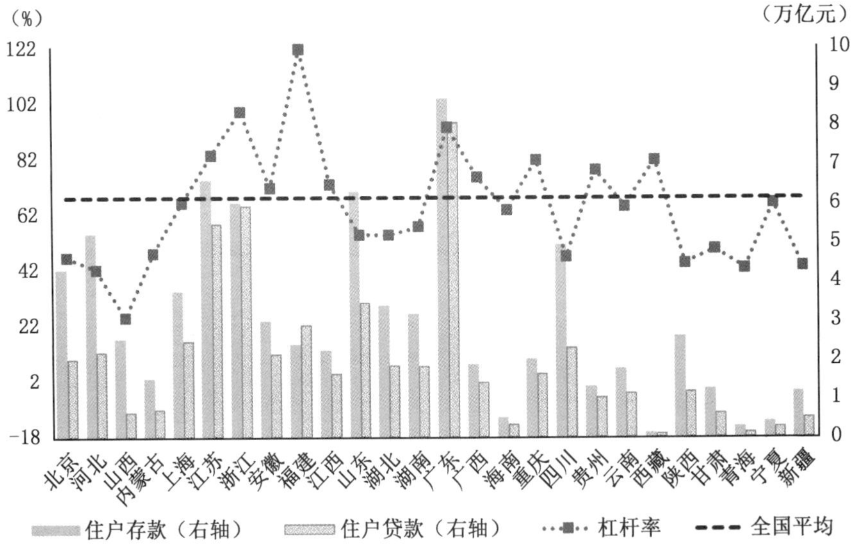


数据来源:国家统计局、中国人民银行、上海财经大学高等研究院。

**图 93　分省家庭杠杆率**

在之前的报告中,课题组一直在强调家庭债务通过挤压家庭流动性进而对消费的拖累作用。同时,当家庭面临一个突发的负面冲击时,如果受到流动性约束的有房有贷的家庭不但消费降低，而且其比例会受疫情影响而提高，那么就会对疫情的负面影响起到放大效果。利用疫情期间的网络调查数据，课题组对家庭流动性约束对疫情冲击的放大效果进行了探讨。

从理论上说，假设经济体中有两类家庭：一类家庭面临流动性约束，比例为 $\gamma$，其边际消费倾向为 $\theta_1$；另一类家庭没有流动性约束，其比例为 $1-\gamma$，边际消费倾向为 $\theta_2$。同之前报告的结果相一致，我们有 $\theta_2<\theta_1$，即受到流动性约束的家庭边际消费倾向更高。此时消费变动与收入变动的关系为：

$$\Delta C=\gamma\theta_1\Delta Y+(1-\gamma)\theta_2\Delta Y$$

即当面临相同的收入冲击时，消费下降的幅度为两类个体消费下降的集合。但在面临收入冲击时，如果两类家庭的比例会发生变化，即两类家庭的比例是冲击的函数，则此时消费变动与收入变动的关系变为：

$$\Delta C=\gamma(\Delta Y)\theta_1\Delta Y+[1-\gamma(\Delta Y)]\theta_2\Delta Y$$

如果我们有：

$$\frac{\partial\gamma(\Delta Y)}{\partial\Delta Y}<0$$

则家庭流动性约束就会对消费下降起到放大效果。这是因为，一方面负向冲击使得受到流动性约束的家庭比例增加，另一方面这些家庭的边际消费倾向还更高，这自然会使得消费下降更多。根据课题组 2020 年年中报告的分析，低收入阶层受到的流动性约束比高收入阶层更高，并且疫情期间低收入阶层在收入方面受到的冲击大于中高收入阶层，因此，这种不平衡的冲击自然会对受到流动性约束且边际消费倾向较高的低收入阶层造成冲击，进而导致总需求的降低。

除了疫情对不同收入阶层的冲击不同会导致家庭受到的流动性约束不同外，在存在房贷的情况下，即使家庭面临相同的收入冲击，也会使得家庭面临不同的流动性约束。举例而言，有两个家庭，一个家庭有房贷，每月还款 3 000 元，另一个家庭没有房贷，则受疫情影响，两个家庭的收入均从 7 000 元下降到 5 000 元。在疫情前，两个家庭的消费均为 3 000 元，则此时，有房贷的家庭就面临流动性约束，无法再维持 3 000 元的消费，但没有房贷的家庭仍然可以继续维持 3 000 元的消费。利用上海财经大学高等研究院与澎湃新闻的联合调查数据，课题组对房贷导致的家庭流动性约束对总需求不足的放大效果进行了探讨。

由于采用网络调查的形式，故包括收入、消费等的所有变量均为离散变量①，因此，在分析时我们主要采用 Order Probit 模型，在控制了受访者年龄、性别、教育程度、婚姻、家庭结构（成年人数量，18 岁以下儿童数量）、个体所处行业、疫情前收入情况以及住房情况的基础上，分析了有房有贷、无房（租房）家庭相对于有房无贷家庭所受到的疫情影响，主要结果如表 15 所示。从表中可以看出，Panel A 报告了与没有疫情相比，疫情对不同家庭当前消费的影响，从中可以看出疫情期间受到流动性约束家庭的消费是否下降得更多；Panel B 报告了不同家庭对下半年消费的预期，从中可以进一步检验是否受到流动性约束的家庭的消费在后疫情时期恢复得更慢；Panel C 报告了与没有疫情相比，疫情对不同家庭当前储蓄的影响，从中可以检验是否疫情还会导致受到流动性约束的家庭比例增加，即流动性约束对疫情冲击存在放大效果。

**表 15　　疫情期间不同家庭的消费储蓄情况**

| | (1) | (2) | (3) |
|---|---|---|---|
| Panel A：被解释变量：与没有疫情相比消费变动② | | | |
| 有房贷 | −0.052 | −0.122** | −0.127*** |
| | (0.042) | (0.048) | (0.048) |
| 无房 | −0.189 | −0.274* | −0.277* |
| | (0.136) | (0.141) | (0.142) |
| Pseudo $R^2$ | 0.000 495 | 0.020 7 | 0.022 3 |
| Panel B：被解释变量：预期 2020 年下半年的消费变动③ | | | |
| 有房贷 | −0.041 | −0.086* | −0.087* |
| | (0.041) | (0.046) | (0.046) |
| 无房 | −0.013 | −0.047 | −0.054 |
| | (0.135) | (0.140) | (0.140) |
| Pseudo $R^2$ | 0.000 158 | 0.012 1 | 0.013 4 |

① 例如，关于收入的问题为“去年同期平均每月家庭可支配收入是多少？”选项分别为：A. 3 000 元以下；B. 3 000～5 000 元；C. 5 000～10 000 元，……，J. 40 000 元以上等。

② 具体问题为“同往常相比，即没有疫情的情况下，在 4、5 月份，您的每月总消费是否发生变化？”选项分别为：A. 减少，B. 没有变化，C. 增加。

③ 具体问题为“同去年下半年相比，您预期今年下半年的消费会发生什么变化？”选项同上。

续表

| | (1) | (2) | (3) |
|---|---|---|---|
| Panel C:被解释变量:当前储蓄变动[①] | | | |
| 有房贷 | 0.001<br>(0.043) | −0.088*<br>(0.049) | −0.093*<br>(0.049) |
| 无房 | 0.159<br>(0.129) | 0.098<br>(0.132) | 0.101<br>(0.132) |
| Pseudo $R^2$ | 0.000 237 | 0.055 1 | 0.056 6 |
| 个人层面控制变量 | | √ | √ |
| 家庭层面控制变量 | | | √ |
| 观测值 | 3 000 | 3 000 | 3 000 |

注:对照组为有房无贷的家庭,模型采用 Order Probit 模型进行回归,括号内为稳健标准误。* 表示在 10%的水平下显著,** 表示在 5%的水平下显著,*** 表示在 1%的水平下显著。

数据来源:上海财经大学高等研究院。

从表 15 中可以看出,相对于有房无贷的家庭,在控制了个体和家庭层面的控制变量后,有房有贷的家庭以及无房的家庭在疫情期间消费下降得更多,特别是有房贷的家庭,在 1%水平上显著。并且针对 2020 年下半年的消费,有房有贷的家庭以及无房的家庭均预期消费会下降,并且有房贷的家庭更加保守,其估计参数不仅更大,而且显著性更高。同时,不仅当前消费显著性下降,有房贷的家庭的储蓄也显著性下降,这也印证了前面所举的例子,即使面临相同的收入冲击,有房贷的家庭由于还要每月额外还房贷,因此其累积流动性资产的速度下降,也就会导致有更多的家庭陷入流动性约束中。

我们使用网络调查数据得到的结论也与宏观数据相印证。2020 年第三季度家庭部门的消费需求仍较为疲软,特别是城市家庭。仅看当季值,城镇家庭部门在第三季度当季消费 6 762 元,仍低于上年同期的 6 814 元;农村家庭的当季消费为 3 221 元,略高于上年同期的 3 043 元。并且如果从消费分项来看的话,在八大类消费中,无论是城镇家庭还是农村家庭,除食品烟酒和居住外,在衣着、生活用品及服务、交通和通信、教

① 具体问题为“同新冠疫情前相比,疫情后您的每月储蓄(=月收入−月消费)是否发生了变化?”选项同上。

育、文化和娱乐、医疗保健、其他用品及服务等分项的消费均仍低于上年同期。“居者有其屋”是每个家庭的理想,疫情期间的人口隔离政策更是突出了这一理念,但如果家庭为此背负沉重的房贷,也确实会影响到消费,进而影响到经济的复苏。

基于以上分析,课题组认为,我国家庭部门加杠杆必须减速,“房住不炒”的政策必须得到坚决执行。从课题组的分析来看,首先,家庭部门加杠杆会严重收紧家庭流动性,不仅通过总需求的渠道降低市场活力,而且还可能引发系统性金融风险,导致更大的危机产生。其次,针对此次疫情,在中国经济全面复苏、企业生产基本恢复的情况下,应将政策重心向家庭部门倾斜,针对不同收入群体实施不同政策。在稳定就业的同时,对于中等以上收入群体,可以通过消费券的方式刺激家庭消费;但对低收入困难群体应适时增加财政补贴力度、扩大失业保险领取范围,将财政重心放在扩大家庭流动性、修复家庭资产负债表上。

### (六)日益窘迫的中等收入阶层恐拖累内需的扩大

后疫情时代经济的复苏以及后续的平稳发展离不开一个强大的国内市场,因此,如何刺激内需、调动广大群众的消费意愿成为实现需求侧改革的重点。在这一过程中,作为社会中坚的中等收入阶层显得尤为重要。虽然伴随着经济的增长,我国中等收入阶层的规模日益壮大,但正如课题组一直强调的,由于房地产“房奴”效应的显现,收入分配的恶化等因素的影响,我国的中等收入阶层变得日益窘迫,消费没有相应提升,严重影响了内循环的实施。

为了探讨中等收入阶层收入消费的变迁,课题组利用中国家庭追踪调查数据(CFPS),在图94和图95中分别列出了2010年和2018年家庭收入和消费的分布图。为了更好地进行比较,我们对不同年份的分布均做了标准化处理,即在构造分布图时均减去了均值。从图94中可以看出,从收入上来看,相比较于2010年,2018年的中等收入阶层(收入在均值附近)的比例在扩大,我国中等收入阶层的比例似乎在扩大。

但是,从消费变迁的图中可以看出,如图95所示,中间消费阶层的比例并没有随着中间收入阶层的扩大而扩大,反而呈现出缩小的趋势,2018年中间消费阶层的比例较2010年明显缩小。也就是说,从消费的角度来

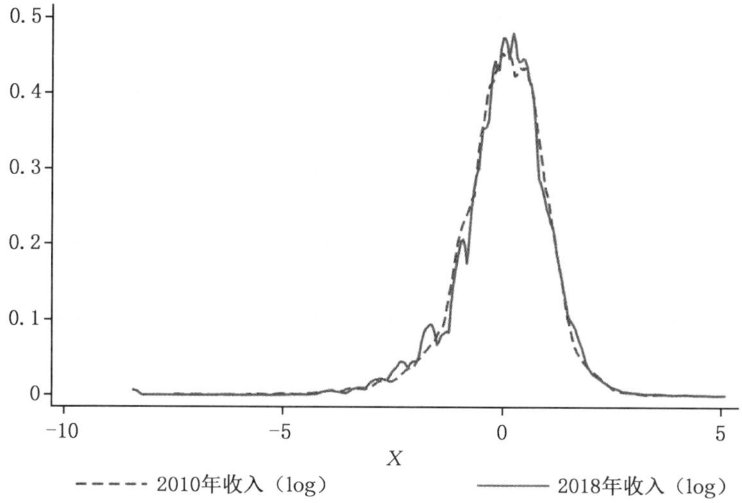


数据来源：CFPS。

**图 94　家庭收入分布图**

看，我国中等收入阶层的收入与消费并不匹配，很多家庭并不敢消费，这就说明虽然我国中产阶级比例在扩大，但其消费增速却并没有随之扩大。

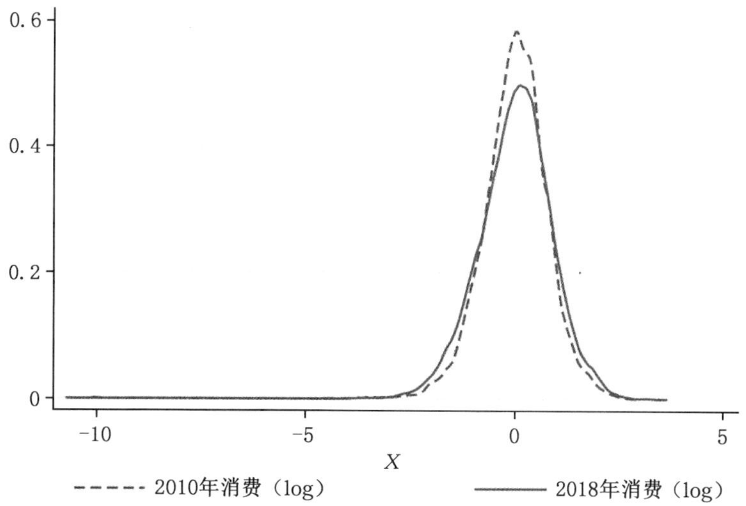


数据来源：CFPS。

**图 95　家庭消费分布图**

利用 CFPS 数据，在控制了家庭各种影响因素的情形下，课题组还通过计量回归的方式探讨了 2010—2018 年间不同收入阶层家庭消费增速的变动情况,图 96 报告了不同收入分位数上的家庭 2010—2018 年间消费增速变动情况。从图中可以看出,整体上,相比于 2010 年,各个收入阶层的家庭在 2018 年的消费增速均有所下降,这也与国家统计局的数据相一致。但值得注意的是,除了收入最低的第 1 组和收入最高的第 10 组,其他组别的家庭消费水平从 2010 年至 2018 年以更快的速度下降。这也与前文发现的,中间收入阶层在增加但中间消费阶层在减少相印证。

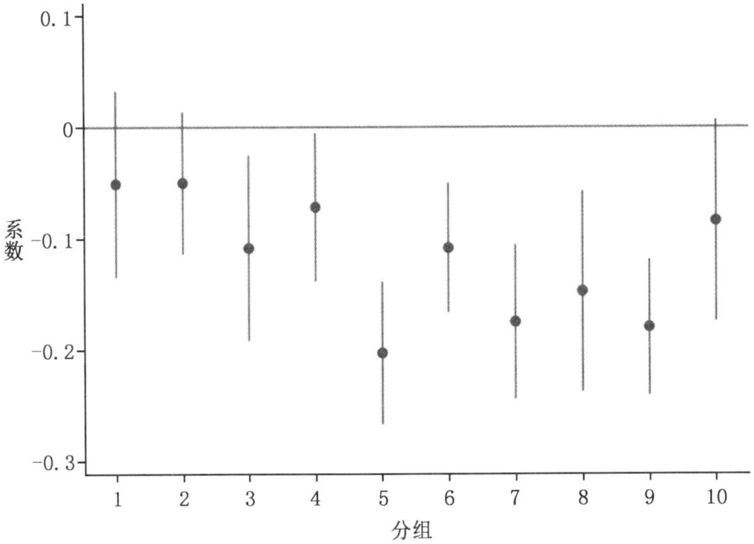


注:此处我们按收入水平将样本平均分为 10 组。第 1 组到第 10 组的样本收入水平依次升高。

数据来源:CFPS。

**图 96　2010—2018 年间不同收入阶层消费增速变动情况**

当然,引起家庭消费下降的因素还有很多,比如,在 2017 年年中报告中,课题组就指出收入分配恶化会导致家庭消费下降;从 2017 年年中报告开始,课题组就一直强调家庭债务导致的家庭流动性下降会挤出消费,并传导到企业部门,并且在 2020 年年中报告中,课题组也指出疫情对中低收入阶层影响更大,会更大程度收紧这些群体的家庭流动性。在本报告中,课题组也利用网络调查数据指出房奴家庭和准备买房的家庭会压缩消费。这些因素多年来持续困扰着广大的中等收入阶层,并对中国经济高质量增长产生影响。在本部分,课题组通过结合城镇住户调查数据与省级层面数据分析发现,政府可以通过增加民生支出、降低家庭的预防性储蓄动机,从而刺激家庭的消费。

“住房,医疗,养老”很长一段时间将是压在中国老百姓头上的三座大山,由此产生的预防性储蓄动机会使得家庭不敢消费。中等收入家庭一般上有老、下有小、中间有房贷,预防性储蓄动机更强。只要能降低这些家庭的预防性储蓄动机,让其没有后顾之忧,自然也就有意愿消费。利用城镇住户调查数据与省级地方财政支出数据相匹配,课题组探讨了地方政府民生支出对家庭消费的刺激作用。此处民生支出主要是指地方政府在教育、科学技术、文化体育、社会保障和就业、医疗卫生、环境保护、成效社区事务及交通运输方面的支出。

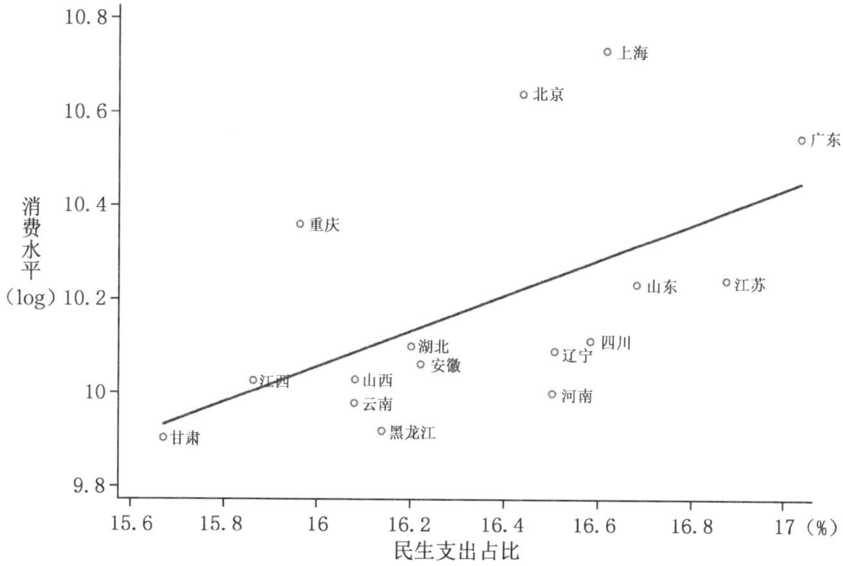


数据来源:城镇住户调查数据,国家统计局。

**图 97 地方政府民生支出与居民消费**

从图 97 中可以看出,民生占比越高的省份,家庭消费增速也越高。这说明地方政府民生投资可以有效降低家庭预防性储蓄动机,刺激其消费。为了控制其他因素的影响,课题组还利用面板固定效应模型进行了计量分析,表 16 报告了回归结果,可以看出,在控制了其他因素影响下,民生支出每提高 1 个百分点,会使得家庭消费提高 0.23 个百分点。

表 16　　地方政府民生支出对家庭消费的促进作用

| | (1) | (2) | (3) |
|---|---|---|---|
| 民生支出 | 0.292***<br>(0.091) | 0.209**<br>(0.082) | 0.229***<br>(0.083) |
| 个体层面 | | √ | √ |
| 家庭层面 | | | √ |
| 个体固定效应 | √ | √ | √ |
| 时间固定效应 | √ | √ | √ |
| 观测值 | 46 904 | 46 814 | 46 012 |
| 个体组数 | 24 614 | 24 573 | 24 223 |
| $R^2$ | 0.017 | 0.234 | 0.237 |

注:括号内为稳健标准误。* 表示在 10%的水平下显著,** 表示在 5%的水平下显著,*** 表示在 10%的水平下显著。

数据来源:国家统计局城镇住户调查数据(UHS)、《中国统计年鉴》。

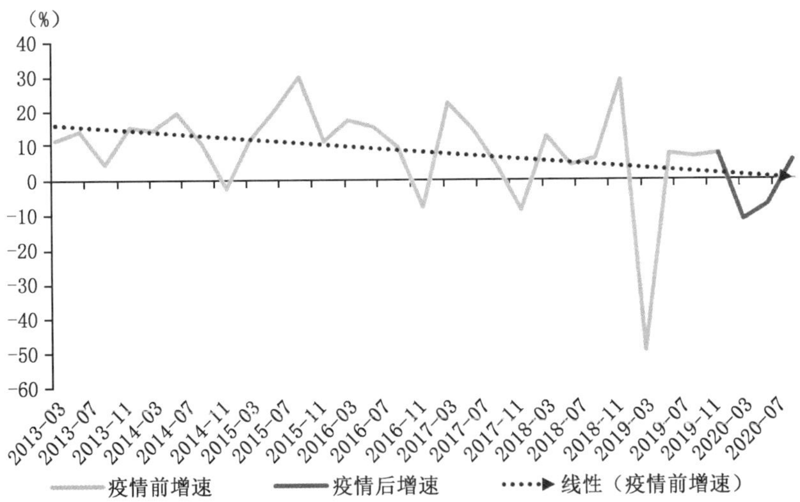


数据来源:国家统计局。

图 98　民生支出增速

但同时也要注意到,如图 98 所示,自 2013 年以来我国民生支出增速呈现下滑趋势,特别是疫情期间。正如课题组在 2020 年年中报告指出的,新冠疫情对劳动力市场,进而对家庭收入及流动性造成了重大冲击,但疫情期间政府涉及民生的部分支出并未明显增加,这显然不能很好地刺激消费。因此，课题组建议，如果要激活强大的国内市场、提振内需，地方政府应该增加民生支出，解决家庭的后顾之忧。

## （七）金融系统稳定性未见改善，中小银行脆弱性进一步上升

课题组通过条件在险价值（CoVaR）模型来评估我国银行系统的稳定性和识别系统重要性银行，并做定量分析。课题组从 Wind 的股票数据库选取了 2018 年 1 月 1 日至 2020 年 11 月 30 日在沪市或深市上市至少一年的商业银行作为样本数据，共计 36 家商业银行。① 截至 2020 年第三季度，这 36 家银行的总资产占我国商业银行资产总额的比例高达 76.5%②，代表性良好。在估计银行系统以及各家银行的 VaR 和 CoVaR 系数时，课题组用 36 家上市银行后复权日收盘价来计算的各家银行的日收益率表示各银行的运行情况，用中证沪深 300 商业银行全收益指数日收盘指数来计算的日收益率表示银行系统的运行情况。表 17 列出了样本区间内，中证沪深 300 商业银行全收益指数日收益率以及各家商业银行后复权日收益率的统计描述。

**表 17　　银行业全收益指数收益率和 36 家上市银行收益率统计描述**

| 股票代码 | 中文简称 | 观测数 | 均值(%) | 标准差(%) | 最小值(%) | 最大值(%) |
|---|---|---|---|---|---|---|
| | 银行业指数 | 716 | 0.017 | 1.272 | −6.712 | 8.640 |
| 000001.SZ | 平安银行 | 716 | 0.052 | 2.108 | −10.507 | 9.563 |
| 002142.SZ | 宁波银行 | 716 | 0.103 | 2.056 | −6.728 | 9.531 |
| 002807.SZ | 江阴银行 | 716 | −0.059 | 1.943 | −10.475 | 9.581 |
| 002839.SZ | 张家港行 | 716 | −0.082 | 2.613 | −10.601 | 9.602 |
| 002936.SZ | 郑州银行 | 539 | −0.074 | 2.055 | −10.490 | 9.656 |

① 按照证监会行业分类，目前我国上市银行共 38 家。其中包括 6 家大型国有商业银行：工商银行、农业银行、中国银行、建设银行、交通银行和邮储银行。9 家股份制银行：浙商银行、兴业银行、招商银行、浦发银行、中信银行、民生银行、光大银行、华夏银行和平安银行。23 家城市商业或农村商业银行：宁波银行、南京银行、北京银行、江苏银行、贵阳银行、江阴银行、无锡银行、常熟银行、杭州银行、上海银行、苏农银行、张家港农商银行、成都银行、江苏租赁、郑州银行、长沙银行、紫金银行、青岛银行、西安银行、青岛农商银行、苏州银行、渝农商行和厦门银行。但邮储银行和厦门银行的上市时间均在 2019 年 12 月以后，观测值数量均为未超过 250，样本数太少，因此未纳入考察范围。

② 截至 2020 年第三季度，36 家样本银行资产总和约为 195.17 万亿元，我国商业银行资产总和约为 255.25 万亿元。

续表

| 股票代码 | 中文简称 | 观测数 | 均值(%) | 标准差(%) | 最小值(%) | 最大值(%) |
|---|---|---|---|---|---|---|
| 002948.SZ | 青岛银行 | 462 | −0.009 | 2.371 | −10.555 | 9.617 |
| 002958.SZ | 青农商行 | 418 | −0.002 | 3.008 | −10.516 | 9.585 |
| 600000.SH | 苏州银行 | 330 | −0.104 | 2.414 | −10.476 | 9.568 |
| 600015.SH | 浦发银行 | 716 | −0.023 | 1.362 | −8.070 | 8.642 |
| 600016.SH | 华夏银行 | 716 | −0.038 | 1.207 | −5.272 | 9.237 |
| 600036.SH | 民生银行 | 716 | −0.024 | 1.097 | −6.629 | 8.082 |
| 600901.SH | 招商银行 | 678 | 0.066 | 1.790 | −6.658 | 9.521 |
| 600908.SH | 江苏租赁 | 716 | −0.056 | 2.277 | −10.574 | 9.563 |
| 600919.SH | 无锡银行 | 716 | −0.029 | 2.002 | −10.557 | 9.595 |
| 600926.SH | 江苏银行 | 716 | −0.013 | 1.290 | −6.693 | 9.591 |
| 600928.SH | 杭州银行 | 435 | 0.091 | 1.735 | −8.059 | 9.531 |
| 601009.SH | 西安银行 | 716 | −0.030 | 2.693 | −10.585 | 9.587 |
| 601077.SH | 南京银行 | 274 | 0.025 | 1.646 | −8.317 | 9.473 |
| 601128.SH | 渝农商行 | 716 | −0.244 | 1.782 | −10.553 | 9.548 |
| 601166.SH | 常熟银行 | 716 | 0.010 | 2.253 | −10.498 | 9.565 |
| 601169.SH | 兴业银行 | 716 | 0.041 | 1.559 | −8.296 | 9.333 |
| 601229.SH | 北京银行 | 716 | −0.035 | 1.089 | −5.890 | 8.750 |
| 601288.SH | 上海银行 | 716 | 0.018 | 1.277 | −6.491 | 7.987 |
| 601328.SH | 农业银行 | 716 | −0.004 | 1.138 | −5.454 | 6.881 |
| 601398.SH | 交通银行 | 716 | −0.021 | 1.034 | −6.808 | 5.810 |
| 601577.SH | 工商银行 | 535 | −0.009 | 1.270 | −5.988 | 8.183 |
| 601818.SH | 长沙银行 | 716 | −0.026 | 2.073 | −10.171 | 9.570 |
| 601838.SH | 光大银行 | 694 | 0.020 | 1.540 | −7.488 | 9.486 |
| 601860.SH | 成都银行 | 471 | 0.028 | 2.309 | −10.154 | 9.588 |
| 601916.SH | 紫金银行 | 254 | −0.005 | 3.178 | −10.582 | 9.605 |
| 601939.SH | 浙商银行 | 716 | −0.063 | 1.579 | −10.634 | 9.509 |
| 601988.SH | 建设银行 | 716 | −0.005 | 1.506 | −7.909 | 8.188 |

续表

| 股票代码 | 中文简称 | 观测数 | 均值(%) | 标准差(%) | 最小值(%) | 最大值(%) |
|---|---|---|---|---|---|---|
| 601997.SH | 中国银行 | 716 | −0.009 | 1.019 | −5.114 | 6.402 |
| 601998.SH | 贵阳银行 | 716 | −0.010 | 1.637 | −8.711 | 9.555 |
| 603323.SH | 中信银行 | 716 | −0.008 | 1.468 | −7.490 | 9.385 |
| 601818.SH | 苏农银行 | 716 | −0.049 | 2.054 | −10.626 | 9.571 |

数据来源:上海财经大学高等研究院、Wind。

首先,当单家银行遭受将使其产生最大损失的外部冲击时,课题组估算了每家银行自身将遭受到的损失,即在险价值(Value at Risk,VaR)。但是 VaR 并没有考虑单家银行风险溢出的影响,即单家银行遭受冲击并发生损失时引起的系统中其他银行产生的损失。为了考察每家银行在遭受冲击时的风险溢出效应,课题组还估算了每家银行的条件在险价值(Conditional Value at Risk,CoVaR)。每家银行风险溢出的影响用 CoVaR 和 VaR 之差表示,即 ΔCoVaR=CoVaR−VaR。课题组还计算了 ΔCoVaR/VaR 来衡量每家银行自身遭受将产生最大损失的外部冲击时,其引发的系统中其他银行的损失与其造成的总损失的比例。

**表 18　36 家上市银行在险价值和条件在险价值——单家银行自身遭受外部冲击时**[①]

| 股票代码 | 中文简称 | VaR(%) | CoVaR(%) | ΔCoVaR(%) | ΔCoVaR/VaR |
|---|---|---|---|---|---|
| 000001.SZ | 平安银行 | −2.611 | −2.975 | −0.364 | 0.139 |
| 002142.SZ | 宁波银行 | −2.752 | −3.395 | −0.643 | 0.234 |
| 002807.SZ | 江阴银行 | −2.788 | −2.901 | −0.113 | 0.040 |
| 002839.SZ | 张家港行 | −2.796 | −2.853 | −0.057 | 0.020 |
| 002936.SZ | 郑州银行 | −2.613 | −2.713 | −0.100 | 0.038 |
| 002948.SZ | 青岛银行 | −2.511 | −2.526 | −0.015 | 0.006 |
| 002958.SZ | 青农商行 | −2.531 | −2.549 | −0.017 | 0.007 |
| 002966.SZ | 苏州银行 | −2.486 | −2.511 | −0.025 | 0.010 |
| 600000.SH | 浦发银行 | −2.486 | −2.511 | −0.025 | 0.010 |
| 600015.SH | 华夏银行 | −2.822 | −3.491 | −0.669 | 0.237 |

① 作为稳健性检验,课题组还进行了置信水平为 10%时的风险分解分析,结论与置信水平为 5%时基本一致。

续表

| 股票代码 | 中文简称 | VaR(%) | CoVaR(%) | ΔCoVaR(%) | ΔCoVaR/VaR |
|---|---|---|---|---|---|
| 600016. SH | 民生银行 | －2. 730 | －3. 426 | －0. 695 | 0. 255 |
| 600036. SH | 招商银行 | －2. 828 | －3. 486 | －0. 658 | 0. 233 |
| 600901. SH | 江苏租赁 | －2. 679 | －2. 679 | 0. 000 | 0. 000 |
| 600908. SH | 无锡银行 | －2. 764 | －2. 874 | －0. 110 | 0. 040 |
| 600919. SH | 江苏银行 | －2. 725 | －3. 248 | －0. 523 | 0. 192 |
| 600926. SH | 杭州银行 | －2. 788 | －3. 180 | －0. 392 | 0. 141 |
| 600928. SH | 西安银行 | －2. 561 | －2. 558 | 0. 002 | －0. 001 |
| 601009. SH | 南京银行 | －2. 676 | －3. 089 | －0. 413 | 0. 154 |
| 601077. SH | 渝农商行 | －2. 613 | －2. 943 | －0. 330 | 0. 126 |
| 601128. SH | 常熟银行 | －2. 943 | －3. 123 | －0. 181 | 0. 061 |
| 601166. SH | 兴业银行 | －2. 395 | －3. 124 | －0. 729 | 0. 304 |
| 601169. SH | 北京银行 | －2. 924 | －3. 561 | －0. 637 | 0. 218 |
| 601229. SH | 上海银行 | －2. 695 | －3. 416 | －0. 721 | 0. 267 |
| 601288. SH | 农业银行 | －2. 594 | －3. 530 | －0. 936 | 0. 361 |
| 601328. SH | 交通银行 | －2. 604 | －3. 611 | －1. 006 | 0. 386 |
| 601398. SH | 工商银行 | －2. 609 | －3. 535 | －0. 926 | 0. 355 |
| 601577. SH | 长沙银行 | －2. 553 | －2. 708 | －0. 155 | 0. 061 |
| 601818. SH | 光大银行 | －2. 611 | －3. 414 | －0. 803 | 0. 308 |
| 601838. SH | 成都银行 | －2. 733 | －2. 877 | －0. 143 | 0. 052 |
| 601860. SH | 紫金银行 | －2. 524 | －2. 519 | 0. 005 | －0. 002 |
| 601916. SH | 浙商银行 | －2. 375 | －2. 883 | －0. 508 | 0. 214 |
| 601939. SH | 建设银行 | －2. 643 | －3. 415 | －0. 772 | 0. 292 |
| 601988. SH | 中国银行 | －2. 617 | －3. 548 | －0. 931 | 0. 356 |
| 601997. SH | 贵阳银行 | －2. 689 | －3. 024 | －0. 334 | 0. 124 |
| 601998. SH | 中信银行 | －2. 594 | －3. 488 | －0. 894 | 0. 345 |
| 603323. SH | 苏农银行 | －2. 723 | －2. 838 | －0. 114 | 0. 042 |

数据来源：上海财经大学高等研究院。

表 18 列出了在 5%的置信水平下每家样本银行自身遭受将使其产

生最大损失的外部冲击时，其自身受到的损失和对整个银行系统的影响。从表中可以看出，我国上市银行中每家银行遭受使其产生最大损失的外部冲击时，如果不考虑风险溢出效应，2020 年 11 月末上市银行的日均 VaR 损失为 2018 年第三季度以来的最高水平 2.16%。具体地，2020 年 11 月末上市银行的日均 VaR 损失同比上升了 0.14 个百分点，较 2020 年第三季度上升了 0.013 个百分点。在考虑各家银行风险的溢出效应时，风险溢出(即 ΔCoVaR)最大的 4 家银行为交通银行、农业银行、中国银行和工商银行，平均而言，国有商业银行的风险溢出较其他银行高出 0.51 个百分点。从 ΔCoVaR/VaR 来看，如图 99 所示，以 11 月末各家上市银行的数据为例，溢出的损失占总损失的比例与银行的规模正相关，越是大银行风险溢出的比例越大，这也与它们在同业市场上所占份额较高相印证。规模越大的银行，往往业务规模更大、业务网络更为复杂，因此当其个体产生风险时，对整个系统的影响也越大。

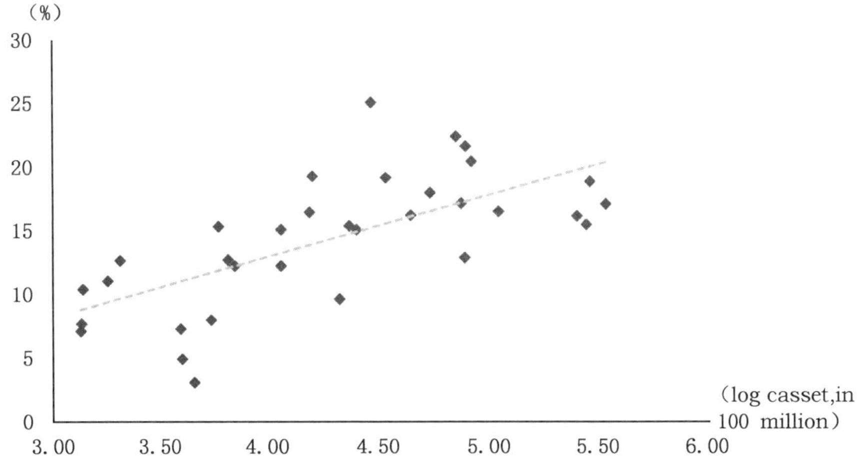


数据来源：上海财经大学高等研究院。

**图 99　银行规模与风险溢出比例——单家银行自身遭受外部冲击时**

图 100 显示当上市商业银行自身发生重大风险时对金融系统的风险溢出比例，虽然从简单平均水平来看，当前比 2015 年和 2016 年有所下降，但是以银行规模为权重的加权平均风险溢出水平持续处于 2018 年以来的最高水平。此外，从简单平均值来看，自 8 月份开始连续 4 个月持续上升，对比加权平均风险溢出水平没有呈现明显的变化趋势，这显示出中

小商业银行自身发生重大风险对金融系统造成的影响在持续上升。从银行性质来看,图101显示,当前城市商业银行和农村商业银行的风险溢出水平自8月份以来持续上升,虽然较2015年和2016年的水平低,但却是2018年以来的最高水平;而股份制商业银行虽然自第三季度以来风险溢出水平有所下降,但仍处于仅次于2019年年中的第二高水平。更重要的是,当前国有商业银行的风险溢出水平不仅与2015年和2016年的水平相当,而且并没有因为我国经济率先复苏而有所改善。正是由于国有商业银行风险溢出水平维持高位,使得2020年以来金融机构发生个体风险时其平均风险溢出水平持续处于高位。基于对表18以及图100和图101的分析结果,课题组认为,当前股份制银行对银行系统的影响处于近年来最高水平,不可忽视,而且国有商业银行的风险溢出水平也与之前最高水平相当,并没有显示出与经济复苏同步的缓解迹象。因此,在防范国有商业银行的个体风险这一首要任务的前提下,进一步高度关注中小银行个体稳定性是2021年保持我国银行系统稳定的关键所在。

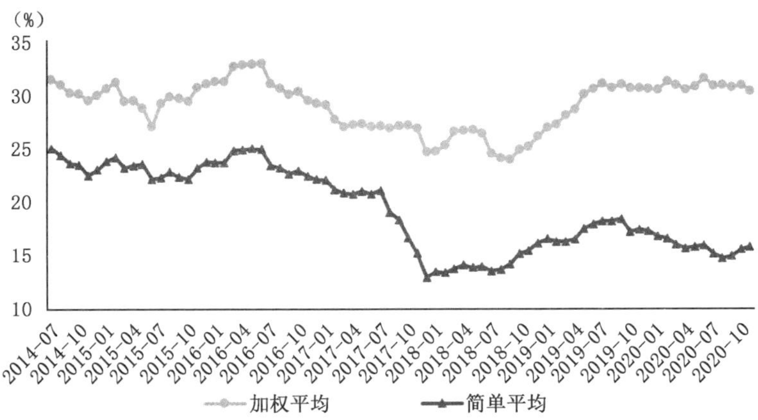


数据来源:上海财经大学高等研究院。

**图100 上市银行风险溢出比例——单家银行自身遭受外部冲击时**①②

① 课题组利用2014年1月份开始的数据,以1个月为滚动窗口,利用当月之前36个月的日交易数据计算当月的风险溢出比例。其中,每个月的样本银行上市的时间均超过1年,加权平均风险溢出水平以银行总资产规模为权重计算。

② 课题组还做了两组稳健性检验:第一,课题组计算了置信水平为10%时的风险溢出比例时间序列,结论与置信水平为5%时基本一致;第二,课题组通过改变滚动窗口的长度,也得到类似的结论。

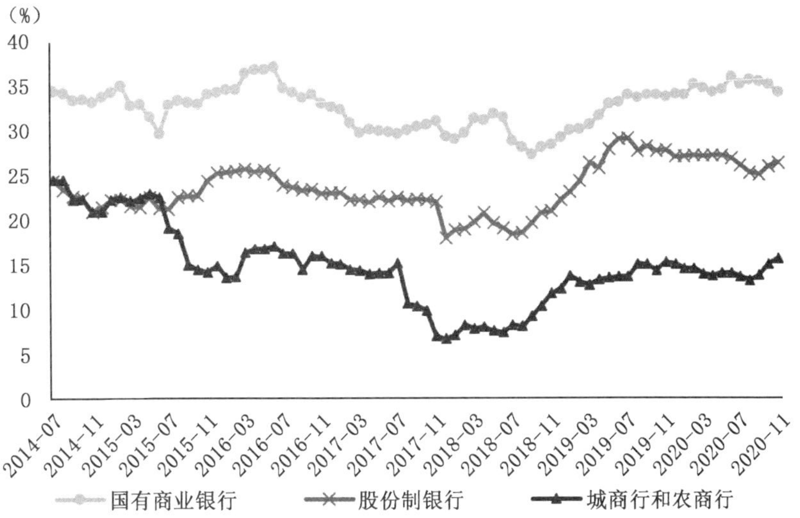


数据来源:上海财经大学高等研究院。

**图 101 不同所有制性质上市银行风险溢出比例——单家银行自身遭受外部冲击时**①

其次,课题组还考虑了当整个银行系统遭受将使其产生最大损失的外部冲击时,在不考虑各银行会产生反馈式风险溢出的情况下,系统性冲击对每家银行造成的损失(即在险价值,VaR),以及在考虑各银行会产生反馈式风险溢出的情况下,系统性冲击对各家银行造成的损失(即条件在险价值,CoVaR),并计算了反馈式风险溢出程度(即条件在险价值与在险价值之差,ΔCoVaR=CoVaR−VaR)和风险溢出率(ΔCoVaR/VaR)。表19 列出了在 5%的置信水平下每家样本银行遭受系统性冲击时,其自身遭受到的损失和对整个银行系统的影响。

**表 19 36 家上市银行在险价值和条件在险价值——银行系统遭受外部冲击时**②

| 股票代码 | 中文简称 | VaR(%) | CoVaR(%) | ΔCoVaR(%) | ΔCoVaR/VaR |
|---|---|---|---|---|---|
| 000001.SZ | 平安银行 | −4.017 | −4.669 | −0.651 | 0.162 |
| 002142.SZ | 宁波银行 | −5.309 | −6.334 | −1.025 | 0.193 |

① 此图中各类型银行的风险溢出比例均为资产规模为权重的加权平均值,课题组还对各类型银行的风险溢出比例计算了简单平均值,其趋势与此图类似。

② 课题组利用 2014 年 1 月份开始的数据,以 1 个月为滚动窗口,利用当月之前 36 个月的日交易数据计算当月的风险溢出比例。其中,每个月的样本银行上市的时间均超过 1 年,加权平均风险溢出水平以银行总资产规模为权重计算。

续表

| 股票代码 | 中文简称 | VaR(%) | CoVaR(%) | ΔCoVaR(%) | ΔCoVaR/VaR |
|---|---|---|---|---|---|
| 002807.SZ | 江阴银行 | −3.542 | −3.815 | −0.273 | 0.077 |
| 002839.SZ | 张家港行 | −4.981 | −5.500 | −0.520 | 0.104 |
| 002936.SZ | 郑州银行 | −3.756 | −4.056 | −0.300 | 0.080 |
| 002948.SZ | 青岛银行 | −3.672 | −3.785 | −0.113 | 0.031 |
| 002958.SZ | 青农商行 | −4.787 | −5.021 | −0.234 | 0.049 |
| 002966.SZ | 苏州银行 | −4.272 | −4.582 | −0.310 | 0.073 |
| 600000.SH | 浦发银行 | −4.272 | −4.582 | −0.310 | 0.073 |
| 600015.SH | 华夏银行 | −3.247 | −3.951 | −0.704 | 0.217 |
| 600016.SH | 民生银行 | −2.888 | −3.441 | −0.553 | 0.192 |
| 600036.SH | 招商银行 | −2.605 | −3.190 | −0.585 | 0.224 |
| 600901.SH | 江苏租赁 | −3.463 | −3.382 | 0.082 | −0.024 |
| 600908.SH | 无锡银行 | −4.326 | −4.805 | −0.479 | 0.111 |
| 600919.SH | 江苏银行 | −3.081 | −3.555 | −0.474 | 0.154 |
| 600926.SH | 杭州银行 | −4.106 | −4.726 | −0.620 | 0.151 |
| 600928.SH | 西安银行 | −3.735 | −3.641 | 0.094 | −0.025 |
| 601009.SH | 南京银行 | −4.042 | −4.706 | −0.665 | 0.165 |
| 601077.SH | 渝农商行 | −3.937 | −4.420 | −0.483 | 0.123 |
| 601128.SH | 常熟银行 | −4.986 | −5.617 | −0.631 | 0.127 |
| 601166.SH | 兴业银行 | −3.729 | −4.209 | −0.480 | 0.129 |
| 601169.SH | 北京银行 | −2.390 | −2.989 | −0.599 | 0.251 |
| 601229.SH | 上海银行 | −3.783 | −4.352 | −0.570 | 0.151 |
| 601288.SH | 农业银行 | −3.222 | −3.721 | −0.499 | 0.155 |
| 601328.SH | 交通银行 | −2.805 | −3.267 | −0.462 | 0.165 |
| 601398.SH | 工商银行 | −3.588 | −4.201 | −0.613 | 0.171 |
| 601577.SH | 长沙银行 | −3.930 | −4.412 | −0.482 | 0.123 |
| 601818.SH | 光大银行 | −3.977 | −4.691 | −0.715 | 0.180 |
| 601838.SH | 成都银行 | −4.742 | −5.344 | −0.602 | 0.127 |

续表

| 股票代码 | 中文简称 | VaR(%) | CoVaR(%) | ΔCoVaR(%) | ΔCoVaR/VaR |
|---|---|---|---|---|---|
| 601860.SH | 紫金银行 | −4.452 | −4.297 | 0.156 | −0.035 |
| 601916.SH | 浙商银行 | −3.546 | −3.888 | −0.342 | 0.096 |
| 601939.SH | 建设银行 | −3.861 | −4.590 | −0.729 | 0.189 |
| 601988.SH | 中国银行 | −2.963 | −3.441 | −0.478 | 0.161 |
| 601997.SH | 贵阳银行 | −3.586 | −4.134 | −0.549 | 0.153 |
| 601998.SH | 中信银行 | −4.032 | −4.724 | −0.692 | 0.172 |
| 603323.SH | 苏农银行 | −3.583 | −3.837 | −0.254 | 0.071 |

数据来源:上海财经大学高等研究院。

从表19可以看出,当整个银行系统遭受将使其产生最大损失的外部冲击,在不考虑风险的溢出效应时,日均VaR超过4%的银行共有12家,较2019年年末多出7家,而且宁波银行的该比例甚至超过5%,同时损失最小的不再仅仅是国有商业银行,还新增了股份制银行。平均而言,国有商业银行的日均损失较其他股份制银行和城市商业银行小0.6%,与2019年年末相比增加0.16个百分点,即股份制银行、城商行和农商行与国有商业银行抗击系统性风险能力的差距进一步拉大。在考虑各家银行风险的溢出效应时,风险溢出程度(ΔCoVaR)最高的是宁波银行、招商银行和建设银行。从风险溢出水平来看,所有制之间差异并不显著,国有商业银行甚至较其他银行高出0.09个百分点。尤其需要注意的是,建设银行风险溢出水平自2020年年初以来大幅度上升且未见缓解迹象,基于其巨大的规模,这可能成为系统性冲击来临时对我国金融系统造成较大损失的风险点。从ΔCoVaR/VaR来看,平均而言,当整个银行系统遭受巨大外部冲击时,国有商业银行对系统溢出的风险占其总损失的比例的平均水平要比股份制银行、城商行和农商行高4.5%。但需要指出的是,虽然在出现系统性风险时国有商业银行的风险溢出率依然高于其他银行,但是这一差距较2019年年末缩小了8个百分点,股份制银行、城商行和农商行的风险溢出程度较国有商业银行呈现上升之势,而且它们之间个体差异较大,有的风险溢出比例很低,有的则远远高于国有商业银行。

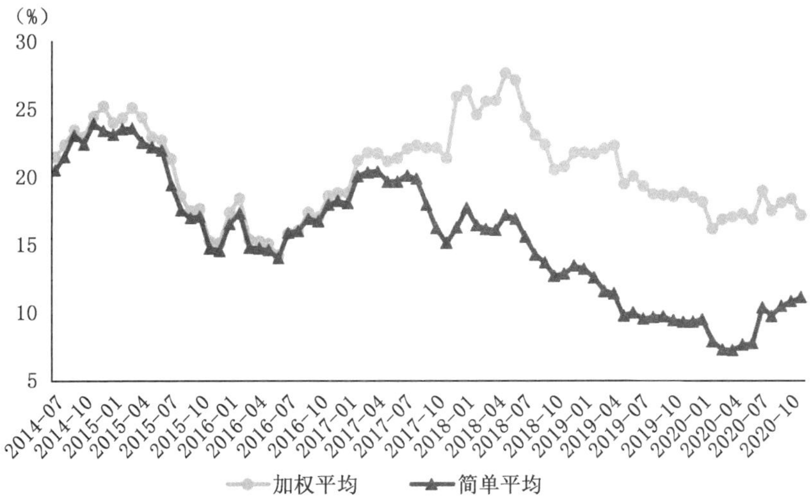


数据来源:上海财经大学高等研究院。

**图 102 上市银行风险溢出比例——银行系统遭受外部冲击时**①②

由图 102 可以看出,近年来我国有越来越多的股份制银行、城商行和农商行上市,风险溢出比例的简单平均水平和加权平均水平开始出现分化,当考虑银行规模时,系统性风险造成的银行风险平均溢出比例一度高达 27.8%,而且自 2017 年以来该比例始终超过 15%。可见当面临系统性风险时,大银行的风险溢出比例决定了整体风险溢出的程度。分银行类型来看,图 103 显示国有商业银行和股份制银行的风险溢出比例最高,而且以总资产为权重的加权平均水平二者相当。而城商行和农商行的加权平均风险溢出水平则要低于国有商业银行和股份制银行。但是需要注意的是,国有商业银行和股份制银行由系统性风险所导致的风险溢出比例虽然自 7 月份开始停止了上升的趋势,但依然在两年内的高位徘徊,而城商行和农商行则从 3 月份开始由降转升的趋势,并已持续了 9 个月而未见有所减缓的趋势,而且城商行和农商行的风险溢出比例与股份制银行和国有商业银行的差距已大幅度缩小至不到 3 个百分点。受疫情影

① 课题组还做了两组稳健性检验:第一,课题组计算了置信水平为 10%时的风险溢出比例时间序列,结论与置信水平为 5%时基本一致;第二,课题组通过改变滚动窗口的长度,也得到类似的结论。

② 此图中各类型银行的风险溢出比例均为资产规模为权重的加权平均值,课题组还对各类型银行的风险溢出比例计算了简单平均值,其趋势与此图类似。

响，我国经济遭受巨大的冲击，企业经营困难加大，家庭部门的失业风险上升，收入增速下滑，对金融系统（尤其是银行）的资产质量造成负面影响。加上为支持经济复苏而采取的加大对中小微民营企业的扶持力度，银行资产风险敞口有所加大，因而使得各银行对金融系统的风险溢出比例再次上升。[①]

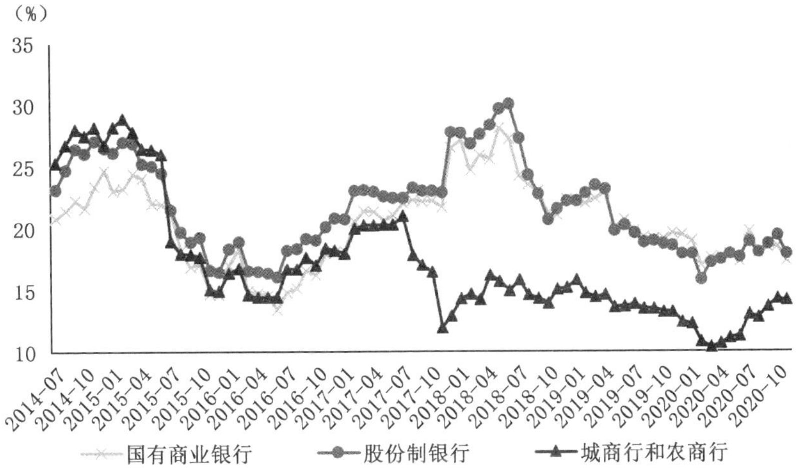


数据来源：上海财经大学高等研究院。

**图 103　不同所有制性质上市银行风险溢出比例——银行系统遭受外部冲击时**[②]

在 2019 年度和 2020 年年中报告中，我们的分析结果表明，国有商业银行在整个银行系统遭受巨大外部冲击时，抗风险能力是强于股份制银行、城商行和农商行的。基于最新数据的分析结果，我们认为当前国有商业银行抗击系统性风险的能力虽然仍强于其他银行，但其他商业银行的个体风险上升速度较快，尤其是城商行和农商行与国有商业银行的差异持续缩小，其系统重要性正持续上升。

综上所述，为了应对不论是来自个体的冲击还是来自系统的冲击，首先都需要维护国有商业银行的稳定，但其他银行对系统影响也越来越大，尤其是在当前全球经济衰退、国内经济恢复基础尚不牢固的背景下，需要

① 截至 2020 年第三季度末，国有商业银行、股份制银行、城市商业银行和农村商业银行的普惠型小微企业贷款余额同比增速分别为 49.3%、23.9%、28.4%和 19.7%。

② 此图中各类型银行的风险溢出比例均为资产规模为权重的加权平均值，课题组还对各类型银行的风险溢出比例计算了简单平均值，其趋势与此图类似。

密切关注城商行和农商行风险溢出的变化,警惕个别银行的问题对整个金融系统造成的恐慌及其不利影响。

## (八)不确定性攀升导致银行资本缓冲水平下降,“稳金融”形势依然严峻复杂

金融作为现代经济的血脉,承担着资金融通、资源配置、宏观调控等重要功能,是连接各经济部门的关键纽带。对当前构建“双循环”新发展格局的中国而言,急切需要一个稳定的金融环境作为后盾。在我国金融体系中,商业银行处于主导地位,银行系统稳定性对于防范和化解金融系统风险具有举足轻重的作用。理论上,充裕的资本缓冲能够有效增强银行抵御不利冲击和吸收损失的能力,是维护银行系统稳定的最后一道屏障。所谓资本缓冲(capital buffer),是指商业银行实际资本充足率与一国监管当局提出的法定监管要求的差值。然而,自 2020 年初受新冠疫情冲击的影响,如图 104 所示,我国各类型商业银行的资本充足率水平呈下降态势,意味着商业银行资本缓冲水平降低,银行系统脆弱性增加,从而危及金融系统的整体稳定性。

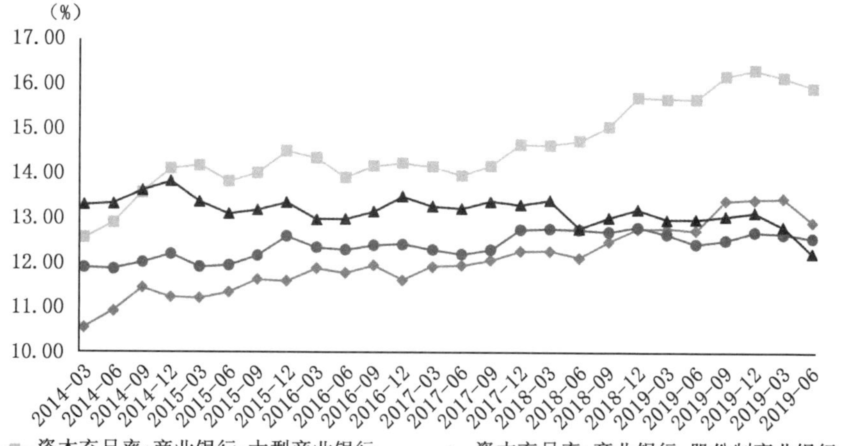


数据来源:CEIC、上海财经大学高等研究院。

**图 104　不同类型商业银行资本充足率的变化趋势**

实践中,明晰影响银行资本缓冲持有的因素是提升其资本缓冲水平

的首要前提。从现实经济运行来看，经济政策不确定性作为市场风险的主要来源，在决定银行资本缓冲水平方面扮演着重要角色。特别是，在复杂的中美贸易关系和新冠疫情冲击的叠加影响下，我国经济政策不确定性水平空前高涨，如图 105 所示。截至 2020 年 7 月份，经济政策不确定性指数高达 893.4。在此背景下，深入剖析经济政策不确定性对银行资本缓冲的影响，对提高新形势下我国资本监管政策有效性和预见性，以防范和化解系统性金融风险具有重要的现实意义。

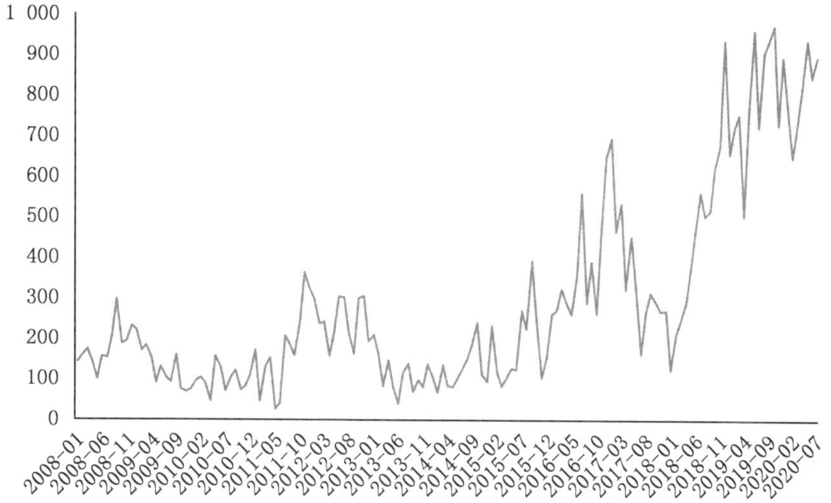


数据来源：http://www.policyuncertainty.com、上海财经大学高等研究院。

**图 105　经济政策不确定性指数**

基于此，课题组通过匹配我国商业银行微观数据和经济政策不确定性指数数据，采用面板固定效应分析方法，识别了经济政策不确定性对银行资本缓冲的影响。本部分余下内容安排如下：一是实证策略与数据来源；二是分析经济政策不确定性对银行资本缓冲的整体影响；三是探究经济政策不确定性对银行资本缓冲影响的异质性；四是总结。

1. 实证策略与数据来源

在本报告中，课题组选取 2007—2019 年 182 家商业银行共 1 893 个观察值构成的年度非平衡面板数据为研究样本，其中包括 5 家大型国有商业银行、12 家股份制商业银行、111 家城市商业银行和 54 家农村商业银行。在数据来源方面，银行层面数据主要来源于中国研究数据服务平台(Chinese Research Data Services Platform,CNRDS)、全球银行与金融机构分析库(ORBIS Bank Focus)和国泰安数据库(CSMAR);地区宏观经济金融层面的变量数据主要来源于 CEIC 数据库和中国人民银行官方网站。

为探究经济政策不确定性对银行资本缓冲的影响,课题组设定如下基准静态面板数据计量模型:

$$BUF_{i,j,t}=\alpha_0+\alpha_1 EPU_{i,t-1}+\phi X_{i,t}+\theta Y_{j,t}+\mu_i+\varepsilon_{i,j,t}$$

其中,下标 $i$、$j$ 和 $t$ 分别代表银行、地区和年份;被解释变量 $BUF_{i,j,t}$ 表示位于地区 $j$ 的银行 $i$ 在第 $t$ 年的资本缓冲水平;$EPU_{i,t-1}$ 表示银行 $i$ 在第 $t-1$ 年面临的经济政策不确定性;$X_{i,t}$ 表示银行个体特征层面的控制变量集合;$Y_{j,t}$ 表示地区宏观经济金融层面的控制变量集合;$\mu_i$ 表示银行固定效应,用以控制银行不随时间改变的个体异质性特征,降低遗漏解释变量的可能性。需要强调的是,由于经济政策不确定性为时间序列数据,如果在模型中控制时间固定效应将会引起多重共线性问题,造成年度虚拟变量与经济政策不确定性变量的影响效应相互抵消,难以保证经济政策不确定性系数的准确性,因而在模型中没有加入时间固定效应。$\varepsilon_{i,j,t}$ 表示多维度的随机扰动项。课题组主要关注经济政策不确定性的估计系数 $\alpha_1$,如果 $\alpha_1$ 显著为负,就意味着经济政策不确定性上升能显著降低银行资本缓冲水平。

关于银行资本缓冲水平的界定,银行资本缓冲(BUF)是指银行实际资本充足率与监管部门之间要求的最低资本充足率之间的差值,反映了资本监管下银行资本水平的波动状况,可以说资本缓冲水平越高,银行经营的韧性就越强。考虑到我国资本监管的具体实践状况,在计算银行资本缓冲水平时,将 2013 年之前的最低资本充足率监管要求设定为 8%;2013 年及之后的年度依据原银监会关于《过渡期内分年度资本充足率要求》规定,设定其最低资本充足率监管要求,具体如表 20 所示。[①]

① 金融稳定委员会(Financial Stability Board,FSB)在《2019 年全球系统重要性银行名单》中将我国“工农中建”四大国有商业银行列入系统重要性银行,但综合我国商业银行具体经营状况,课题组将“工农中建交”五大国有商业银行界定为系统重要性银行。

**表 20　商业银行最低资本充足率监管要求**　单位:%

| 年份 | 系统重要性银行 | 非系统重要性银行 |
|---|---|---|
| 2013 年之前 | 8 | 8 |
| 2013 | 9.5 | 8.5 |
| 2014 | 9.9 | 8.9 |
| 2015 | 10.3 | 9.3 |
| 2016 | 10.7 | 9.7 |
| 2017 | 11.1 | 10.1 |
| 2018 | 11.5 | 10.5 |
| 2019 | 11.5 | 10.5 |

数据来源:上海财经大学高等研究院。

就经济政策不确定性而言,课题组采用斯坦福大学和芝加哥大学联合发布的经济政策不确定性指数作为经济政策不确定性(EPU)的代理变量。为更好地与银行年度数据相匹配,课题组采用年度算术平均的计算方法,将月度经济政策不确定性指数转化为年度数据,并以此作为经济政策不确定性度量指标。此外,为保持各变量回归系数的数量级一致,将所得年度经济政策不确定性指数进行除以 100 的技术处理。

为有效识别经济政策不确定性对银行资本缓冲的影响,有必要控制其他因素的影响。课题组选取的控制变量包括银行个体特征层面的变量和地区宏观经济金融层面的变量。其中,反映银行个体特征层面的变量主要有:(1)银行资产规模(Asset),采用年末银行总资产占银行业总资产的比值表示;(2)不良贷款率(NPL),采用不良贷款占总贷款余额的比值表示;(3)银行竞争(ALR),采用经税前利润调整的 Lerner 指数作为银行竞争的代理变量;(4)银行盈利能力(ROE),采用净资产收益率度量;(5)银行收入多元化(DIV),采用利息净收入占营业收入的比值表示;(6)运营效率(CIR),采用运营成本与总收入的比值表示。地区宏观经济金融层面的变量包括:(1)行业资本监管约束(REG),如果在《商业银行资本管理办法(试行)》正式实施之前,则将 REG 定义为 0,反之则定义为 1。(2)GDP 增速(GDPR),采用各地区 GDP 的年增长率表示。由于样本中区域性银行(城市商业银行和农村商业银行)数目占比高达 88.59%,且不同地区经济发展水平存在显著差异,故对大型国有商业银行和股份制商业银行用全国层面的GDP增长率与其特征变量匹配,城市商业银行和农村商业银行用其所在省级层面的GDP增长率与其特征变量匹配。(3)货币政策(IRL),随着我国利率市场化进程不断深化完善,上海同业拆借利率的基准利率属性日益增强,故课题组采用银行间7天同业拆借利率作为货币政策代理变量,并利用加权平均计算方法获取年度值。

表21报告了各变量的描述性统计结果。从表中可以看出,在整个样本期间,我国商业银行资本缓冲水平的均值为4.329 2%。经济政策不确定性(EPU)的均值为2.099 8,中位数为1.706 3,标准差为1.175 5,意味着样本期间经济政策不确定性波动较大。其余变量的统计特征均在合理范围内且有较高的离散度,这里不再赘述。

**表21　　各变量描述性统计**

| 变量 | 变量含义与说明 | 观测值 | 均值 | 标准差 | 最小值 | 最大值 |
|---|---|---|---|---|---|---|
| BUF | 银行资本缓冲水平(%) | 1 893 | 4.329 2 | 2.639 8 | 0.28 | 16.32 |
| EPU | 经济政策不确定性指数/100 | 1 893 | 2.099 8 | 1.175 5 | 0.732 7 | 4.604 7 |
| Asset | 银行资产规模(%) | 1 893 | 0.490 1 | 1.673 6 | 0.005 6 | 11.004 2 |
| NPL | 不良贷款率(%) | 1 893 | 1.517 0 | 0.922 4 | 0.09 | 6.04 |
| ALR | 税前利润调整的Lerner指数 | 1 893 | 0.297 7 | 0.102 9 | 0.006 9 | 0.529 4 |
| ROE | 净资产收益率(%) | 1 893 | 13.900 3 | 5.780 2 | 1.291 5 | 31.638 7 |
| DIV | 收入多元化(%) | 1 893 | 80.899 0 | 16.639 9 | 21.240 9 | 99.574 8 |
| CIR | 成本收入比(%) | 1 893 | 57.475 4 | 12.331 4 | 31.455 4 | 93.375 4 |
| REG | 行业资本监管约束 | 1 893 | 0.616 5 | 0.486 3 | 0 | 1 |
| GDPR | 各地区GDP增长率(%) | 1 893 | 9.088 9 | 2.801 3 | －2.5 | 19.2 |
| IRL | 银行间同业拆借利率(%) | 1 893 | 3.168 5 | 0.729 0 | 1.275 | 4.181 0 |

数据来源:上海财经大学高等研究院。

2. 经济政策不确定性对银行资本缓冲水平的影响

表22给出了经济政策不确定性对银行资本缓冲影响的回归结果。为稳健起见,第(1)列为单独考察经济政策不确定性对银行资本缓冲的影响,结果显示经济政策不确定性(EPU)的回归系数在1%的水平上显著为负,初步验证经济政策不确定性与银行资本缓冲之间存在显著的负相关关系。在此基础上,第(2)(3)列为控制银行个体特征层面以及地区宏

观经济金融层面变量的回归结果，可以看到，经济政策不确定性的回归系数(EPU)均为负，且均在1%的水平上显著，这进一步验证了经济政策不确定性上升会显著降低银行资本缓冲水平。结合系数大小可知，在其他条件相同时，经济政策不确定性每上升1个单位，银行资本缓冲水平将会下降0.179 9个百分点。综合以上回归结果，可以认为经济政策不确定性对银行资本缓冲具有显著抑制效应，并且这种抑制效应无论是在统计意义上还是在经济意义上都是十分显著的。

**表22　　经济政策不确定性与银行资本缓冲：全样本基准回归结果**

| 变量 | (1) | (2) | (3) |
|---|---|---|---|
| | BUF | BUF | BUF |
| L. EPU | −0.564 7*** (0.191 5) | −0.239 7*** (0.066 0) | −0.179 9*** (0.060 2) |
| 银行特征变量 | No | Yes | Yes |
| 地区宏观经济金融变量 | No | No | Yes |
| 观测值 | 1 893 | 1 893 | 1 893 |
| 银行数 | 182 | 182 | 182 |
| Within-$R^2$ | 0.079 6 | 0.331 5 | 0.368 5 |

注：L表示变量的滞后1期；表内数字为变量的回归系数；括号内的数字为D-K标准误；*、**、***分别表示在10%、5%、1%水平上显著。

数据来源：上海财经大学高等研究院。

3. 经济政策不确定性对银行资本缓冲影响的异质性

考虑到经营区域不同的银行在资产配置行为上存在明显差异，探究经济政策不确定性与银行资本缓冲之间的关系，自然绕不开银行经营区域差异的影响。为验证不同经营区域银行的资本缓冲受经济政策不确定性的影响，课题组根据银行经营区域范围，将样本划分为全国性银行(大型国有商业银行和股份制商业银行)以及地方性银行(城市商业银行和农村商业银行)两组。从图106中可以看出，在地方性银行中经济政策不确定性的斜率较大，而在全国性银行中经济政策不确定性的斜率较小，初步说明经济政策不确定性对地方性银行资本缓冲水平的负向影响更大。

进一步地，表23给出了经济政策不确定性对地方性银行和全国性银行资本缓冲影响的回归结果。从表中可以看出，在地方性银行样本中，经

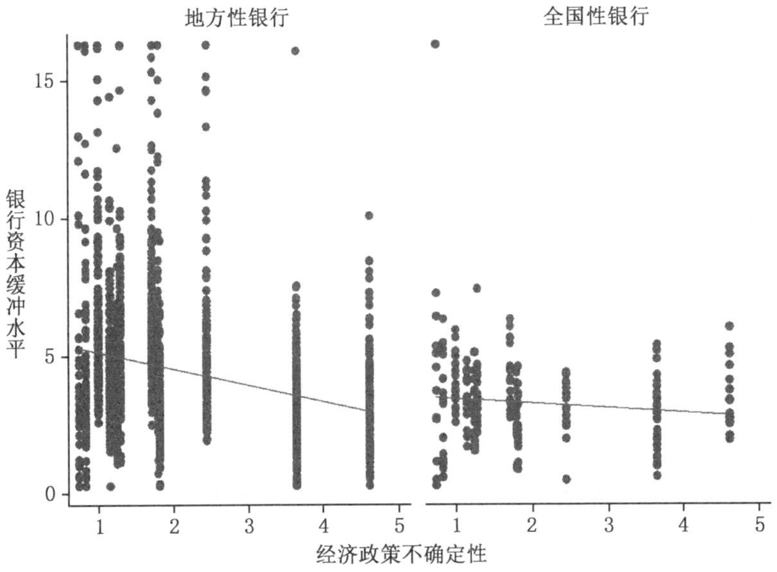


数据来源:上海财经大学高等研究院。

**图 106　经济政策不确定性对不同类型商业银行资本缓冲的影响**

济政策不确定性(EPU)的回归系数为－0.165 0,在1%水平上显著;在全国性银行样本中,经济政策不确定性(EPU)的回归系数为－0.059 2,绝对值明显下降且不显著。这些结果表明,经济政策不确定性对地方性银行资本缓冲水平具有显著负向影响,而对全国性银行资本缓冲水平没有产生明显的影响。

实际上并不难理解上述差异性回归结果,课题组认为主要有以下三个方面的原因:一是全国性银行在国民经济中具有特殊地位和使命,通常承担着为经济发展提供所需信贷资金支持和维持金融系统稳定的社会责任,使其日常经营决策行为更加谨慎。二是与地方性银行不同,全国性银行在利润转增、上市融资、发行次级债以及政府注资等资本补充渠道上更具优势,资本补充能力较强,使其持有资本缓冲行为与外界经济政策变动的关联性相对较低。三是较之地方性银行,全国性银行营业网点数量庞大、管理制度完善以及风险管控体系健全,可以通过业务转型和产品创新获取更多非利息收入,从而能够降低经济政策不确定性对其资本缓冲的不利冲击;加之全国范围内经营业务优势不仅可以实现“共同保险效应”

分散区域性风险，而且在业务上也具有较强的竞争实力，经济政策不确定性上升对其资本缓冲的影响更不显著。

**表 23　　经济政策不确定性对不同类型商业银行资本缓冲水平的影响**

| 变量 | 地方性银行 | 全国性银行 |
|---|---|---|
| | (1) | (2) |
| | BUF | BUF |
| L. EPU | −0.165 0***<br>(0.063 2) | −0.059 2<br>(0.081 6) |
| 银行特征变量 | Yes | Yes |
| 地区宏观经济金融变量 | Yes | Yes |
| 观测值 | 1 677 | 215 |
| 银行数 | 165 | 17 |
| Within-$R^2$ | 0.387 6 | 0.368 1 |

注：L 表示变量的滞后 1 期；表格内数字为变量的回归系数；括号内数字为 D-K 标准误；*、**、*** 分别表示在 10%、5%、1%水平上显著。

数据来源：上海财经大学高等研究院。

4. 总结

在新冠疫情冲击以及复杂中美经贸关系的双重影响下，我国经济政策不确定性空前高涨。在此背景下，稳妥应对经济政策不确定性对银行系统造成的不利冲击，对维护金融系统稳定、增强金融服务实体经济能力具有重要的作用。有鉴于此，立足于不断强化银行资本监管的典型事实和商业银行经营实践状况，课题组使用 2007—2019 年中国 182 家商业银行的微观非平衡面板数据，定量识别经济政策不确定性对银行资本缓冲的影响。经验结果显示：整体而言，经济政策不确定性上升显著降低了银行资本缓冲水平，并且经济政策不确定性对地方性银行资本缓冲水平的负向影响更为明显。

据此，课题组认为，政策制定者应着力保持宏观经济政策的连续性和稳定性，在制定最优化或者次优化政策的同时，积极应对经济政策可能引起的市场反应，做好前瞻性指引与市场预期的引导，以主动防范与化解政策性冲击对银行资本缓冲的负面影响。监管当局要细致分析经济政策不确定性对银行系统的可能性冲击，适时调整银行资本缓冲的动态监管，引导商业银行利用有利时机充实资本，切实提高银行系统性风险抵御能力。商业银行应通过实时监测和压力测试相结合的办法检验不利条件下资本缺口，多渠道拓宽资本补充来源，以提高资本质量和资本抵补风险损失的能力。总而言之，要加强宏观经济政策调控与金融监管部门的协调配合，形成政策合力，为防范和化解系统性金融风险提供稳定的经济政策环境。

## (九)疫情之下地方政府偿债压力加大，警惕债务风险外溢蔓延

2020年，为了应对新冠疫情全球蔓延和经济增速下滑的影响，各地方政府在财政支持下积极推动复工复产，债券发行规模和速度均有大幅度提高。截至2020年11月末，累计发行债券1 810只，合计发行总额6.26万亿元，总发行规模已超过2019年全年近2万亿元，增幅为45.9%。其中新增债券4.5万亿元(含一般债券0.95万亿元，专项债券3.55万亿元)，发行进度约为95%，再融资债券1.77万亿元。从省份看，除湖南和宁夏外，其他各省发债规模均已超过2019年全年。其中10个省增幅超过50%，江西、吉林、贵州、广东、福建5个省的发债规模达到或超过了2019年的170%。受疫情冲击最严重的湖北省共发行政府债券2 899.8亿元，其中一般债券565亿元，专项债券1 530亿元，再融资债券为804.8亿元。全国地方政府债券余额25.36万亿元，非债券形式债务余额1 914亿元，地方政府债务余额为25.55万亿元，控制在全国人大批准的限额28.8万亿元之内。如果把城投债余额10.63万亿元也计入地方债务，则地方显性债务余额为36.18万亿元，比2019年末增长19.4%，占GDP的比重预计可达35%，比2019年提高4个百分点。随着经济逐渐恢复正常运转，预计2021年债券发行增长幅度以及专项债占比均将有所收缩。

按发行金额加权的全年发行期限约为14～15年，低于2019年末和2020年第一季度的17年左右。11月初财政部发文《关于进一步做好地方政府债券发行工作的意见》后，发行期限逐步回落，期限结构有所优化，有利于部分缓解长期风险和期限错配问题。发行利率方面，随着在国内疫情受控后逐步推动复工复产，2020年下半年进入发行高峰，发行规模大幅度增加，发行利率也出现了较大幅度的反弹，加权平均发行利率在10月份达到3.67%的高位。直到12月份发行基本收尾后才有小幅度回落。在国外疫情持续蔓延的影响下，预计2021年地方政府债券发行结构将进一步优化。

据课题组测算，地方债务规模较大的主要是传统发债大省江苏、浙

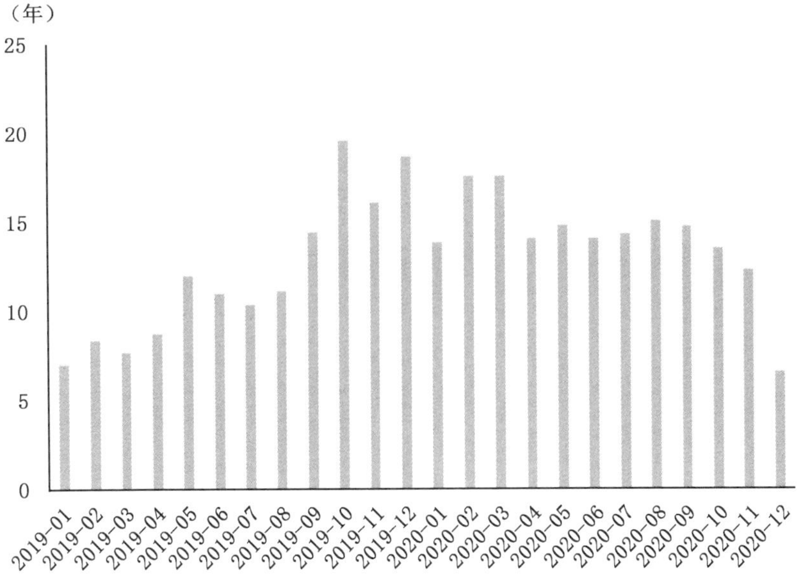


数据来源:Wind、上海财经大学高等研究院。

**图 107　地方政府债券加权发行期限**

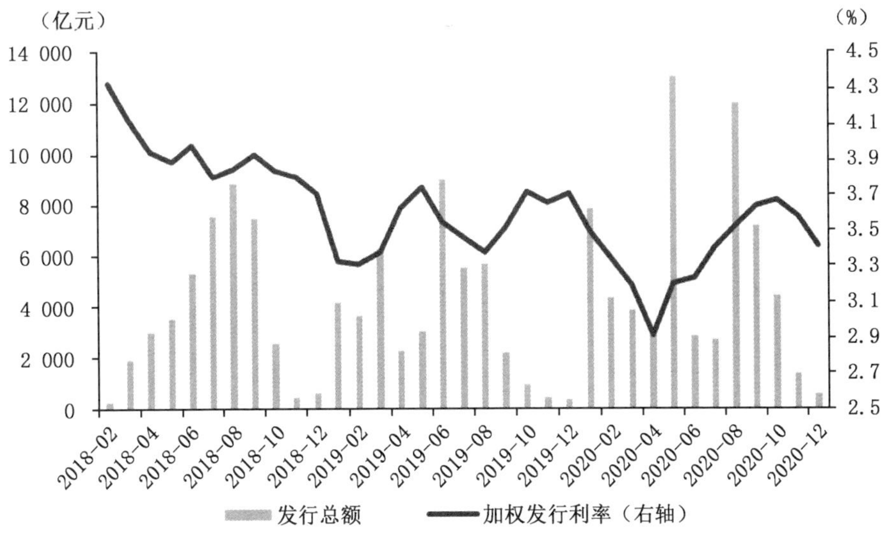


数据来源:Wind、上海财经大学高等研究院。

**图 108　地方政府债券加权发行利率**

江、山东、广东等东部经济大省,西南三省和两湖的发债规模也较高。如果计入地方政府承担实质偿还责任的城投债,债务规模超过 1.1 万亿元的省市达 17 个。按课题组估算的负债率,青海、贵州和天津的负债率均超过 70%,分列前三。云南和天津由于上年经济增速差异较大,因此负债率变化明显。另外,福建、河南、上海、广东的负债率都在 30%以内。除西藏外,山东、浙江、天津等 13 个省市的债务同比增幅均超过 20%。各省市间债务结构和规模均存在巨大差异,总体上看,财政收支缺口越大的省市,债务相对财政收入的比率通常也较高,相关系数为 0.6,但负债率与 GDP 增速的相关系数仅为 0.03,并且统计上不显著。

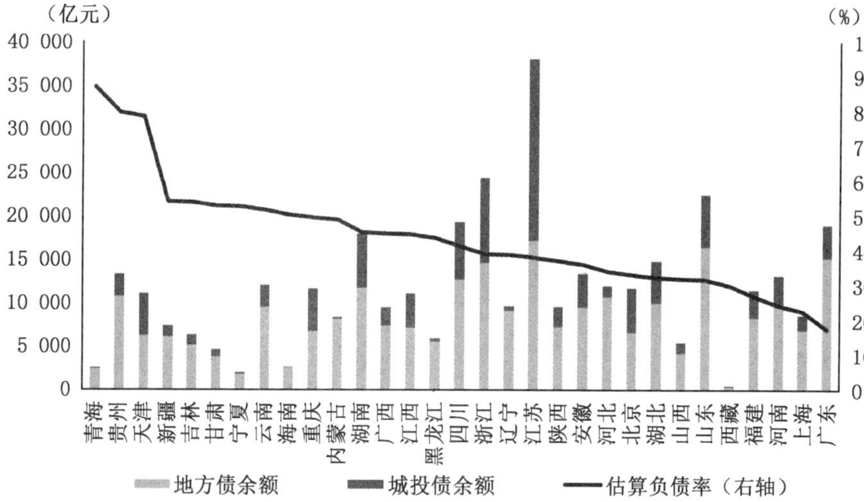


数据来源:上海财经大学高等研究院。

**图 109　各省地方债务情况、GDP 增速与估算负债率**

为了说明新冠疫情对地方政府债券发行的影响,课题组分析了发债规模增速与 GDP 增速下降程度之间的关系。由于 2020 年债券发行任务已接近完成,因此地方政府债发行规模增速按照截至 11 月末的各省地方债发行规模与 2019 年全年发行总额之比计算,GDP 增速下降幅度按照第三季度 GDP 增速同比下降百分点计算。受疫情影响,各省 GDP 增速均有不同程度的下降,平均下降幅度约为 5.3 个百分点,而各省地方债平均发行规模已经达到 2019 年全年的 141.8%。如图 110 所示,GDP 增速降幅较大的省份，发债规模也较大。

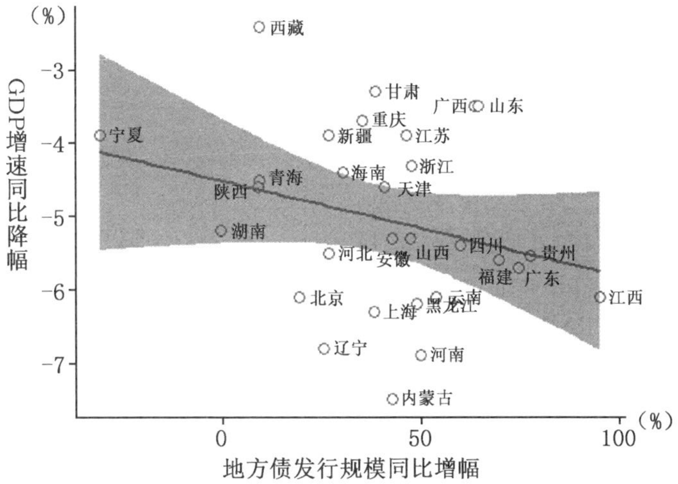


数据来源：上海财经大学高等研究院。

**图 110　发行进度与 GDP 增速下降幅度之间的关系**

在国外疫情蔓延、外部经济环境不佳的严峻形势下，大力举债提振内需是不得已而为之。但是正如课题组多次在政策报告中强调，短期政策往往具有长期副作用。当前的地方政府债务在未来将会形成较大的还债压力，给经济长期增长带来负面影响。现有的 25.36 万亿元地方政府债券中，按余额加权的平均剩余年限约为 7.4 年，平均发行利率约为 3.5%，每年将有约 0.88 万亿元的利息支出。从 2021 年到 2026 年，现有存量债务每年到期额都将超过 2 万亿元，2023 年更是将达到 3.61 万亿元。如果考虑城投债，近 5 年每年债务到期额均超过 4.1 万亿元，其中 2021 年和 2023 年更是将分别达到 5.1 万亿元和 5.57 万亿元。此外，除了大量的显性存量债务和可预见的债务增长之外，地方政府事实上还承担着难以准确估算和有效管控的隐性债务，其规模甚至可能远超显性债务。如此巨额的还债负担，不可能完全通过再融资债券借新还旧来消化。未来债务还本付息压力还将逐渐累积，这意味着地方政府债务存在较大的局部违约风险。

同时，在当前经济体各部门间关联性日趋紧密的背景下，随着地方政府债务规模的不断积累，地方政府部门独立的债务偿还风险容易演化成

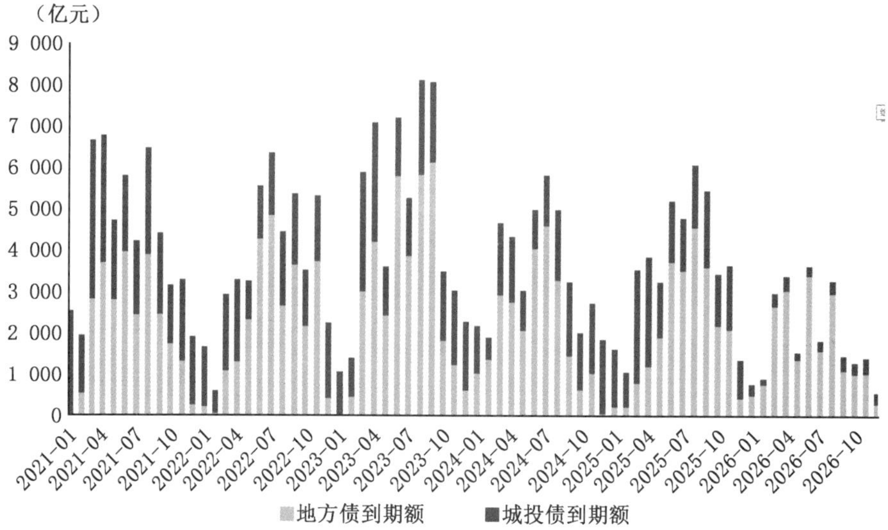


数据来源:上海财经大学高等研究院。

**图 111　地方债务到期额**

为房地产市场和金融系统等领域的潜在风险点。因此,课题组基于地方政府与其他部门之间复杂的债务债权关系,考察了地方政府债务对房价和银行风险承担水平的影响机理。

1. 地方政府债务对房价的影响分析

首先,课题组利用2007—2019年地方政府债务余额和商品房平均销售价格数据,探讨了地方政府债务规模与房价之间的相关关系。在指标构建方面,利用各省市地方政府债务余额的均值表示该省的地方政府债务规模,利用商品房平均销售价格的均值表示该省的房价水平,图112描述了两者之间的关系,从图中可以发现,地方政府债务规模与房价之间呈正相关关系。课题组认为可能的原因在于,当前我国地方政府往往依赖土地抵押或土地财政的方式进行债务融资,为筹集更多的财政调控资金,地方政府有动力提高土地价格,从而推动房地产价格上涨。房价的上涨一方面会使得家庭购房支出增加而挤出消费;另一方面也会推高实体经济的投资成本并改变其投资预期而挤出投资,从而影响我国经济的健康运行。

以上分析只是直观地呈现了地方政府债务与房价的相关性,为了定量分析两者之间的影响关系,课题组还基于面板双向固定效应计量模型,

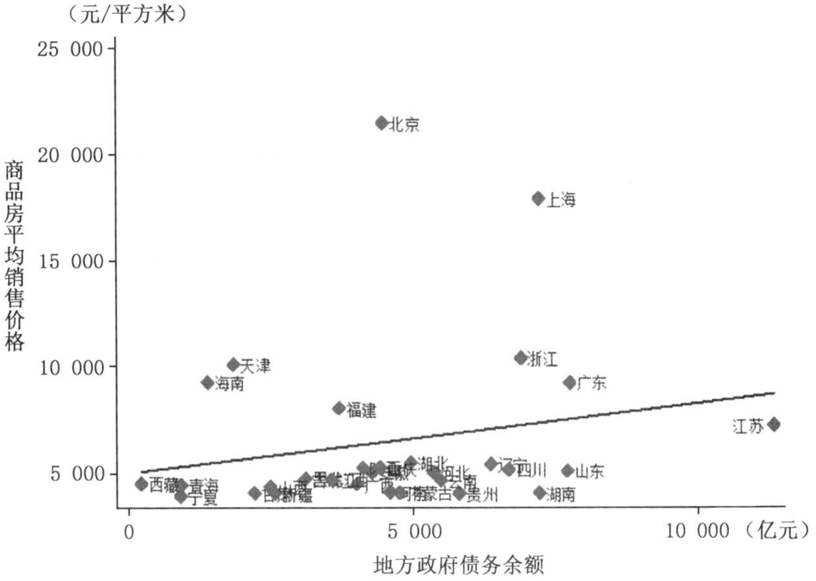


注：地方政府债务余额与商品房平均销售价格为2007—2019年各省市的均值。

数据来源：Wind、中经网数据库、上海财经大学高等研究院。

**图112　地方政府债务余额与商品房平均销售价格**

在控制年份固定效应和地区固定效应的基础上，通过回归分析考察两者的关系。具体而言，课题组构建如下面板数据模型：

$$P_{jt}=\beta_0+\beta_1 LGD_{jt}+\phi X_{jt}+\theta Y_{jt}+\lambda_i+\lambda_t+\varepsilon_{jt}$$

其中，$j=1,\cdots,K$ 表示地方政府所在地区（省份），$t=1,\cdots,T$ 表示观察年份；被解释变量 $P_{jt}$ 表示在第 $t$ 年且位于地区 $j$ 的房价；核心解释变量 $LGD_{jt}$ 为地区 $j$ 在第 $t$ 年的地方政府债务规模；$X_{jt}$ 为微观层面控制变量集合；$Y_{jt}$ 为地区宏观经济层面控制变量集合；$\lambda_i$ 为地区固定效应，控制不随时间变化的个体特征，以缓解遗漏变量问题；$\lambda_t$ 为年份固定效应，控制不随个体变化时间上的差异性；$\varepsilon_{jt}$ 表示多维度的随机扰动项。课题组关注的焦点在于解释变量 $LGD_{jt}$ 的回归系数 $\beta_1$，用于反映地方政府债务扩张对房价的影响，预期该系数显著为正。

表24报告了主要的回归结果。其中，第(1)列只控制地区固定效应，数值结果显示，地方政府债务规模(LGD)的回归系数显著为正，这意味着地方政府债务规模增加会推高当地房价。第(2)列为控制了地区固定效

应和年份固定效应，并以此为基础第(3)至(6)列依次添加控制变量，发现地方政府负债率(LGD)的回归系数依然显著为正，说明地方政府债务扩张推高了房价，且上述结论具有较好的稳健性。从经济意义上看，以表中第(6)列为例，地方政府负债率的回归系数为0.718 7，意味着地方政府负债率每增加1个百分点，房价上升0.718 7个百分点。

表24　　地方政府债务对房价影响的回归结果

| 变量 | 房价 | | | | | |
|---|---|---|---|---|---|---|
| | (1) | (2) | (3) | (4) | (5) | (6) |
| 地方政府负债率 | 0.585 7*** (0.145 3) | 0.718 9*** (0.144 8) | 0.702 6*** (0.140 6) | 0.712 2*** (0.140 6) | 0.712 4*** (0.140 7) | 0.718 7*** (0.143 9) |
| 一般财政收入 | | | −5.829 3*** (1.226 2) | −5.234 6*** (1.290 0) | −5.275 5*** (1.294 3) | −5.316 3*** (1.309 8) |
| 房地产开发投资 | | | | −0.652 9 (0.446 4) | −0.766 3 (0.506 6) | −0.750 6 (0.512 5) |
| 房屋竣工面积 | | | | | 0.184 7 (0.388 8) | 0.183 1 (0.389 4) |
| 消费者价格指数 | | | | | | 0.004 7 (0.021 7) |
| 年份固定效应 | No | Yes | Yes | Yes | Yes | Yes |
| 地区固定效应 | Yes | Yes | Yes | Yes | Yes | Yes |
| 样本量 | 403 | 403 | 403 | 403 | 403 | 403 |
| Within-$R^2$ | 0.042 0 | 0.170 5 | 0.219 8 | 0.224 4 | 0.224 9 | 0.225 0 |

数据来源：国泰安数据库(CSMAR)、Wind、中国研究数据服务平台(Chinese Research Data Services，CNRDS)，全球银行与金融机构分析库(ORBIS Bank Focus)、银行历年年报、《中国金融年鉴》、CEIC数据库、《中国统计年鉴》、中国人民银行官方网站、上海财经大学高等研究院。

2. 地方政府债务对银行风险承担的影响分析

为了考察地方政府债务对银行风险承担的影响，课题组构建多部门DSGE模型分析了地方政府债务与银行风险承担水平之间的动态关联机制，并匹配我国地方政府债务和银行层面微观数据实证考察了地方政府债务对银行风险承担水平的影响机制。在理论分析方面，课题组构建包含家庭、银行、企业、资本生产者和地方政府的五部门DSGE模型。基于所构建的模型和各参数的校准值，课题组模拟了在不同的地方政府补偿干预和地方政府债务期限情形下，地方政府债务规模增加时，各个主要经济变量的脉冲响应，如图113和图114所示。

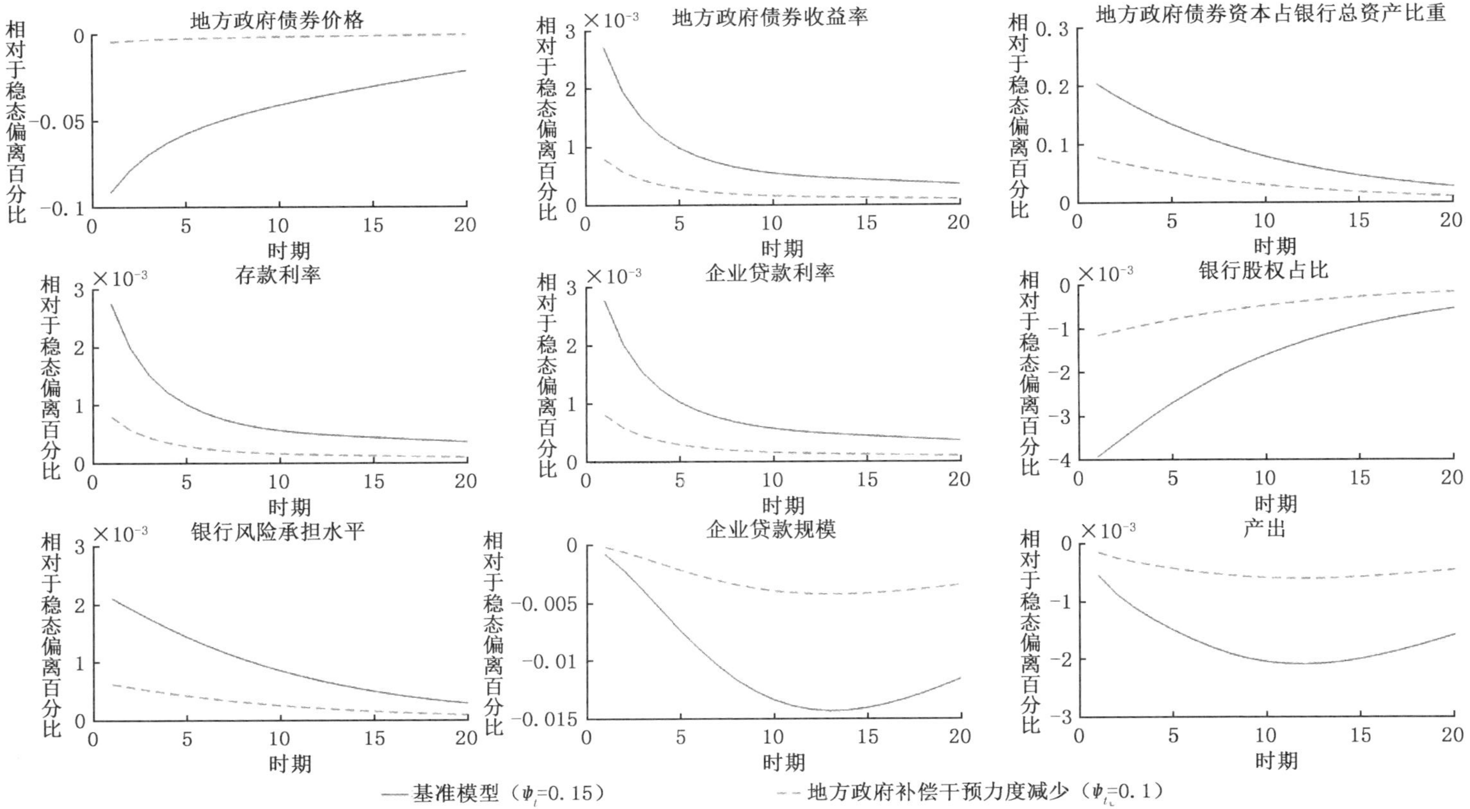


数据来源：上海财经大学高等研究院。

**图 113　不同地方政府补偿干预力度下地方政府债务对银行风险承担的影响**

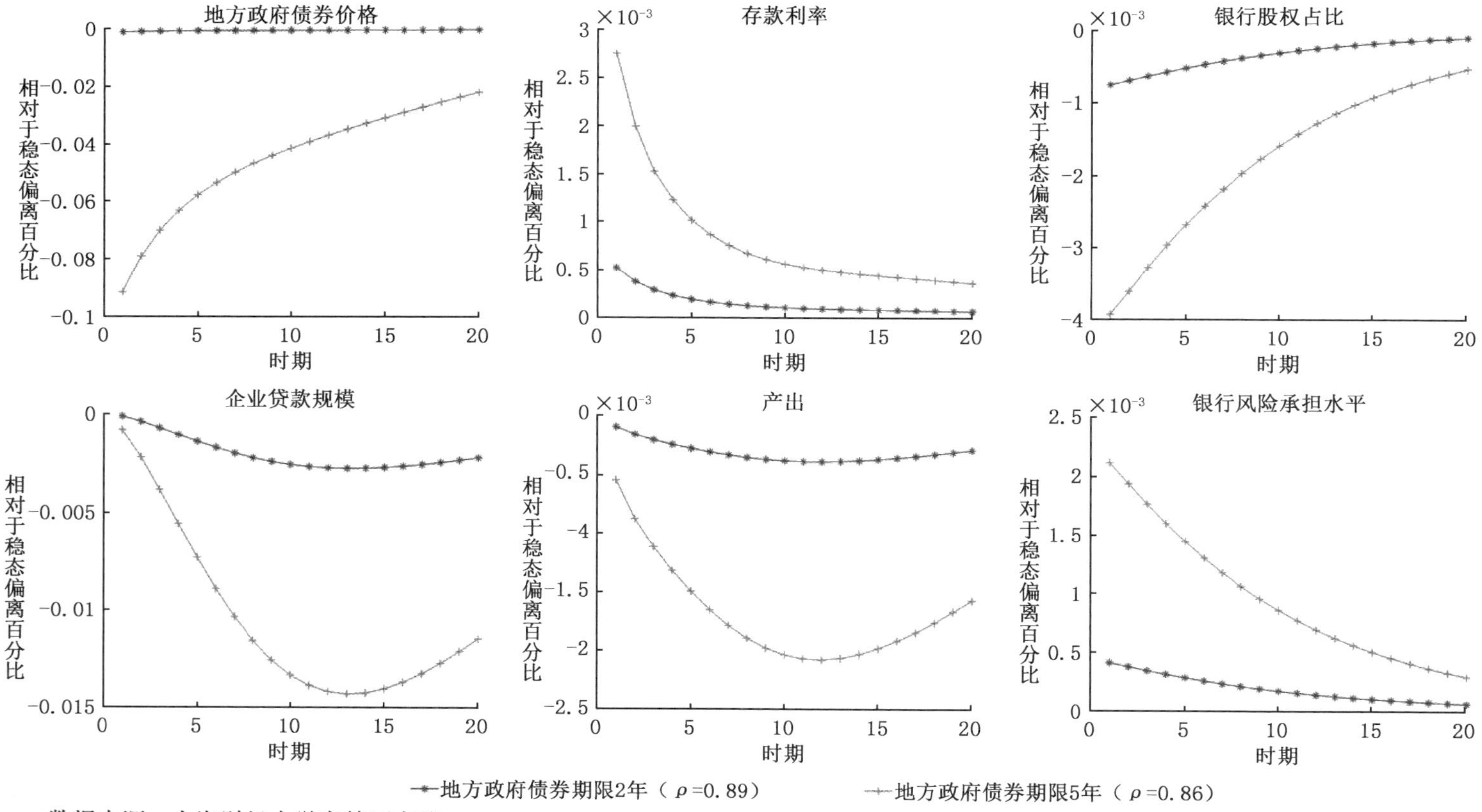


数据来源：上海财经大学高等研究院。

**图 114　不同地方政府债务期限结构下地方政府债务对银行风险承担的影响**

从图113可以发现，当地方政府债务规模增加1%时，一方面会直接挤出实体经济的融资规模，使得企业贷款规模下降约1.5%；另一方面，意味着地方政府债券发行数量增加，造成地方政府债券价格下降约8%，使得作为地方政府债券持有者的银行资产会大幅度缩水。同时，为满足地方政府的债务融资需要，商业银行会增加自身的融资需求规模，这会推高银行融资成本，并改变银行的融资结构，使得银行选择融资成本较低的债权融资代替股权融资，银行股权占比大约下降0.4%。银行融资成本提高意味着银行利润空间压缩，同时银行股权占比下降意味着银行能够通过股权分担的风险减少，两者叠加使得银行选择承担的风险水平增加约0.2%。进一步地，为探究我国地方政府与商业银行之间复杂的政治关联关系，课题组将其刻画为银行通过为地方政府提供债务融资所获得补偿力度，通过对比基准情形和地方政府补偿干预力度减少两种情形下，各个宏观变量的脉冲响应，可以发现，改善地方政府补偿干预力度会弱化地方政府债务扩张对银行风险承担行为的影响。由此可见，地方政府与银行之间的政治关联关系是地方政府债务规模扩张影响银行风险承担的重要因素。

在2020年初新冠疫情冲击的背景下，我国地方政府债务发行不仅出现规模增加，还出现了债务期限延长的新特点。为了考察能否通过债务期限延长的方式缓解地方政府债务的风险问题，课题组对比了地方政府债务期限为2年和地方政府债务期限为5年两种情形下，当地方政府债务规模增加1%时，各个宏观变量的脉冲响应。研究结果发现，当地方政府债务规模增加1%时，债务期限为2年的情形下银行风险承担水平增加约0.05%，而当债务期限为5年的情形下银行风险承担水平增加约为0.2%。这意味着当地方政府债务期限延长时，不但不会缓解地方政府债务扩张的负向影响，反而会放大其负向影响。

接下来，为验证地方政府债务规模扩张对银行风险承担水平的影响，课题组构建如下面板数据模型：

$$Risk_{ijt}=\beta_0+\beta_1 region_{ijt}\times year_t+\varphi X_{ijt}+\phi Y_{jt}+\lambda_t+\lambda_i+\varepsilon_{ijt}$$

其中，$i=1,\cdots,N$ 表示银行个体；$j=1,\cdots,K$ 表示银行所在地区；$t=1,\cdots,T$ 表示观察年份；被解释变量 $Risk_{ijt}$ 表示位于地区 $j$ 的银行 $i$ 在第 $t$ 年的风险承担水平；核心解释变量 $LGD_{jt}$ 表示地区 $j$ 在第 $t$ 年地方政府债务;$X_{ijt}$ 为银行个体特征层面的控制变量集合;$Y_{jt}$ 为地区宏观经济层面的控制变量集合;$\lambda_t$ 为年份固定效应,用以控制紧随年份变化的宏观经济环境调整因素;$\lambda_i$ 为银行个体固定效应,用以控制不随时间变化且不可观测的银行固有特征;$\varepsilon_{ijt}$ 表示多维度的随机误差项。对于此模型,课题组主要关注的是核心解释变量地方政府债务($LGD$)的系数 $\beta_1$,通过判断其符号及其显著性来考察地方政府债务对银行风险承担的影响。

在样本选取方面,鉴于数据的可得性和连续性,课题组选取 2007—2018 年我国城市商业银行和农村商业银行年度数据作为研究样本。经过筛选,课题组最终确定一个来自 161 家商业银行的非平衡面板数据作为研究样本,按照 2018 年底中国银保监会的分类标准,样本包括 104 家城市商业银行和 57 家农村商业银行,共计 1 292 个银行的年度观察值。整体来看,除西藏和海南之外,其余各省、自治区和直辖市中至少有 1 家银行进入研究样本,地域分布范围较广。

在数据来源方面,银行层面数据主要来源于国泰安(CSMAR)数据库和中国研究数据服务平台(CNRDS),对于部分变量的缺失数据通过手动查阅全球银行与金融机构分析库(ORBIS Bank Focus)、各银行历年年报以及历年《中国金融年鉴》最大限度地将其补充完善。各地区宏观经济变量、通货膨胀率数据以及货币政策变量数据主要来源于 CEIC 数据库、各地区历年《统计年鉴》和中国人民银行官方网站。

在变量选取方面,关于银行风险承担水平变量的度量,课题组选取能够较为全面地反映银行综合风险承担水平的风险加权资产比率(Risk)作为衡量指标。其具体计算公式为:

风险加权资产比率＝风险加权资产/总资产

关于地方政府债务变量的度量,根据审计署统计地方政府债务口径,地方政府债务主要包括政府负有直接偿还责任的债务、政府承担担保责任的债务以及政府负有救助责任的债务。由于后两者债务并不需要地方当期直接偿还,且仅限于接受专门债务审计的地区存在,数据缺失较为严重,因此课题组参考已有文献,采用地方政府负有直接偿还责任的债务衡量地方政府债务规模。考虑到不同地区经济总量存在较大差异,直接采用地方政府债务的绝对规模进行研究所得结论可能不具普适性,因此,课题组采用地方政府债务规模与地区 GDP 的比值,即地方政府负债率

(LGD)作为地方政府债务的衡量指标。

在其他解释变量方面,为有效识别地方政府对银行风险承担的影响,避免遗漏变量偏误,有必要控制其他影响银行风险承担的因素。参考已有研究,课题组选取的控制变量包括银行个体特征层面的控制变量和地区宏观经济层面的控制变量。银行个体特征层面的控制变量有:(1)总资产收益率(ROA),采用净利润与总资产的比值表示;(2)贷款资产比率(Loan),采用银行贷款总额与总资产的比值表示;(3)银行运营效率(CIR),采用银行营业支出与营业收入之比表示,值越大说明银行运营效率越低;(4)资本充足率(CAR),采用银行资本净额与风险加权资产的比值表示;(5)收入结构(Income),采用银行净利息收入占总收入的比值衡量;(6)银行流动性比率(LR),采用现金及存放中央银行款项与总资产的比值表示;(7)银行规模(Asset),采用银行总资产的自然对数表示。地区宏观经济层面的控制变量包括:(1)宏观经济发展水平(GDPR),采用各地区名义 GDP 增长率表示;(2)通货膨胀率(CPI),采用各地居民消费价格指数衡量;(3)货币政策(MP),采用广义货币供应量(M2)增长率表示。值得一提的是,在数据匹配方面,课题组使用商业银行注册地所在省份的地方政府债务和宏观经济变量与其个体特征变量进行匹配。

从表 25 中可以发现,在样本期间,城市商业银行和农村商业银行风险承担水平的均值、最小值和最大值分别为 47.916 7%、22.947 9%和 68.196 1%,可见我国地方性商业银行的风险承担水平差异较大。地方政府负债率的均值为 22.923 4%,最小值为 4.849 9%,最大值为 94.689 3%,反映了数据本身的离散程度较大,也意味着不同地区间的政府债务规模差异明显。其余各变量的统计特征均处于合理区间,这里不再赘述。

**表 25　　各变量的描述性统计**

| 变量定义与说明 | 变量符号 | 均值 | 标准差 | 最小值 | 最大值 |
|---|---|---|---|---|---|
| 风险加权资产比率(%) | Risk | 47.916 7 | 10.023 4 | 22.947 9 | 68.196 1 |
| 地方政府负债率(%) | LGD | 22.924 3 | 11.327 | 4.849 9 | 94.689 3 |
| 总资产收益率(%) | ROA | 0.988 3 | 0.390 9 | 0.129 5 | 2.059 7 |
| 贷款总额占总资产的比率(%) | Loan | 45.695 6 | 10.610 6 | 19.075 7 | 67.203 3 |

续表

| 变量定义与说明 | 变量符号 | 均值 | 标准差 | 最小值 | 最大值 |
|---|---|---|---|---|---|
| 银行运营效率(%) | CIR | 53.820 6 | 15.807 2 | 9.303 7 | 91.393 9 |
| 资本充足率(%) | CAR | 13.608 | 2.514 4 | 8.909 | 24.8 |
| 净利息收入占总收入的比率(%) | Income | 81.077 1 | 18.784 1 | －43.068 | 114.925 5 |
| 银行流动性比率(%) | LR | 14.880 2 | 4.416 8 | 7.397 3 | 30.267 5 |
| 银行总资产的自然对数 | Asset | 25.149 | 1.1211 | 22.792 5 | 28.574 9 |
| 各地 GDP 增长率(%) | GDPR | 9.173 7 | 2.739 4 | －2.5 | 17.8 |
| 各地居民消费价格指数 | CPI | 102.424 5 | 1.487 4 | 97.65 | 108.48 |
| 广义货币供应量(M2)增长率(%) | MP | 13.460 7 | 4.619 8 | 8.1 | 28.5 |

数据来源：国泰安数据库(CSMAR)、Wind、中国研究数据服务平台(Chinese Research Data Services，CNRDS)，全球银行与金融机构分析库(ORBIS Bank Focus)、银行历年年报、《中国金融年鉴》、CEIC 数据库、《中国统计年鉴》、中国人民银行官方网站、上海财经大学高等研究院。

表 26 报告了地方政府债务对银行风险承担影响的全样本回归结果。其中，第(1)列单独考察了地方政府债务对银行风险承担的影响，以此作为比较基础，在第(2)列和第(3)列中进一步加入银行特征变量和地区宏观经济层面的控制变量。结果显示，地方政府负债率(LGD)的回归系数仍然显著为正，意味着地方政府债务规模扩张会造成银行风险承担水平增加，并且这一结论具有较好的稳健性。进一步地，课题组在考虑内生性问题以及进行一系列稳健性检验后，发现该结论依然稳健。

**表 26　　地方政府债务对银行风险承担水平影响的回归结果**

| 变量 | Risk | Risk | Risk |
|---|---|---|---|
| | (1) | (2) | (3) |
| 地方政府负债率 | 0.054 6*** (0.015 7) | 0.019 8*** (0.003 3) | 0.015 4*** (0.003 4) |
| 银行特征变量 | No | Yes | Yes |
| 地区宏观经济变量 | No | No | Yes |
| 年份效应 | 控制 | 控制 | 控制 |

续表

| 变量 | Risk | Risk | Risk |
| --- | --- | --- | --- |
| | （1） | （2） | （3） |
| 个体效应 | 控制 | 控制 | 控制 |
| 银行数量 | 161 | 161 | 161 |
| 观察值 | 1 292 | 1 292 | 1 292 |

数据来源：国泰安数据库（CSMAR）、Wind、中国研究数据服务平台（Chinese Research Data Services，CNRDS），全球银行与金融机构分析库（ORBIS Bank Focus）、银行历年年报、《中国金融年鉴》、CEIC 数据库、《中国统计年鉴》、中国人民银行官方网站、上海财经大学高等研究院。

3. 总结

课题组研究发现，地方政府债务规模扩张是造成房地产价格上升的重要因素。同时，地方政府债务规模增加也会诱使银行承担更多风险，造成银行风险承担水平增加，并且地方政府对银行的补偿干预力度和地方政府的债务期限是其中重要的影响因素。据此，课题组认为，地方政府债务与其他经济部门具有复杂的渗透关系，使得地方政府债务风险具有极强的联动性和自我强化的传染性，只有规范地方政府举债规模，并以市场化的方式剥离商业银行的政治属性以弱化地方政府对其行政干预，同时科学设计地方政府债务期限，才能从源头上引导虚高的房价回归理性，杜绝财政金融风险的发生。

长期来看，规范地方政府举债行为、防止过度举债现象造成系统性风险，不仅需要从制度上深入推进“阳光财政”改革，大力提高财政透明度，并充分发挥地方人大的监督职能，更重要的是，地方政府需要加快改革步伐，充分释放经济潜力，提高经济发展的质量，确保地方经济和财政收入增速超过债务负担的增速。对部分财力薄弱的地方政府而言，在改革中求发展已经迫在眉睫。

## （十）央行数字货币系统 DC/EP 和人民币国际化

随着中国人民银行有序地在深圳市罗湖区和苏州市进行的测试，数字人民币逐渐揭开了它神秘的面纱。自 2014 年央行成立数字货币研究团队以来，中国一直在积极地研究和搭建央行数字货币的发行与运转架构。纵观世界,中国已然成为央行数字货币领域的领头羊。

1. 央行数字货币基本介绍

要理解央行数字货币,首先需要区分几个基本概念,即“数字货币”、基于区块链技术的“加密数字货币”以及“央行数字货币”。“数字货币”是一个非常宽泛的概念。只要是以虚拟数字的形式存在,并在一定范围内行使货币的基本功能——促成交易和储值,就可以被认为是数字货币。

关于货币的本质,经济学界有观点认为,这是一种记录和总结过往交易信息的“记账本”。基于这种理解以及互联网和数字加密技术的飞速发展,分布式账本技术开始在货币设计中得到应用,而其中最广为人知的就是区块链技术。分布式账本技术可以理解为,将搭载其运行的网络内发生的交易信息,分布到不同的记账本中进行同时记账。作为分布式账本技术的一种,区块链技术将记账的去中心化推到了极致。在一个搭载区块链运行的网络中,所有用户都拥有一份个体的、完整的记账本,并在新的交易发生后进行记账。而区块链系统负责广播交易信息和解决个体账本间不一致的分歧,以确保交易信息的可靠性和个体用户账本间的一致性。在这个“共同记账本”的体系中,一位个体用户所持有的“加密数字货币”数量,就是他(她)的“账本结余”。

简而言之,极致的去中心化是(公共)区块链技术的核心特征。而互联网技术和数字加密技术的发展,让去中心化记账的运行成本变得极低。因此,区块链技术和基于它的加密数字货币,在私营部门受到广泛的关注和接受。也正因为其去中心化的特征,国家、政府等公共部门的态度大多是不予接受。但加密数字货币的飞速发展,以及如 Libra 网络的基于私有区块链技术搭建的跨国跨币种支付网络,给公共部门施加了巨大的竞争压力。因此,一个由公共部门提供并进行中心化管理的数字货币系统,即“央行数字货币”的概念,开始被各个国家所关注。

据美联储主席杰罗姆·鲍威尔(Jerome Powell)10 月 19 日在国际货币基金组织研讨会上的发言,已有 80%以上的国家央行在考虑央行数字货币。而关于如何建立一个可行的央行数字货币运行体系,诸如美国、欧盟等大经济体尚未提出任何明确的计划。10 月 9 日,国际清算银行联合美联储、欧洲中央银行、加拿大央行、日本央行等 7 个国家央行联合发布报告《央行数字货币:基本原则与核心特征》,提出未来的央行数字货币和相应的支付系统应该满足以下三条原则：(1)央行数字货币应该在一个灵活的、创新的支付系统中与现金和其他形式的货币共存；(2)新的支付系统应该支持更加广泛的政策手段和目标，并且不损害当前货币政策和财政政策的稳定性；(3)央行数字货币系统必须有助于创新、提高经济效率。

当下在央行数字货币实践方面走在最前端的是中国。中国的央行数字货币和搭载的支付系统，其官方名称是“数字货币和电子支付工具”(DC/EP)。现阶段公开的资料显示，DC/EP是一个双层化结构的数字钱包支付系统。其中，第一层机构是央行，第二层机构则是商业银行等金融机构。关于如何在双层化结构下进行数字人民币的发行和管理，以及其对应的不同经济性质，中国人民银行仍在做谨慎而又细致的研究。

中国人民银行数字货币研究所所长穆长春的公开讲话指出，数字人民币可以是人民币继纸币外的另一种存在形式，其经济本质上是法定基础货币M0。央行负责数字人民币的发行，中国公民凭有效证件即可获得数字钱包使用权，并可自由选择将数字钱包关联到任何一家授权的金融机构。诸如商业银行之类的私营部门金融机构作为第二层机构，以100%准备金从央行手中“购买”数字人民币，并发放到对应的签约客户的数字钱包中。央行与第二层机构之间属于“批发—零售”的关系。同纸币一样，数字人民币的所有权属于央行，因此货币发行、防伪和交易信息保护等责任应由央行来承担。穆长春还表示，为了最大程度地模仿纸币，数字人民币将没有利息，任何金融机构数字钱包中数字人民币的存取也不会收取费用。

但也有其他相关人士，如央行前行长周小川指出，应当最大程度利用DC/EP的双层化结构，将数字人民币的发行和管理权交予第二层机构。在这个思路下，数字人民币可以由第二层机构自主发行，前提是满足央行的相应发行和监管要求。与纸币不同，此时数字人民币的所有权将属于第二层机构而非央行本身。而对数字人民币的日常管理，如防伪、防盗、交易纠纷仲裁和信息保护等责任，也由第二层机构来承担。央行仍然要收集汇总来自第二层机构的信息，以对宏观货币发行进行把控，阻止非法资金流通。

对于以上两种观点，课题组认为，核心问题在于央行如何设立数字人民币背后的基本规则。例如,只要坚持数字人民币的发行必须以100%的央行储备作为担保,那不管是由央行直接发行,还是由第二层机构代为发行,其经济本质都将是M0。而一旦规则发生改变,数字人民币也可以成为M1、M2,甚至是其他更广义上的高流动性、类货币金融资产。在实际落地前,央行必须对每种可能性下的经济影响做出审慎分析。

而在设立适当的基本规则之后,央行应当允许和鼓励第二层机构在DC/EP的具体设计和搭建技术方面发挥主观能动性,如能够承载交易信息、保证结算速度的最优算法等。引用周小川的观点,DC/EP系统应当是动态的、竞争的,让第二层机构积极参与进来。但同时本项目组需要强调,因DC/EP在金融系统和经济运行中至关重要的地位,任何来自私营部门的设计都必须符合事先设立的规范,并在实施前经过广泛讨论。严防以技术为噱头套利和打擦边球的行为,避免结构性金融风险。

当下的测试中,数字人民币钱包的实物载体是智能手机,但有可能扩展到普通手机,甚至是非手机的电子设备上。搭载支付系统的其他终端硬件设备,如商户处的付款扫码器等,现阶段由央行委托四大国有银行免费提供。未来,此类金融基础设施建设大概率也是由几大国有银行牵头进行。通过DC/EP系统进行的小额交易是“可控匿名”的,即对除央行以外的个体和机构匿名。可见,中国央行数字货币背后的记账方式是以中国人民银行为中心的集中式记账,与去中心化的区块链技术基本无关。

2. DC/EP系统的经济影响

介绍完世界各国对央行数字货币的看法和中国的数字人民币系统DC/EP,课题组想对其可能带来的经济影响做一些大胆展望。

在本年度报告中,课题组分析的是数字人民币作为法定货币的情况下可能的经济影响,其会进一步压缩纸币在民众日常使用中的地位。现阶段,中国的去纸币化程度已经很高,以手机为载体的电子支付方式普及率更是远高于美国、欧盟等发达国家和地区,实现了“弯道超车”。调研数据显示,在中国约有80%的交易支付是以电子支付的方式完成。中国人民银行的数据显示,2019年由商业银行完成的电子支付总额高达49.27万亿元。但与现有的支付宝、微信和云闪付等私营部门搭建的支付平台不同，DC/EP 系统可以给予央行在货币政策方面更大的灵活性。举例而言，学界已有文章开始讨论在央行数字货币系统下，施加负名义利率的可能性和经济影响，因为这直接解决了当前很多经济体遇到的“流动性陷阱”问题。当一个国家的公民都拥有央行数字货币的数字钱包时，人人平均的“直升机式撒钱”也变得十分容易。当然，在引入任何新的货币政策前，都必须经过严格审慎的讨论和试验。

除了更加灵活的货币政策外，DC/EP 系统也可以使央行更加准确地把握宏观经济。因其集中式记账的特点，DC/EP 系统会收集和记录系统内发生的所有交易信息。若对交易信息加以合理分析，就可以让央行迅速准确地了解经济运行状况。当然，也由此产生了公民、国家信息安全和隐私保护等难题，这就需要 DC/EP 系统的不同层级开发者不断完善算法。

DC/EP 系统还可以帮助政府更加有效地执行财政政策，尤其是宏观层面的财政转移支付。以现阶段中国的扶贫为例，政策执行中的一个问题是扶贫款侵占，DC/EP 系统可以解决这个问题。首先，款项的发放可以由中央政府通过数字钱包直接发放给对应的群体，杜绝了“层层拔毛”的可能性；其次，由于数字人民币流通的可追溯性，扶贫款发放后的各类侵占行为也可以被监测。

扶贫中的另一个问题是如何精确划分真正的贫困群体。对此，政府可以利用大数据分析技术和个人数字钱包的交易记录进行“人物画像”，以更加准确地判断潜在受助者的收入和财产状况。总而言之，作为一个转移支付和信息收集层面的技术进步，DC/EP 系统可以让政府扶贫工作更加透明，有效且准确地帮扶真正有需要的群体。关于数字货币支付系统助力扶贫的证据，可以参考一些加密数字货币在非洲地区慈善公益项目中发挥的作用。

除去转移支付扶贫外，DC/EP 系统的普及也有利于贫困人口自主脱贫。数据显示，2018 年全国使用电子支付成年人比例为 82.39％，而农村地区为 72.15％。可见，在中国仍然存在部分群体，以低收入者居多，没有或无法接触以利润最大化为目标的私营部门设立的电子支付系统。因此，他们无法借助现有的电子支付系统进行便捷的实体经济生产交易，这在很大程度上制约了他们收入的增长。而这部分被当前金融系统所忽略的群体,在未来可以通过以普惠为目标设立的 DC/EP 系统参与进来,享受电子支付带来的福利。此外,有学术研究显示,近年来各个国家内部发生的财富差距扩大化问题,与金融市场和资产市场的分割性有很大关联。数据显示,2018 年,全国平均有 47.81%的成年人购买过投资理财产品,而农村地区这一比例仅为 36.11%。所以,无论是通过央行数字货币系统在实体经济中更加便捷地从事生产交易活动,还是通过其享受成本更加低廉的金融服务,都将有利于贫困人口自主脱贫。这与世界银行一直倡导的“普惠金融”思想一致。

一个建设完善的央行数字货币系统可能带来的正面经济影响远不止课题组提出的这些。但不可否认,DC/EP 系统也会给当前经济内,尤其是金融系统内的一些机构带来巨大挑战。例如,一个普遍的观点是央行数字货币系统普及后,商业银行以传统存贷款业务创造货币的能力将被削弱。而商业银行等金融机构也可能迎来新的业务,如数字人民币钱包的日常运营管理,甚至是数字人民币的发行等。当然,要确定第二层机构能够扮演的具体职能,还需等中国人民银行对数字人民币的基本经济性质下定论。

3. 数字货币时代的人民币国际化

作为本年度报告中数字货币板块的最后一项,课题组将探讨 DC/EP 系统是否有助于人民币的国际化。首先简要介绍人民币国际化的定义和现状。人民币国际化包括以下三个基本方面:第一,人民币在境外享有一定的流通度,国际贸易中以人民币结算的交易要达到一定的比重;第二,以人民币计价的金融产品成为国际各主要金融机构包括中央银行的投资工具,以人民币计价的金融市场规模不断扩大;第三,世界多数国家接受人民币作为本国的储备货币。

新冠疫情期间,由于中国防疫控制得当,经济复苏相较于其他主要经济体明显偏好。中国人民银行对经济内流动性的把握稳健,人民币币值在较长时间内都处于高位,这些因素有利于人民币的国际化。但需要警醒的是,良好的实体经济和稳健的货币政策只是人民币国际化的必要条件,而远非充分条件。国际货币基金组织数据显示,2020 年第二季度人民币在全球外汇储备中的占比为 2.05%,而美元为 61.25%,欧元为 20.27%,日元为 5.75%。可见,美元仍是当下全球货币储备体系中的核心货币。当前跨国、跨币种支付转账银行网络的核心，环球同业银行金融电讯协会，也是由美国主导。中国试图在以纸币、央行票据为载体，以国际清算银行、环球同业银行金融电讯协会为主导的跨国支付体系中挑战美元的主导地位，难度极大且成效不高。人民币的国际化是一项长久任务，需要不断抓住涌现的契机。

课题组认为，央行数字货币支付系统的开发正是一个良好契机。现有观点普遍认为，数字形式是货币未来的发展方向。而以分布式账本系统为基础搭建的货币系统，能够极大地提高跨国支付转账的速度，同时降低成本。相较于纸张人民币，数字人民币具备的核心优点可以概括为，其在行使货币的两大基本职责，即流通和储值时具备安全性、便捷性等优势。这些优势若善加利用和推广，可以让其他国家更愿意接受数字形态的人民币作为储备货币。但其劣势也十分明显，即现有 DC/EP 系统的设计使得数字人民币的使用在中国人民银行面前不具备匿名性。这是数字人民币国际化过程中必须解决的一个重要问题。

有业内人士提出，未来央行数字货币需要与私营部门发行的加密数字货币竞争作为储备货币的地位。关于这一点课题组认为，央行因其行动目标，不可能在央行数字货币的设计上做出极致去中心化，但仍然可以利用分布式账本技术。而且央行数字货币具备国家信用担保、币值相对稳定等优点，使其更适合成为储备货币。

当下，可能阻碍数字人民币国际化的最大问题，是交易信息安全和隐私保护。DC/EP 系统内的交易信息是“可控匿名”的，即对除中国人民银行以外的其他参与者匿名。在这种集中式记账模式下，中国人民银行将获得巨大的信息优势。这种信息优势，当数字人民币仅在中国内部流通使用时，不会产生问题，还可以帮助央行更好地了解和治理中国经济；但如果在境外使用数字人民币的交易，都需要通过 DC/EP 系统或某些与 DC/EP 系统有信息交互的支付系统完成，那么交易信息就可能被中国人民银行获取。这必然引发其他国家对信息安全和隐私保护的担忧，进而阻碍甚至完全阻止数字人民币的国际化。课题组认为，对此唯有通过跨国协商合作，并在对外推广数字人民币时，适当改变其“可控匿名”的性质。归根究底，这是一个不同主权国家之间的信任问题，而非简单的经济问题。

现阶段中国在与其他国家的央行数字货币合作开发方面有明显不足，这种初期的合作缺失，很可能成为未来阻碍数字人民币国际化的一个隐患。课题组认为，如果中国人民银行确有借助 DC/EP 系统推进人民币国际化的长期目标，那更多、更深入的国际合作就刻不容缓。国际扶贫、慈善项目是一个很好的切入点，DC/EP 系统的对外推广，可以从世界上的一些欠发达国家地区开始。一方面，中国可以通过慈善活动，如捐赠数字人民币、帮助搭建用数字人民币购买中国商品的平台等，潜移默化地把 DC/EP 系统推广出去；另一方面，贫困国家地区对公民信息安全和隐私保护方面的问题没有那么重视，推广阻力相对较小。

而在与发达经济体合作，搭建符合各地区监管要求的跨国支付系统方面，Libra 网络可以提供经验。Libra 将于 2021 年 1 月正式落地。对比其白皮书 1.0 和 2.0 版本，可以发现几个根本变化：第一，Libra 放弃了从许可证式网络向非许可证式网络转变的长期目标，因此它将以私有区块链的形式搭建。做出这一变化的根本原因，是国家公共部门和去中心化的公有区块链之间不可调和的目标矛盾。因此，这可以看作 Libra 网络对公共部门的妥协。第二，Libra 网络的用户从公共区块链下的匿名变成私有区块链下账户制的非匿名。这个变化与第一点是伴生的，其带给用户的好处是，受信任的成员在支付代币时可以不受账户余额的限制。第三，增加了锚定如美元、欧元、英镑等“稳定币”的承诺。这一变化提高了 Libra 网络代币的币值稳定性，但与特定法定货币锚定的运营模式也使其必须承担汇率波动带来的风险。

基于其白皮书 2.0 版本的内容，课题组认为，Libra 现阶段的开发着重于可交易性和跨国流通性，而代币储值性则由锚定的“稳定币”来保证。从对稳定币币种的选择不难看出，这既是为了借力已有法定货币的储值性，也是为了满足其计划合作的经济体的利益要求。Libra 币锚定稳定币的经济基础是其多货币资产储备。但值得注意的是，Libra 网络本身并不提供代币和法定货币之间的兑换服务，也承诺不会记录兑换信息。任何此类交易都将由第三方金融服务提供商来执行，个人和企业必须通过第三方金融服务提供商将收到的 Libra 网络代币兑换为当地的法定货币。Libra 正是通过这种方式，暂时绕过了国家经济体内部的交易信息安全的问题。

从功能上看，Libra 网络替代了当下环球同业银行金融电讯协会里“中转行”的作用。其网络的交易识别机制能够加快结算速度、降低记账成本，但无法直接消除付款行和收款行收取的手续费。在运营初期，Libra 很可能会通过补贴的方式使加盟的第三方金融服务提供商不收取兑换费用，造成跨国、跨币种汇款无费用的表象。等到用户数量足够大之后，再考虑如何通过支付网络盈利的问题，这在当下是非常常见的商业启动模式。由于 Libra 网络是由美国主导搭建的跨国支付系统，从对稳定币和储备资产币种的占比选择上不难看出，其依然是在巩固美元作为国际货币的主导地位。未来 Libra 网络必然是 DC/EP 系统在跨境支付领域里的直接竞争对手，我们既应向其学习经验，也必须保持自身与其独立竞争的能力。

## 三、中国宏观经济下一步发展面临的外部主要不确定性

### (一)国外疫情蔓延仍将是拖累 2021 年出口增长的一个重要因素

2020 年新冠疫情的全球持续蔓延导致贸易和全球产业链萎缩。外贸企业的全球化生产和运输均受到持续性的负向影响。同时，疫情重挫了发达经济体的消费信心，并引发生产活动急剧收缩，对外贸易面临着来自生产和需求的双重负向冲击。此外，在疫情全球蔓延的背景下，全球化生产变得异常困难，各国将更加注重产业链和供应链的安全性和完整性，客观上进一步导致了全球产业链的萎缩和贸易保护主义的趋势性强化，跨国企业和各国外贸企业可能重新调整其供应链。在此基础上，中国还面临着部分企业撤出、FDI 下降和外贸需求进一步下降的风险。根据 HS6 位编码层面的产品出口数据以及世界卫生组织对各国疫情的统计数据，2020 年 1—5 月份，中国对各主要贸易伙伴的出口增速与该贸易伙伴的疫情风险之间呈现显著的负相关性(见图 115)，显示了疫情对出口增速的拖累作用。在控制关税(出口目的地对中国产品的进口关税，HS6 位编码层面)、国外生产(各国工业生产指数)、汇率(月平均汇率)、时间固定效应、国家×产品固定效应的情况下，课题组利用 2019 年 1 月份至 2020 年 5 月份中国产品层面的出口数据，对

国外疫情风险[1]对中国出口的影响进行了估算。考虑到防疫产品出口增速急剧扩张的影响，课题组剔除了关于防疫产品的样本。结果表明，国外疫情风险会导致出口价格上涨和出口数量下降。出口价格的上涨主要源于贸易成本的上涨，出口数量的下降主要源于国外生产和消费需求的收缩。

表 27　国外疫情风险对中国出口价值和出口价格的影响

| | (1)<br>出口价值(对数值) | (2)<br>出口价格(对数值) |
|---|---|---|
| 疫情风险×疫情 dummy | −0.088*** | 0.015*** |
| | (0.009) | (0.005) |
| 关税 | 0.022*** | −0.001 |
| | (0.002) | (0.001) |
| 工业生产情况 | 0.006*** | 0.001*** |
| | (0.000) | (0.000) |
| 汇率 | −0.001*** | 0.000*** |
| | (0.000) | (0.000) |
| 时间固定效应 | Yes | Yes |
| 国家×产品固定效应 | Yes | Yes |
| 观测值 | 1 267 934 | 1 267 934 |

注：括号内显示 $t$ 统计量的值；*、** 和 *** 分别表示在 10%、5%和 1%的水平下显著；标准差聚类在产品层面。

数据来源：产品层面的出口额和出口价格数据均来自海关产品数据库；疫情风险是一个二值变量，即当某一国家的疫情风险高于所有国家疫情风险的中值时，取 1，否则取 0。某一国家的疫情风险由该国累计确诊人数除以该国总人口表示，累计确诊人数来自世界卫生组织统计数据，各国人口数据来自 World Development Indicators 数据库；疫情 dummy 是一个时间虚拟变量，2020 年 3 月及以后的月份取值为 1，否则为 0；关税是各伙伴国对中国出口产品(HS6 位编码层面)设置的进口关税，数据来自世界贸易组织发布的最惠国税率数据；工业生产情况用各个国家的工业生产指数来表示，其中，OECD 国家的工业生产指数来自 OECD 统计数据，其他国家的工业生产指数来自 Wind 数据库；汇率是中国与贸易伙伴国货币间的月平均汇率，数据来自英属哥伦比亚大学索德商学院(Sauder School of Business at the University of British Columbia，http://fx.sauder.ubc.ca)。

防疫物资出口有利于缓解国外疫情对总出口的拖累，但其拉动作用在逐渐衰减。根据海关总署 2020 年第 53 号公告，课题组把所有出口产品分为防疫物资和非防疫物资，并计算出其在 2020 年 2—10 月份的出口

① 各国累计确诊人数。

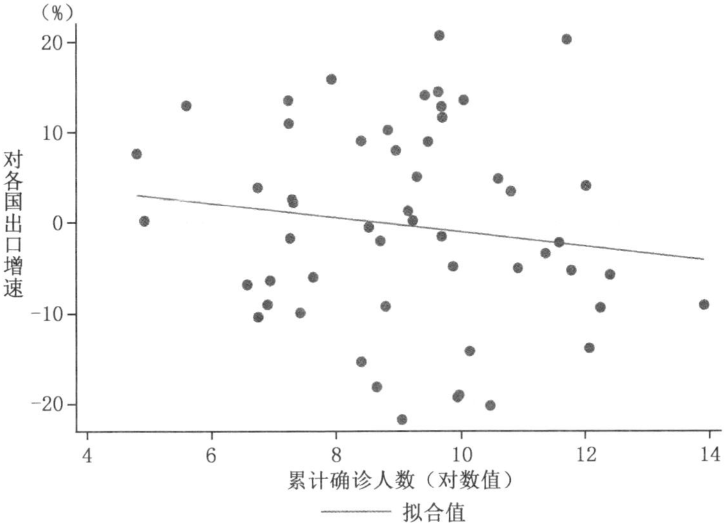


数据来源:上海财经大学高等研究院、海关产品数据库、世界卫生组织统计数据。

**图 115　出口增速和出口目的地的疫情风险之间的相关性**

增速。2020 年 1—10 月份累计,防疫物资累计出口增速高达 272.8%,远远高于其他产品的出口增速,大幅度拉动总出口的增长。图 116 显示,剔除防疫物资后,中国各月的出口增速均有所下降。其中,防疫物资对出口增速的拉动在 4—8 月份比较显著,平均拉动出口增长 5.6 个百分点。但 9 月份以来,随着国外防疫物资生产能力的建立与恢复,中国防疫物资出口速度有所回落,对出口增速的拉动作用也在减少。因此,防疫物资出口对总出口的拉动作用在减弱。预计 2021 年,随着各国疫情防控常态化以及防疫物资生产能力的提升,防疫物资对中国出口的拉动作用将进一步下降。

替代弹性越大的商品,其出口恢复速度越快。在全球疫情持续蔓延的情况下,虽然整体出口面临下滑态势,但仍有除防疫产品以外的其他产品呈现出较高的增速。主要原因在于:在全球疫情蔓延导致贸易品供给不足的情况下,中国较好的疫情防控使得中国出口产能迅速恢复,并在全球供应紧张的情况下,替代了来自其他国家的同类产品,这种替代效应对弹性较大的产品作用更大。根据 Broda 等(2008)提出的估计进口替代弹性的方法,课题组计算了 HS6 位编码的产品的进口替代弹性,并基于该

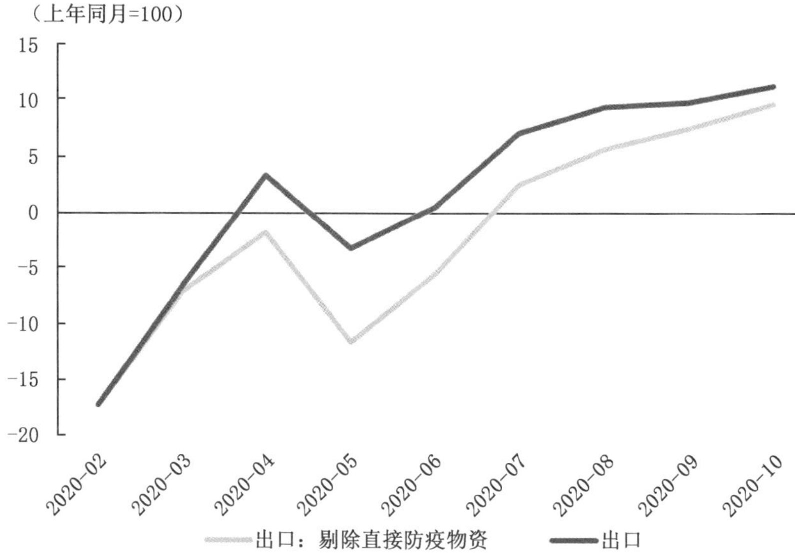


数据来源:海关总署。

**图 116　2020 年剔除防疫物资出口增速和总出口增速**

弹性数据,分析了在全球疫情持续的背景下,弹性对于稳定中国出口的作用。表 28 显示,出口商品的弹性越大,疫情后其在高风险国家的出口价格和出口额就越高,反映了在疫情持续的情况下,出口商品的弹性越大,其将抢占更大的市场份额,有效拉动了整体出口的恢复。

**表 28　国外疫情风险对出口的影响:基于产品弹性的异质性分析**

| | (1)出口额(对数值) | (2)出口价格(对数值) | (3)出口额(对数值) | (4)出口价格(对数值) |
|---|---|---|---|---|
| 弹性×各国疫情风险×疫情时间虚拟变量 | 0.000 1<br>(0.000) | 0.000 3***<br>(0.000) | 0.000 1<br>(0.000) | 0.000 7***<br>(0.000) |
| 各国疫情风险×疫情时间虚拟变量 | −0.091***<br>(0.013) | 0.002<br>(0.006) | −0.075***<br>(0.015) | −0.011<br>(0.007) |
| 弹性×各国疫情风险 | | | 0.000<br>(0.000) | −0.001***<br>(0.000) |
| 弹性×疫情时间虚拟变量 | 0.000<br>(0.000) | 0.000<br>(0.000) | −0.000<br>(0.000) | −0.000***<br>(0.000) |
| 占贸易伙伴的市场份额 | | | 12.281***<br>(0.201) | 0.037<br>(0.070) |
| 全球价值链地位指数(贸易伙伴) | | | −0.089***<br>(0.024) | 0.001<br>(0.011) |

续表

| | (1)出口额(对数值) | (2)出口价格(对数值) | (3)出口额(对数值) | (4)出口价格(对数值) |
|---|---|---|---|---|
| 全球价值链参与度(贸易伙伴) | | | 0.007<br>(0.001) | 0.003***<br>(0.001) |
| 基本控制变量 | Yes | Yes | Yes | Yes |
| 时间固定效应 | Yes | Yes | Yes | Yes |
| 国家固定效应 | No | No | Yes | Yes |
| 产品固定效应 | No | No | Yes | Yes |
| 国家×产品固定效应 | Yes | Yes | No | No |
| 观测值 | 1 148 989 | 1 148 989 | 970 151 | 970 151 |

注：括号内显示 $t$ 统计量的值；*、** 和 *** 分别表示在 10%、5%和 1%的水平下显著；标准差聚类在产品层面。

数据来源：产品层面的出口额和出口价格数据均来自海关产品数据库；弹性是美国各个产品（HS6 位编码层面）的进口替代弹性，采用 Broda et al.（2008）提出的估计方法进行计算，数据来自 Comtrade 数据库；疫情风险和疫情 dummy 与表 27 一致；全球价值链地位指数和参与度指数由课题组根据 Koopman et al.（2010）的计算方法，利用 TiVA 数据库中的贸易增加值数据自己计算得到，这两个指标均为国家—行业层面；占贸易伙伴的市场份额为中国向伙伴国家出口产品的价值除以中国出口该产品的总价值（国家—产品层面），使用 2017—2019 年中国海关数据进行计算；基本控制变量包括关税、工业生产情况和汇率，与表 27 一致。

### （二）疫情下全球政经格局更趋复杂，主要国家和地区增长预期分化明显

2020 年第四季度，新型冠状肺炎肆虐的烈度和广度在短暂地被压制后，很快于北半球入冬后再度增强。2020 年全年，国际社会和医疗机构持续投入巨大的人力物力，介绍防疫经验，支援抗疫物资，遏制病毒传播。然而从全球主要经济体生产活动的恢复情况来看，新冠疫情仍旧造成了超出预想的严重影响。截至 12 月中旬，全球新冠肺炎累计确诊病例数逼近 7 500 万。根据约翰斯·霍普金斯大学的统计数据，确诊人数最多的美国、印度、巴西、俄罗斯和法国累计上报约 3 900 万例病患，其中仅美国上报病例数就已超过 1 690 万。按照目前各个国家和地区应对迫在眉睫的第二波疫情的物资储备与组织能力判断，实现有序防疫、提振全球经济

依然任重而道远。以采取“非禁足、非封闭”防疫策略的瑞典为例,新冠病例增速已经造成类似英国“群体免疫”方针下的医疗资源不足;而未能坚持执行严格防疫策略的伊比利亚和亚平宁经济体,也面临着医护人员短缺和财政支持难以为继的双重困境。

与新冠肺炎确诊病例激增形成鲜明对照的是,2020 年第三季度各国失业率的有序下降,以及整体经济的初步好转。根据 HIS Markit 采购经理人指数速报数据,美国 PMI 延续了始于 10 月份的强烈反弹趋势,于 11 月份攀升至 56.7,并且预计将在 12 月份创下年内新高。澳大利亚、德国和日本的 PMI 也逐步回升,但德国第四季度表现略逊于第三季度,而日本指数依旧位于 50 分界线下方。与此相对,法国的 PMI 自 8 月份后出现首次上升,甚至不及因脱欧步调迟滞而表现不佳的英国。在经济活动步调差异渐趋明显的基础上,各地区政府针对当前全球化背景下刺激生产和恢复贸易的规划也提出不同的方案与诉求:赢得总统选举的拜登及其团队传达出改善收入结构和限制互联网金融寡头的意愿,与欧盟委员会拆分大型跨国新媒体企业的提案不谋而合;大洋彼岸,RCEP 的尘埃落定和 CPTPP 的“增员”谈判也显示出中国在推动区域经济协作中的关键地位。总体上,全球化的格局或将在 2021 年呈现新动向。

国际货币基金组织在 10 月份更新的全球经济增长预测中,提出 2020 年全球经济增速为－4.4%,比 6 月份的预测值上调 0.8 个百分点;2021 年的增速预测值为 5.2%,相较 6 月份的预测值下调 0.2 个百分点。发达经济体整体增速为－5.8%。其中,美国 2020 年全年增速预测值为－4.3%,欧元区为－8.3%,日本为－5.3%,加拿大为－7.1%。新兴市场和发展中经济体预测增速为－3.3%。其中,我国为唯一有望实现正增长的国家,全年增速为 1.9%;东盟五国增速为－3.4%,印度为－10.3%,俄罗斯为－4.1%,拉丁美洲为－8.1%,中东和中亚为－4.1%,撒哈拉以南非洲为 -3.0%。

新冠疫苗的研发和接种对于修复经济秩序、重建市场信心具有重大意义,而疫苗分配与运输环节的效率将左右 2020 年第四季度至 2021 年上半年全球经济走势。课题组认为,在我国之外的部分经济体孤立主义盛行、对抗思维加剧的前提下,各类新冠疫苗的产能和有效性能否跨过市场壁垒、满足市场需求,依旧存在不确定性。假如疫苗覆盖率低于预设水平，而防疫措施又不能被严格执行，那么2021年全世界生产状况的好转将慢于预期。

1. 美国加快抗疫复工步伐，跨年经济形势仍不明朗

2020年第三季度，经过季节调整的美国GDP实际同比增速校正值为－2.9％，与2019年同期增速相比下降5个百分点。美联储第三季度给出的全年GDP预测增速中位值为－2.4％，与第二季度的全年预测值相比上调了1.3个百分点；OECD对美国2020年GDP的预测为下降3.7个百分点；国际货币基金组织对美国全年经济实际增长水平的预测值为－4.3％，与6月份的预测值相比上调了3.7个百分点。

劳动力市场的表现仍未回到疫情爆发前的水平。财长姆努钦在12月1日称，美国就业市场在新冠疫情期间损失了2 200万个岗位，目前已经恢复了1 210万个。财政部还将通过CARES法案补充条款，对家庭和企业提供后续支持。美国劳工部的数据显示，9—11月份，非农部门平均每周工作时长始终维持在34.8个小时；制造业劳动时长由10月份的40.5个小时缩减至11月份的40.3个小时。工资方面，非农部门平均时薪由10月份的29.49美元上涨至29.58美元，环比增加0.1％，而11月份时薪同比增加4.4％，与10月份同比增速相同，高于市场预期水平约0.1个百分点。失业率方面，第三、第四季度财政支持发挥了重要作用，美国失业率数字由4月份的14.7％逐步回落至10月份的6.9％，并在11月份降至疫情期间最低的6.7％左右。然而，与前7个月平均每月降低1％失业率的速度相比，11月份就业状况改善的步伐显著放缓，说明常态防疫和复工复产的双重目标或已达到均衡点，前期财政补贴的效力开始消退。

消费者价格水平数据显示，2020年11月份总指数同比上涨1.2％，与10月份指数持平，低于2019年同月水平0.9个百分点。其中，食品价格同比上涨3.7％，为8月份以来连续第三个月下降。与失业率的下降对应，4月份起家庭储蓄率也持续从33.7％下降至10月份的13.6％，略高于疫情刚刚扩散时的12.9％。零售数据方面，9—11月份同比增速分别为6.1％、5.5％和4.1％，均高于上年同期增速。密歇根大学公布的10—12月份消费者信心指数分别为81.8、76.9和81.4，总体高于第二季度水平，但明显低于2019年同期水准。这也从侧面说明，一旦市场上的

就业机会不能有效扩增,已经采取保守消费策略的家庭部门收支平衡将有较大可能恶化;在疫苗供应不足时,大规模复工还会引起新冠病毒的新一轮扩散。

美国受到疫情影响已达三个季度,初期财政效力的提振效果目前已经不再具有足够余力将社会生产引导到疫情前的增长路径上。虽然IMF和美联储对美国国民生产恢复的评估较第三季度初更为乐观,但是从家庭部门收支情况和就业恢复情况判断,2021年社会秩序的恢复仍然会成为美国政府面临的艰巨挑战。新上任的总统拜登及其团队除了要遏制新冠疫情外,还要努力弥合特朗普在任期间社会各界意见冲突所引发的割裂。

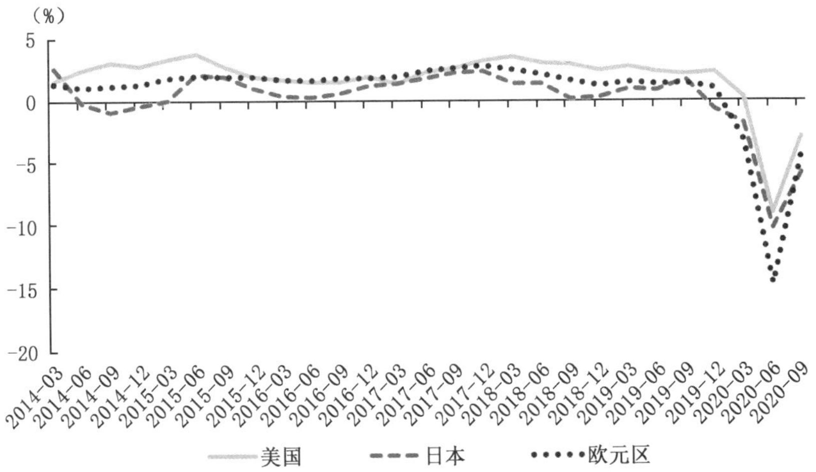


数据来源:CEIC。

**图117　美国、日本和欧元区的GDP同比增速**

2. 欧元区疫苗研发进度滞后,经济复苏一再受阻

欧洲各国从第二季度起逐渐摸索出了行之有效的科学抗疫方案。不过由于在疫情扩散初期的响应和对策并没有完全落实世界卫生组织的建议,又因欧元区内部的人员流动客观需要极大地提高了就地隔离和居家隔离措施的实现门槛,在当前错过应对流行病黄金期的情况下,欧洲生产恢复的计划可能会经受更严峻的第二波疫情考验,难以达成预定目标。

另一方面，在 2021 年的经济增速预测中，疫苗也是国际组织和各国智库分析复工复产状况的重要影响因素。同辉瑞制药一致选取 m—RNA 技术路线的法国巴斯德研究所在疫苗研制后期也出现了效果不理想的问题。欧盟委员会虽然表达了希望以国际合作方式推进研发及商讨产品分配方案的意愿，但欧元区内部同时存在限制甚至制裁美国跨境互联网寡头公司的呼声。除此之外，欧盟与英国的脱欧谈判仍然处于胶着状态，也因为受此牵制而无法像美国那样全力回应境内各经济体之间由权益不平等引发的多维诉求。

截至 2020 年 12 月，欧元区 19 国第三季度总和 GDP 同比增速经调整后为－4.3%；IMF 的全年预测值为－8.3%，与 6 月份的预测值相比上调了 1.9 个百分点。物价方面，欧元区调和 CPI 自 8 月起的同比增速均小于 0，至 11 月份为止各月数据依次为－0.2%、－0.3%、－0.3%和－0.3%；货币方面，欧洲中央银行的基准利率依然位于 0 水平。从上述数据可以判断，欧元区整体经济形势不容乐观，已经初步过渡至课题组在中期报告中提出的通货紧缩阶段。另外，欧元区商业信心指数有所回升，从 4 月份的年内最低点－2.38 逐月上探至 11 月份的－0.63；消费信心指数则始终维持在较低水平。

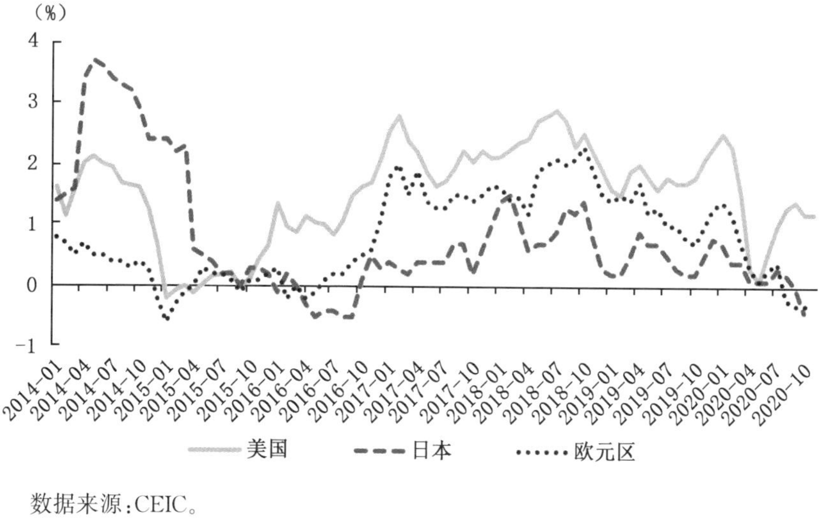


数据来源：CEIC。

**图 118　美国、日本和欧元区的 CPI 同比增速**

西欧和北欧发达经济体中，德国、法国和英国第三季度产出同比实际增速分别为－4％、－3.9％和－9.6％；德国和法国的产出状况有所好转，但英国在欧洲大陆实行较为严格的隔离措施期间，没能调整抗疫策略，以至于浪费了协同防疫的机会，因而导致生产恢复的步调与欧元区第一梯队的经济体存在明显差异。然而，英国在脱欧背景下的经济和防疫举措也令自身部分摆脱了欧元区一体化的通缩风险，将CPI指标维持在了正增长区间。丹麦、挪威和瑞典第三季度GDP同比增速分别为－4％、－0.2％和－2.5％，受疫情影响，总体上小于西欧三国。物价方面，丹麦CPI增速从7月份起一直位于0.5％附近；挪威物价增速从5月份起一直高于1％，直至11月份下降至0.7％；瑞典的CPI增速是从8月份开始的，由0.8％逐渐下行至0.2％。然而，瑞典官方在12月份承认，过于宽松的防疫措施导致新冠肺炎感染者人数出现了远高于邻国的增长幅度，所以将推行更严格的限制令。另外，瑞典是上述三个经济体中人均保有病床数最低的，这也衬托出了防疫思路转换背后的紧迫局势。

南欧国家中，新冠疫情初期受影响最大的意大利和西班牙状况有所缓和，但并未呈现根本性好转。意大利GDP同比增速由第二季度的－18％回升至第三季度的－5％，而西班牙的相应数据为第二季度－21.5％，第三季度－8.7％。与北欧三国不同的是，意大利和西班牙的失业率仍然处于较高水平：前者的整体失业率在第三季度后大体维持在9.7％～9.9％区间，而后者的失业率则由年初的14％左右反弹至9月份的16％以上。因为意大利和西班牙的CPI增速维持了一个季度以上的同比负增长，所以综合来看，两国可能会进入长期衰退且经济恢复要慢于其他欧元区国家。

以奥地利、匈牙利和波兰为代表的中东欧国家受新冠疫情的影响小于西欧国家，恢复也相对较快。生产方面，奥地利第三季度的GDP同比实际增速为－4％，比第二季度提高10.1个百分点；匈牙利增速为－4.6％，比第二季度提高9个百分点；波兰的GDP同比增速为－1.5％，比第二季度提高6.9个百分点。失业率方面，奥地利9—11月份数据分别为8.4％、8.7％和9.5％；匈牙利和波兰的失业率均在下降或维持稳定，11月份数据分别为4.3％和6.1％。进入第四季度以来，三国的CPI同比增速有所下降，但仍然高于1％，11月份统计数据分别为1.3％、2.7％和3％。

在当前新冠疫情可能卷土重来的情形下，英国与欧盟签订贸易协议的前景晦暗不明。协议无法成功签订，意味着英国与欧盟国家的经贸活动要重新回到 WTO 框架进行。对双方而言，世界金融中心之一的地位保证了英国脱欧后能继续享有在吸收资金方面的灵活中介地位，而欧盟协调成员国利益的能力还要面临抗疫复苏两大近期目标的挑战。英国本身在欧盟之外也面临重新进行贸易谈判进展不顺的状况：日本在英国有意加入的《全面与进步跨太平洋伙伴关系协定》(CPTPP)议程中强势施加压力，意欲在限定时间内一锤定音，这势必影响英国能够从中参与分配的利益。

3. 亚太地区面临贸易协定带来的外部局势不确定性

2020 年第三季度，日本和韩国民众对于疫病防控都曾掉以轻心，并且导致新冠肺炎确诊人数出现小规模、短时间反弹。从第四季度开始，随着气温下降，两国每日新增确诊病例数量相对于第二季度都有所提高。12 月份起，与欧美国家病例数总体下降的趋势相反，日韩两国的新冠肺炎确诊人数反而显著上升：日本在 12 月中旬日增病例达到 3 000 人，而韩国的相应数字也突破了 1 000 例。

由东盟十国发起的区域全面经济伙伴关系(RCEP)的“10＋3”贸易协定签署意向于 6 月初确定，并于 11 月份正式落地。该协定对于加强亚太区域贸易互惠、促进疫情下各经济体稳定发展具有重要意义。除此之外，日本还领衔参与了 CPTPP 协定谈判，而中国也表达了加入的意向。然而，RCEP 和 CPTPP 的(意向)参加国中，部分经济体之间的立场随近年来国际关系的变化产生了不同程度的冲突，这势必要考验主要参与国的协调能力：RCEP 协定缺少了原定成员国印度，而 CPTPP 协定中英国加入与否也需要通过继续谈判来确定。

总体上，日本和韩国的新冠疫情仍然在控制之中。一方面，日本第二季度与第三季度的 GDP 同比增速分别为－10.2％和－5.8％，降幅收窄；韩国相应的数据为－2.7％和－1.1％，有望成为继中国后少数恢复产出正增长的经济体。另一方面，从 CPI 数据着眼可以发现，日本和韩国的物价均已出现至少连续两个月的环比下降；再考虑到两国失业率在第四季度的小幅上扬，课题组认为，2021 年日本和韩国能够取得开门红，关键在于 2020 年末的疫情防控。

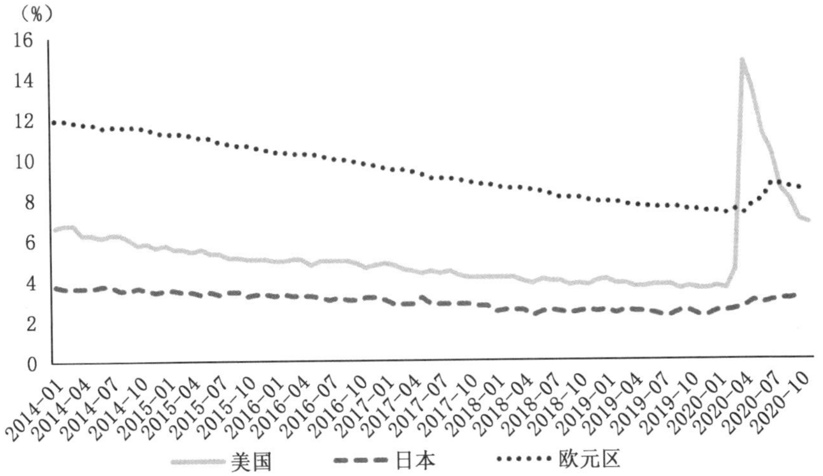


数据来源:CEIC。

**图 119　美国、日本和欧元区的失业率**

东盟国家中,越南 2020 年第三季度 GDP 同比增速由第二季度的 0.4%反弹到第三季度的 2.6%,物价增速则由 7 月份的 3.4%一路下行至 11 月份的 1.5%。为应对增长压力,越南央行已经在 9 月份下调基准利率 0.5 个百分点;从此后制造业 PMI 回升又于 11 月份降至 49.9 来看,这项政策的效果大体局限于短期。泰国 2020 年第二、第三季度 GDP 同比实际增速分别为－12.1%和－6.4%,经济状况同样有所好转。虽然泰国的失业率处于较低水平,但截至 11 月份物价已经连续四个月同比下降。另外,泰国基准利率已经长期位于 0.5%,货币政策的空间受到较大限制。菲律宾、印度尼西亚和马来西亚的情况与越南和泰国相似:菲律宾的 GDP 同比增速由第二季度的－16.9%上升至第三季度的－11.5%,是三国中表现最差的;印度尼西亚的产出萎缩幅度最小,第三季度同比降幅收窄到－3.5%,同时也是唯一一个维持物价正增长的经济体;马来西亚在 2020 年下半年的物价增速始终小于 0,但通过出口贸易实现了 GDP 环比增速由第二季度的－16.5%到第三季度 18.2%的反弹。

尽管 2020 年上半年的全球经济萎缩沉重打压了东南亚国家的出口贸易规模,但 RCEP 协议的最终签订为亚太区域的经济整合与市场分享提供了崭新的广阔空间。对各国而言,我国的产业链与配套基础设施将有助于本区产业聚合，并提高生产效率，降低综合生产和配送成本。对我国来说，通过区域协作和“产能外包”，同样有助于调整产业结构，深耕重点领域，奠定 RCEP 双赢格局。

4. 拉美、非洲及其他新兴市场国家新冠疫情封闭式蔓延

金砖国家中，俄罗斯 GDP 的同比增速在 2020 年第三季度为 −3.4%，并未扭转颓势，但第三季度环比增速大于 0。10 月份俄罗斯失业率为 6.3%，基本稳定。货币政策方面，俄罗斯央行于 7 月份将基准利率进一步下调 25 个基点至 4.25%。另外，在经济不景气的同时，俄罗斯的物价水平仍在上升，同比增速从 7 月份的 3.4%逐步提高到 11 月份的 4.4%；整体经济显露出轻微的滞涨倾向。南非的 GDP 环比增速继第二季度出现 51.7%的陡降后，又在第三季度出现高达 66.1%的飙升，而第三季度的同比增速为 6%。与其他经济体不同的是，南非的失业率依然高达 30.8%，预计这将严重拖累经济复苏。

巴西、阿根廷和秘鲁的新冠确诊病例已经居于全球前列。巴西第三季度的 GDP 环比增速为 7.7%，而以同比增速度量的国内生产总值依然萎缩 3.9 个百分点，且失业率也再创新高，达到 14.6%。阿根廷第三季度的 GDP 环比增速为 12.8%，但从同比数据来看，第三季度相比上年的生产总值减少了 10.2%，并且物价虽然有所下降，但同比增速依然高达 35.8%，经济修复的前景尚难以判断。秘鲁的经济状况介于巴西和阿根廷之间：其第三季度 GDP 同比增速为 −9.4%，相比第二季度提高约 20 个百分点。虽然国内失业率高于 15%，情况严峻，但与其他拉丁美洲经济体不同的是，秘鲁的商业信心指数呈现递进式的回升势头，10 月份数值已经提高至 50 分界线以上。

# 第二章　基准条件下 2021 年中国主要经济指标增速预测

课题组基于 IAR-CMM 季度模型对中国经济增长率和其他关键经济指标进行了预测，表 29 报告了 2020 年与 2021 年各关键经济指标的实际增长情况和预测结果。

**表 29　　上海财经大学高等研究院对中国各主要经济指标增速的预测[①]**　　单位：%

| 指标＼时间 | 2020 | | | | | 2021 | | | | |
|---|---|---|---|---|---|---|---|---|---|---|
| | Q1 | Q2 | Q3 | Q4 | 全年 | Q1 | Q2 | Q3 | Q4 | 全年 |
| GDP | −6.8 | 3.2 | 4.9 | 5.7 | 2.1 | 17.0 | 6.7 | 6.1 | 5.8 | 8.4 |
| 投资 | −16.1 | −3.1 | 0.8 | 2.6 | 2.6 | 18.8 | 7.3 | 5.7 | 5.7 | 5.7 |
| 消费 | −11.9 | −3.9 | 0.9 | 4.7 | −2.2 | 23.2 | 10.9 | 6.4 | 5.4 | 10.8 |
| 出口 | −13.3 | 0.1 | 8.9 | 15.6 | 3.6 | 11.3 | 7.0 | 1.2 | 1.0 | 4.4 |
| 进口 | −2.9 | −9.7 | 3.2 | 4.1 | −1.1 | 11.0 | 14.2 | 5.8 | 3.7 | 8.3 |
| CPI | 5.0 | 2.7 | 2.3 | −0.2 | 2.4 | −1.6 | 0.7 | 0.6 | 1.1 | 0.2 |
| PPI | −0.6 | −3.3 | −2.2 | −1.5 | −1.9 | −0.6 | 1.3 | 1.0 | 0.6 | 0.6 |
| GDP 平减指数 | 1.6 | −0.1 | 0.6 | 1.0 | 0.8 | 1.0 | 2.0 | 1.6 | 2.5 | 1.8 |

数据来源：CEIC、Wind、上海财经大学高等研究院。

① 表中 GDP 增长率为实际数据，其他指标均为名义数据；灰底部分的数据为预测数据，其余均为实际统计数据；投资增长率为累计同比增长率，其余增长率均为当季同比增长率。表中预测数据根据截至 2020 年 12 月 21 日所发布的数据。

课题组对2021年基准预测的外部环境主要假设条件包括：(1)2021年美国的新冠疫苗接种有效率达到50%。(2)受新冠肺炎病毒蔓延全球的影响，2021年全球经济逐渐复苏，以美联储在2020年12月份的FOMC会议上将美国2021年全年经济实际增速上调为4.2%，欧洲央行在12月份下调欧元区经济增速的预期为3.9%，国际货币基金组织10月份经济展望报告预测2021年日本实际经济增速为2.3%，东盟五国实际经济增速为6.2%。(3)美联储在12月份最近一次FOMC会议上决定维持联邦基金利率的目标范围在0%～0.25%之间，并配合使用量化宽松的非常规货币政策工具，以促进美国经济逐渐恢复至其就业和通胀目标。(4)人民币兑美元汇率2021年或将在6.5附近宽幅震荡，但仍在合理区间。(5)国际政治经济环境复杂化。预期2021年贸易摩擦仍然存在，疫情不但降低贸易增速，还加剧贸易环境的恶化，比如全球的贸易保护行为将进一步增强。

基于前面对中国经济形势与风险的分析，课题组对2021年基准预测的内部环境主要假设条件包括：(1)国内疫情发展趋势延续第三季度以来的情形，疫情得到有效控制，偶有出现零星散发病例。(2)居民杠杆率攀升，继续对消费形成负面影响，假定受GDP增速恢复及房地产调控政策有效实施的影响，家庭杠杆率2021年再上升6个百分点。(3)2021年基础设施建设投资和房地产投资在低基数效应下持续回暖，制造业投资持续回升。(4)根据银保监会公布的相关数据，截至2020年第三季度末，商业银行不良贷款率为1.96%，课题组假设截至2020年末，我国商业银行不良贷款率比例上升至2.05%。(5)财政政策方面，2021年将继续执行积极的财政政策，赤字率约收缩至3%。(6)货币政策方面，保持稳健、灵活、适度的货币政策，预计2021年将降准2次，每次降25个基点，降息1次，降10个基点。

从表29可以看出，受2020年初新冠疫情影响，国内疫情在上半年基本得到有效控制，经济增速呈现V形反弹。2021年经济复苏趋势持续，加上2020年基数较低的影响，预计2021年第一至四季度GDP增速分别为17.0%、6.7%、6.1%和5.8%，全年增速为8.4%。

受基数影响，消费增速在第一、第二季度呈现高增长，第三、第四季度逐渐回落，社会消费品零售总额的同比增速在2021年第一至四季度分别为23.2%、10.9%、6.4%和5.4%,全年增速为10.8%。

同样受基数较低的影响,固定资产投资总额在2021年第一季度基本恢复至2019年第一季度水平,2021年下半年工业企业利润增速趋稳,带动制造业投资低位回升,同时受基础建设投资的拉动及房地产投资的企稳,在以上因素的共同作用下,预计2021年第一至四季度,固定资产投资增速累计同比分别为18.8%、7.3%、5.7%和5.7%,全年增速为5.7%。

进出口增速受2020年上半年国内疫情停工影响以及下半年防疫物资大幅度拉动出口的基数影响,2021年上半年进出口增速会出现上升,但在下半年受中美贸易摩擦继续升级影响,预计2021年第一至四季度出口增速分别为11.3%、7.0%、1.2%和1.0%,全年出口增速为4.4%。进口方面,预计2021年第一至四季度出口增速分别为11.0%、14.2%、5.8%和3.7%,全年进口增速为8.3%。

考虑到2020年上半年受猪肉等食品价格及国际大宗商品价格大幅度波动的影响,2021年疫苗普及对全球新冠疫情的影响、全球经济复苏速度、食品价格波动、国际原油等大宗商品的价格变化趋势、刺激政策的后续影响以及基数效应等各种因素,课题组预计2021年CPI同比增长分别为－1.6%、0.7%、0.6%和1.1%,PPI同比增长分别为－0.6%、1.3%、1.0%和0.6%,全年CPI和PPI增速分别为0.2%和0.6%。

2021年,全球经济复苏速度受新冠疫情发展态势及疫苗有效接种双重影响,中美贸易摩擦预计仍将继续存在,中国仍面临较大的外部环境不确定性,并可能进一步影响进出口。与外部不确定性相比,内部经济的不确定性更大,各种改革的力度及执行程度,直接影响能否有效地拉动国内需求,房地产市场的平稳健康发展、国内大循环的畅通。课题组认为,在外部环境不可控的情况下,应更多地聚焦于内部经济改革,扩大开放,释放内部经济活力,以更好地应对内外部经济的不确定性,实现我国经济的可持续增长与高质量发展。

# 第三章　不同情景下的主要经济指标预测及其政策应对

## 一、不同情景下的经济预测与政策应对

课题组对2021年经济增长的基准预测面临着若干上行和下行不确定性。在需求侧改革、资本市场有序化发展、随着疫苗的接种全球疫情有望得到控制的背景下，前两者主要对消费投资，后者主要对进出口有提升作用。在贸易摩擦、军事、科技战、地缘政治不确定性仍可能持续的背景下，外部环境不容乐观，仍可拖累经济增长。我国内部面临中等收入阶层消费能力下降、地方政府债务攀升、企业杠杆率过高、总体环境不确定性等风险，均会给国内经济带来短期及中长期的负面影响。课题组将着重讨论中等收入阶层消费能力下降、需求侧改革、资本市场有序化、地方政府债务攀升、企业杠杆率对金融风险的影响、疫苗及全球疫情的发展情况、中美贸易摩擦以及国内外总体环境的不确定性对经济的影响。

### （一）假设情景Ⅰ：中等收入阶层消费能力下降对经济增速的影响

虽然随着经济发展，中等收入阶层日益壮大，但根据课题组利用微观数据和疫情期间网络调查数据的分析，有房有贷家庭的“房奴效应”和无房者的存钱买房效应会使得中等收入阶层不敢也不愿消费。课题组发

现,相对于有房无贷的家庭,在控制了个体和家庭层面的控制变量后,有房有贷的家庭以及无房的家庭在疫情期间消费下降更多,并且针对2020年下半年的消费,有房有贷的家庭以及无房的家庭均预期消费会下降。同时叠加外部贸易摩擦和国内投资回报率持续下降,导致中等收入阶层的流失、空心化、收入分配的两极化,严重影响内循环。

基于以上分析,课题组估算,悲观情景假设中等收入阶层受此影响,消费增速将下降1.8%,投资回报率下降导致固定资产投资累计同比下降1.2%,出口增速下降0.5%,进口增速下降0.3%,CPI增速下降0.2%,总体导致GDP增速下降1.4%。

**表30　中等收入阶层消费能力下降对中国2021年各主要经济指标增速的预测** 单位:%

| 情景 | 悲观 | | | | |
|---|---|---|---|---|---|
| | 2021 Q1 | 2021 Q2 | 2021 Q3 | 2021 Q4 | 2021 全年 |
| GDP | 15.2 | 5.4 | 4.8 | 4.7 | 7.0 |
| 投资 | 17.8 | 6.8 | 4.6 | 4.5 | 4.5 |
| 消费 | 22.5 | 9.4 | 4.2 | 3.2 | 9.0 |
| 出口 | 11.1 | 6.5 | 0.6 | 0.5 | 3.9 |
| 进口 | 10.9 | 13.9 | 5.4 | 3.3 | 8.0 |
| CPI | −1.8 | 0.6 | 0.4 | 0.9 | 0.0 |
| PPI | −0.6 | 1.2 | 0.8 | 0.4 | 0.5 |

数据来源:上海财经大学高等研究院。

## (二)假设情景Ⅱ:需求侧改革对经济增速的影响

"住房,医疗,养老"在很长一段时间内将是压在中国老百姓头上的"三座大山",由此产生的预防性储蓄动机会使得家庭不敢消费。只要能降低家庭的预防性储蓄动机,让家庭没有后顾之忧,家庭自然也就有意愿消费。利用城镇住户调查数据与省级地方财政支出数据相匹配,课题组探讨了地方政府民生支出对家庭消费的刺激作用。课题组发现,在控制了其他因素影响下,民生支出每提高1个百分点,会使得家庭消费提高0.23个百分点。

以上分析表明,地方政府保障房、医疗、教育、社会保障等民生支出增加会降低家庭预防性储蓄动机，刺激家庭消费。课题组据此估算，乐观情景下假设政府民生支出增加，恢复到疫情前平均10%左右的增速，比基准情形增加5%，带动消费增速增加1.1个百分点，同时进、出口增速分别带动上升0.2个百分点和0.3个百分点，CPI和PPI同比增速分别增加0.1个百分点和0.2个百分点，总体使得GDP增速较基准上升0.7个百分点。

**表31　需求侧改革对中国2021年各主要经济指标增速的预测**　单位：%

| 情景 | 乐观 | | | | |
|---|---|---|---|---|---|
| | 2021 Q1 | 2021 Q2 | 2021 Q3 | 2021 Q4 | 2021 全年 |
| GDP | 17.7 | 7.5 | 6.8 | 6.5 | 9.1 |
| 投资 | 18.8 | 7.3 | 5.7 | 5.7 | 5.7 |
| 消费 | 21.6 | 12.8 | 8.5 | 7.1 | 11.9 |
| 出口 | 11.0 | 7.4 | 1.6 | 1.4 | 4.7 |
| 进口 | 10.8 | 14.6 | 6.1 | 4.0 | 8.5 |
| CPI | −1.7 | 0.8 | 0.7 | 1.2 | 0.3 |
| PPI | −0.5 | 1.6 | 1.3 | 0.9 | 0.8 |

数据来源：上海财经大学高等研究院。

### （三）假设情景Ⅲ：资本市场的有序化进程对经济增速的影响

近年来，金融支持对促进消费的作用也日益明显，针对居民的融资平台层出不穷，越来越多的企业基于用户数据建立了信用平台，在促进营业收入的同时，除了造成一些居民户过度消费和过度加杠杆的现象外，也导致一些平台无序过度扩张而对金融机构形成潜在的风险点。因此，2020年12月的中央经济工作会议特别指出，金融创新必须在审慎监管的前提下进行，反对资本无序扩张。课题组认为，资本市场有序化中长期来看将促进家庭资产负债表的修复，有助于消费可持续增长，但可能造成一定的短期阵痛。

基于以上政策分析以及根据课题组的估计：平均而言，家庭流动性每上升1个百分点，家庭消费水平将下降0.7个百分点，课题组考虑2021年居民户融资条件变化的两种情形：(1)短期影响较大：监管十分严格，短期阵痛很大,大量基于客户数据的信用平台业务收缩甚至关闭,居民户融资条件收紧,家庭流动性收紧2个百分点,那么居民消费水平较基准下降1.4个百分点,GDP同比增速较基准下降0.8个百分点。(2)短期影响较小:监管趋于严格,但是不“急转弯”,短期阵痛较小,各信用平台业务逐步退出,仅对居民户融资条件产生轻微影响,家庭流动性收紧0.5个百分点,居民消费水平较基准下降0.35个百分点,GDP同比增速较基准下降0.2个百分点。

**表32　资本市场有序化进程对中国2021年各主要经济指标增速的预测**　单位:%

| 情景 | 短期影响较大 | | | | | 短期影响较小 | | | | |
|---|---|---|---|---|---|---|---|---|---|---|
| | 2021 Q1 | 2021 Q2 | 2021 Q3 | 2021 Q4 | 2021 全年 | 2021 Q1 | 2021 Q2 | 2021 Q3 | 2021 Q4 | 2021 全年 |
| GDP | 16.1 | 6.1 | 5.4 | 5.1 | 7.6 | 16.8 | 6.6 | 6.0 | 5.7 | 8.2 |
| 投资 | 18.8 | 7.3 | 5.7 | 5.7 | 5.7 | 18.8 | 7.3 | 5.7 | 5.7 | 5.7 |
| 消费 | 22.6 | 9.7 | 4.7 | 3.7 | 9.4 | 23.0 | 10.6 | 6.0 | 5.0 | 10.4 |
| 出口 | 11.2 | 6.7 | 0.8 | 0.6 | 4.1 | 11.3 | 6.9 | 1.1 | 0.9 | 4.3 |
| 进口 | 10.9 | 14.0 | 5.5 | 3.4 | 8.1 | 11.0 | 14.2 | 5.7 | 3.6 | 8.2 |
| CPI | －1.6 | 0.6 | 0.4 | 0.9 | 0.1 | －1.6 | 0.7 | 0.5 | 1.0 | 0.2 |
| PPI | －0.6 | 1.2 | 0.9 | 0.5 | 0.5 | －0.6 | 1.3 | 1.0 | 0.5 | 0.5 |

数据来源:上海财经大学高等研究院。

## (四)假设情景Ⅳ:地方政府债务攀升对经济增速的影响

在当前经济体各部门间关联性日趋紧密的背景下,随着地方政府债务规模的不断积累,地方政府部门独立的债务偿还风险容易演化成为房地产市场和金融等领域的潜在风险点,从而影响我国经济的健康运行。课题组发现,地方政府债务规模扩张会推动房地产价格上涨,平均而言,房价对地方政府负债率的弹性系数为0.719,意味着地方政府负债率每增加1个百分点,房价上升0.719个百分点。同时,银行风险承担水平对地方政府负债率的弹性为0.015,意味着地方政府负债率每增加1个百分点,银行风险承担水平约上升0.015个百分点。总的来说,地方政府债务规模扩张会通过推高房价和增加银行风险承担水平等渠道,挤出企业投资和居民消费,从而影响经济总体运行状况。

根据课题组的测算,在悲观情景下,2021 年地方政府负债率上升将导致投资累计增速较基准情形下降 1.1%,消费增速较基准情形下降 0.2%,总体经济增速下滑 0.4 个百分点。

**表 33　　地方政府债务攀升对中国 2021 年各主要经济指标增速的预测**　　单位:%

| 情景 | 悲观 | | | | |
|---|---|---|---|---|---|
| | 2021 Q1 | 2021 Q2 | 2021 Q3 | 2021 Q4 | 2021 全年 |
| GDP | 17.1 | 6.3 | 5.6 | 5.4 | 8.0 |
| 投资 | 20.1 | 6.7 | 4.7 | 4.6 | 4.6 |
| 消费 | 23.1 | 10.7 | 6.2 | 5.2 | 10.6 |
| 出口 | 11.6 | 6.6 | 0.7 | 0.6 | 4.1 |
| 进口 | 11.1 | 14.1 | 5.6 | 3.6 | 8.2 |
| CPI | −1.6 | 0.7 | 0.5 | 1.0 | 0.2 |
| PPI | −0.6 | 1.3 | 1.0 | 0.6 | 0.5 |

数据来源:上海财经大学高等研究院。

### (五)假设情景Ⅴ:企业杠杆率过高导致金融风险加大对经济增速的影响

根据条件在险价值(CoVaR)模型的评估,受到系统性冲击叠加经济政策不确定性攀升影响,当前我国银行系统的风险溢出水平处于 2019 年以来的高位,银行资本缓冲水平降幅明显,尤其是中小银行风险溢出水平加速上升,脆弱性增加。根据存量债券的数据显示,国有企业在 2021 年偿债压力显著增加,具体地,在 2021 年即将到期的非金融企业债券中,中央国有和地方国有非金融企业涉及的债券规模分别约为 2 万亿元和 4 万亿元,国有企业所发行的债券在 2021 年的到期量占总规模的 82.2%。而根据债券兑付数据显示,当前我国国有企业违约风险处于 2015 年以来最高水平,不同于 2018—2019 年以民营企业发生违约为主,2020 年国有非金融企业的债券违约风险快速上升。更重要的是,国有企业违约除了会对相关债权人产生负面影响外,还会向债券市场释放十分负面的信号,使得其他企业由于债券融资受阻而进一步产生流动性问题，从而产生更多更大的违约风险，成为金融市场新的风险点。

基于以上分析，课题组将考察由国有企业违约风险上升的两种情景：(1)保守悲观：国有企业平均违约率维持在当前0.5%的水平，不超过20家国有企业发生违约，违约债券涉及资金规模不超过1 000亿元，且其中中央国有企业不超过3家的情景下，使得我国商业银行不良贷款比例在基准情景下增加0.2个百分点。(2)悲观：国有企业平均违约率水平攀升至1%，发生违约的国有企业数量达到20家以上，违约债券涉及资金规模超过1 000亿元，尤其是在中央国有企业违约率再次大幅度上升的情景下，使得我国商业银行不良贷款比例在基准情景下增加0.5个百分点。两种情景下对投资的影响分别使得投资累计增速较基准情形下降0.4个百分点和1.1个百分点，进而导致GDP增速下降0.1个百分点和0.3个百分点。

表34　企业杠杆率上升导致金融风险加大对中国2021年各主要经济指标增速的预测　单位：%

| 情景 | 保守悲观 | | | | | 悲观 | | | | |
|---|---|---|---|---|---|---|---|---|---|---|
| | 2021 Q1 | 2021 Q2 | 2021 Q3 | 2021 Q4 | 2021 全年 | 2021 Q1 | 2021 Q2 | 2021 Q3 | 2021 Q4 | 2021 全年 |
| GDP | 16.5 | 6.5 | 5.9 | 5.6 | 8.1 | 15.9 | 6.1 | 5.5 | 5.2 | 7.6 |
| 投资 | 17.9 | 6.6 | 5.0 | 5.1 | 5.1 | 16.2 | 5.0 | 3.5 | 3.6 | 3.6 |
| 消费 | 22.9 | 10.5 | 5.8 | 4.8 | 10.3 | 22.7 | 10.0 | 5.2 | 4.2 | 9.8 |
| 出口 | 7.6 | 6.7 | 0.8 | 0.8 | 3.5 | 3.8 | 6.4 | 0.3 | 0.3 | 2.4 |
| 进口 | 5.5 | 14.1 | 5.5 | 3.6 | 6.9 | 0.3 | 14.2 | 5.3 | 3.4 | 5.7 |
| CPI | −1.6 | 0.7 | 0.5 | 1.0 | 0.1 | −1.6 | 0.6 | 0.5 | 1.0 | 0.1 |
| PPI | −0.9 | 1.1 | 0.9 | 0.6 | 0.4 | −1.1 | 0.9 | 0.7 | 0.4 | 0.2 |

数据来源：上海财经大学高等研究院。

## (六)假设情景Ⅵ：全球疫情发展对经济增速的影响

课题组认为，随着疫苗研发与生产不断取得新的进展，疫情的发展将得到控制，美国人民的生产和生活也将逐步正常化。这将带动美国经济进一步复苏，给我国外部需求带来新的积极正面的影响。而这一影响力度将取决于疫苗的产能、民众的接种意愿、疫苗有效率以及病毒的变异。在盖洛普9月份的一份调查显示，愿意接种疫苗的人群为50%，42%的人由于担心疫苗安全性、过于仓促而表示不会急于接种。另一项研究表明，美国需要70%的人接种才能实现群体免疫。因此，通过接种疫苗实现免疫的人群比率（疫苗接种有效率）是影响美国经济和我国外需的重要因素。

鉴于上述不确定性因素，考虑美国接种疫苗对其经济复苏的影响，我们分别考察美国在2021年疫苗接种有效率达到20%和80%两种情景（基准预测下假设美国2021年的疫苗接种有效率为50%）：(1)悲观：假设低于基准预期的疫苗接种有效率带来美国经济的下滑，导致外需下降，预计2021年我国出口低于基准2.7个百分点；(2)乐观：假设高于基准预期的疫苗接种有效率带来的外需的提升，预计2021年我国出口高于基准2.1个百分点。表35报告了2021年的预测结果，在悲观与乐观两种情景下，全年GDP增速分别为7.8%和8.7%。进口和PPI在悲观情景下分别有2.1%和0.4%的下降，乐观情景下分别有1.5%和0.2%的上升。

**表35　两种疫苗接种有效率情景下对中国2021年各主要经济指标增速的预测**

单位：%

| 情景 | 悲观 | | | | | 乐观 | | | | |
|---|---|---|---|---|---|---|---|---|---|---|
| | 2021 Q1 | 2021 Q2 | 2021 Q3 | 2021 Q4 | 2021 全年 | 2021 Q1 | 2021 Q2 | 2021 Q3 | 2021 Q4 | 2021 全年 |
| GDP | 16.4 | 6.2 | 5.5 | 5.3 | 7.8 | 17.4 | 7.1 | 6.4 | 6.1 | 8.7 |
| 投资 | 18.8 | 7.3 | 5.7 | 5.7 | 5.7 | 18.8 | 7.3 | 5.7 | 5.7 | 5.7 |
| 消费 | 23.1 | 10.7 | 6.2 | 5.1 | 10.6 | 23.3 | 11.0 | 6.6 | 5.6 | 10.9 |
| 出口 | 6.0 | 3.1 | −0.9 | 0.4 | 1.7 | 13.6 | 9.1 | 3.2 | 3.1 | 6.5 |
| 进口 | 8.3 | 10.0 | 4.9 | 2.8 | 6.2 | 12.6 | 15.4 | 6.8 | 5.8 | 9.8 |
| CPI | −1.6 | 0.7 | 0.5 | 1.0 | 0.2 | −1.6 | 0.7 | 0.6 | 1.1 | 0.2 |
| PPI | −0.7 | 0.9 | 0.6 | 0.2 | 0.2 | −0.3 | 1.5 | 1.2 | 0.8 | 0.8 |

数据来源：上海财经大学高等研究院。

### （七）假设情景Ⅶ：中美贸易摩擦的长期化对经济增速的影响

课题组一直强调，中美贸易摩擦将长期存在，并且中美在军事、科技、教育、地缘政治等领域的摩擦也在持续增加。课题组认为,拜登的当选将不会从根本上扭转中美之间的长期竞争关系,甚至有可能进一步加剧中美之间在各个领域的摩擦。因此,2021 年,中美在经贸、科技领域的摩擦仍将是影响中国外贸和经济增长的一个重要因素。

鉴于上述不确定性因素,考虑 2021 年中美贸易摩擦的两种情景:(1)保守悲观:假设外需下降,导致 2021 年我国出口低于基准 2.3 个百分点;(2)悲观:假设外需大幅度下降,导致 2021 年我国出口低于基准 4.8 个百分点。其他假设以及货币政策、财政政策维持在基准情景。表 36 报告了 2021 年的预测结果,在保守悲观与悲观两种情景下全年 GDP 增速分别为 8.0%和 7.6%。出口下降的同时,进口也分别有 1.8%和 3.7%的下降,PPI 也较基准情景有所下降,分别为 0.3%和 0.0%。

**表 36　两种中美贸易摩擦导致外需下降情景下对中国 2021 年各主要经济指标增速的预测**

单位:%

| 情景 | 保守悲观 | | | | | 悲观 | | | | |
|---|---|---|---|---|---|---|---|---|---|---|
| | 2021 Q1 | 2021 Q2 | 2021 Q3 | 2021 Q4 | 2021 全年 | 2021 Q1 | 2021 Q2 | 2021 Q3 | 2021 Q4 | 2021 全年 |
| GDP | 16.4 | 6.4 | 5.8 | 5.7 | 8.0 | 16.3 | 6.0 | 5.3 | 5.1 | 7.6 |
| 投资 | 18.8 | 7.3 | 5.7 | 5.7 | 5.7 | 18.8 | 7.3 | 5.7 | 5.7 | 5.7 |
| 消费 | 23.1 | 10.8 | 6.3 | 5.3 | 10.6 | 23.1 | 10.7 | 6.2 | 5.1 | 10.5 |
| 出口 | 8.8 | 4.6 | −1.1 | −1.2 | 2.1 | 6.1 | 2.2 | −3.5 | −3.6 | −0.4 |
| 进口 | 8.9 | 12.1 | 4.2 | 2.3 | 6.5 | 7.2 | 10.0 | 2.2 | 0.5 | 4.6 |
| CPI | −1.6 | 0.7 | 0.5 | 1.1 | 0.2 | −1.6 | 0.7 | 0.5 | 1.0 | 0.2 |
| PPI | −0.9 | 1.1 | 0.7 | 0.3 | 0.3 | −1.2 | 0.8 | 0.4 | 0.0 | 0.0 |

数据来源:上海财经大学高等研究院。

### (八)假设情景Ⅷ:国内外总体环境的不确定性对经济增速的影响

2018 年以来,衡量《人民日报》和《光明日报》中关于财政政策、货币政策、法律、改革等相关关键词出现频率的经济政策不确定性指数不断攀升,由 2017 年的平均 206 点上升到 2018 年的平均 277 点,自 2019 年贸易摩擦以来更是保持相当高的数值，随着2020年疫情因素对宏观环境的影响不确定性持续不退。2020年5月份，宏观政策不确定性指数录得934.7点，表现出经济政策相关词汇被主流报刊不断讨论，宏观环境日益复杂。若宏观经济环境变得更加复杂、经济政策不确定性继续增加，将负面影响企业投资意愿和家庭消费，影响经济增长。

课题组通过近5年的回归结果发现，中国经济政策不确定性指数每上升100个点，投资累计同比增速下降1.4个百分点，消费当月同比增速下降1.3个百分点，因此考察中国经济政策不确定性上升对投资和消费的抑制作用。悲观情形下，假设中国经济政策不确定性指数上升200点，导致全年全社会固定资产投资累计同比增速下降2.8个百分点，社会消费品零售总额同比增速下降2.6个百分点，同时进出口增速分别小幅度下降0.8个百分点和1.5个百分点，CPI和PPI同比增速各下降0.3个百分点，2021年全年GDP增速下降至6.4%，较基准预测下降2个百分点。

考虑到国内外总体环境不确定性的降低，叠加其他乐观情景（如需求侧改革初见成效、疫苗有效接种率大幅度提升、全球疫情得到控制，导致全球经济迅速复苏，中美贸易摩擦有所缓解等），我们考虑乐观情景下，对国内消费增速拉升2.5个百分点，投资拉动1.4个百分点，进出口增速分别上升2.3个百分点和2个百分点，CPI和PPI增速分别上升0.2个百分点和0.3个百分点，最终对2021年全年GDP拉动1.6个百分点，全年GDP增速为10%。结合我们对2020年GDP增速2.1%的预测，经过一年多时间的调整，乐观情景下，我国GDP增速将在2021年底恢复年增长6%的长期趋势。

**表37　国内外总体经济环境不确定性上升对中国2021年各主要经济指标增速的预测**　单位：%

| 情景 | 悲观 | | | | | 乐观 | | | | |
|---|---|---|---|---|---|---|---|---|---|---|
| | 2021 Q1 | 2021 Q2 | 2021 Q3 | 2021 Q4 | 2021 全年 | 2021 Q1 | 2021 Q2 | 2021 Q3 | 2021 Q4 | 2021 全年 |
| GDP | 13.1 | 5.2 | 4.6 | 4.5 | 6.4 | 19.3 | 8.7 | 7.2 | 7.3 | 10.0 |
| 投资 | 16.3 | 4.6 | 2.9 | 2.9 | 2.9 | 21.6 | 8.9 | 7.1 | 7.1 | 7.1 |

续表

| 情景 | 悲观 | | | | | 乐观 | | | | |
|---|---|---|---|---|---|---|---|---|---|---|
| | 2021 Q1 | 2021 Q2 | 2021 Q3 | 2021 Q4 | 2021 全年 | 2021 Q1 | 2021 Q2 | 2021 Q3 | 2021 Q4 | 2021 全年 |
| 消费 | 20.0 | 8.0 | 4.6 | 3.0 | 8.2 | 24.4 | 13.1 | 9.6 | 8.6 | 13.3 |
| 出口 | 10.5 | 5.5 | －0.5 | －0.6 | 2.9 | 13.4 | 8.8 | 3.2 | 3.0 | 6.4 |
| 进口 | 10.6 | 13.4 | 4.8 | 2.8 | 7.5 | 13.3 | 16.5 | 8.1 | 6.0 | 10.6 |
| CPI | －1.7 | 0.5 | 0.2 | 0.7 | －0.1 | －1.5 | 0.9 | 0.8 | 1.3 | 0.4 |
| PPI | －0.7 | 1.1 | 0.7 | 0.3 | 0.3 | －0.4 | 1.6 | 1.3 | 0.9 | 0.9 |

数据来源:上海财经大学高等研究院。

## 二、不同情景分析基础上的政策力度选项

课题组根据量化准结构模型进行情景模拟分析,表 38 总结了 2021 年基准情景和其他不同情景下全年各主要经济变量的预测结果。其中,基准情景下预计全年 GDP 增长率为 8.4%;在情景Ⅱ(需求侧改革)、情景Ⅵ(全球疫情发展)的乐观情形下,经济增速将分别达到 8.7%和 9.1%,情景Ⅷ(国内外总体环境不确定性)叠加各类乐观因素下,经济增速可达 10.0%;在情景Ⅲ(资本市场有序化)的短期影响较小的情形下、情景Ⅳ(地方政府债务攀升)的悲观情形和情景Ⅴ(企业杠杆率上升)的保守悲观和情景Ⅶ(中美贸易摩擦)的保守悲观情形下,预计全年 GDP 增长率下降至 8.0%～8.2%;在情景Ⅲ(资本市场有序化)的短期影响较大的情形下、情景Ⅴ(企业杠杆率过高)的悲观情形下、情景Ⅵ(全球疫情发展)的悲观情形下以及情景Ⅶ(中美贸易摩擦)的悲观情形下,预计 GDP 增速下降至 7.6%～7.8%;在情景Ⅰ(中等收入阶层消费能力下降)的悲观情形下,GDP 增速仅为 7.0%;在情景Ⅷ(国内外总体环境不确定性)的悲观情形下,经济增速将大幅度下降,全年 GDP 增速降至 6.4%。

**表 38　　中国 2021 年各种情景下主要经济指标增速的预测　　单位：%**

| 情景 | 基准 | Ⅰ. 中等收入阶层消费能力下降 | Ⅱ. 需求侧改革 | Ⅲ. 资本市场有序化 | | Ⅳ. 地方政府债务攀升 |
|---|---|---|---|---|---|---|
| | | 悲观 | 乐观 | 短期影响较大 | 短期影响较小 | 悲观 |
| GDP | 8.4 | 7.0 | 9.1 | 7.6 | 8.2 | 8.0 |
| 投资 | 5.7 | 4.5 | 5.7 | 5.7 | 5.7 | 4.6 |
| 消费 | 10.8 | 9.0 | 11.9 | 9.4 | 10.4 | 10.6 |
| 出口 | 4.4 | 3.9 | 4.7 | 4.1 | 4.3 | 4.1 |
| 进口 | 8.3 | 8.0 | 8.5 | 8.1 | 8.2 | 8.2 |
| CPI | 0.2 | 0.0 | 0.3 | 0.1 | 0.2 | 0.2 |
| PPI | 0.6 | 0.5 | 0.8 | 0.5 | 0.5 | 0.5 |

| 情景 | Ⅴ. 企业杠杆率过高 | | Ⅵ. 全球疫情发展 | | Ⅶ. 中美贸易摩擦 | | Ⅷ. 国内外总体环境不确定性 | |
|---|---|---|---|---|---|---|---|---|
| | 保守悲观 | 悲观 | 悲观 | 乐观 | 保守悲观 | 悲观 | 悲观 | 乐观叠加 |
| GDP | 8.1 | 7.6 | 7.8 | 8.7 | 8.0 | 7.6 | 6.4 | 10.0 |
| 投资 | 5.1 | 3.6 | 5.7 | 5.7 | 5.7 | 5.7 | 2.9 | 7.1 |
| 消费 | 10.3 | 9.8 | 10.6 | 10.9 | 10.6 | 10.5 | 8.2 | 13.3 |
| 出口 | 3.5 | 2.4 | 1.7 | 6.5 | 2.1 | −0.4 | 2.9 | 6.4 |
| 进口 | 6.9 | 5.7 | 6.2 | 9.8 | 6.5 | 4.6 | 7.5 | 10.6 |
| CPI | 0.1 | 0.1 | 0.2 | 0.2 | 0.2 | 0.2 | −0.1 | 0.4 |
| PPI | 0.4 | 0.2 | 0.2 | 0.8 | 0.3 | 0.0 | 0.3 | 0.9 |

数据来源：上海财经大学高等研究院。

根据 2020 年 12 月份中央经济工作会议中宏观政策保持"连续性、稳定性、可持续性"的会议精神，课题组假设 2021 年各项经济政策可以基本确保宏观经济回到疫情冲击之前的经济增速趋势线，从而使得 2020 年和 2021 年两年的平均增速达到 5.2%以上，这意味着 2021 年的目标增速需要达到基准情形下的 GDP 增速预测值。在基准情景以及情景Ⅱ（需求侧改革）、情景Ⅵ（全球疫情发展）的乐观情形和情景Ⅷ（国内外总体环境不确定性）的乐观叠加情形下，不需要对基准假设中的财政和货币政策进行额外调整。在其他不同情景下，财政政策或货币政策均需要做出基准假设之外的调整，才能达到保持经济增长总体平稳的目标。表 39 总结了在不同情景下所需的政策力度。

(1)在情景Ⅲ中，资本市场有序化短期影响较小的情形下，消费增速下降 0.35 个百分点，GDP 同比增速较基准下降 0.2 个百分点，为 8.2%。此时货币政策不需要在基准假设的基础上做出额外调整；财政收支赤字需额外增加 755.81 亿元，导致赤字超过预算 2.29%，全年赤字率约为 3%。[①]

(2)在情景Ⅴ中，企业杠杆率上升的保守悲观情形下，银行不良贷款比例提高 0.2 个百分点，投资和消费增速分别下降 0.6 个和 0.5 个百分点，导致 GDP 增速下降至 8.1%。此时货币政策需要在基准假设的基础上额外降准 1 次 20 个基点；财政收支赤字需要额外增加 1 511.6 亿元，导致赤字超过预算 4.58%，全年赤字率约为 3.07%。

(3)在情景Ⅳ中，地方政府债务攀升通过房地产市场和金融系统风险等不同作用渠道抑制投资，以及情景Ⅶ中中美贸易摩擦的保守悲观情形下，外需萎缩拖累出口下滑 2.3 个百分点，均可使经济增速下滑至 8.0%。此时货币政策需要在基准假设的基础上额外降准 1 次 20 个基点；财政收支赤字需额外增加 2 267.4 亿元，导致赤字超过预算 6.87%，全年赤字率约为 3.14%。

(4)在情景Ⅵ中，美国疫苗接种有效率低于预期的悲观情形下，外需萎缩，导致出口增速下滑 3.5 个百分点，拉低 GDP 增速 0.6 个百分点，仅为 7.8%。此时货币政策需要在基准假设的基础上额外降准 2 次，每次 20 个基点；财政收支赤字需要额外增加 3 779 亿元，导致赤字超过预算 11.45%，全年赤字率约为 3.27%。

(5)在情景Ⅲ中，资本市场有序化的短期影响较大的情形下，消费增速将下降 1.4 个百分点；在情景Ⅴ中，企业杠杆率上升的悲观情形下，银行不良贷款比例提高 0.5 个百分点，投资和消费增速分别下降 2.1 个和 1 个百分点；在情景Ⅶ中，中美贸易摩擦的悲观情形下，出口增速下滑 4.8 个百分点。这几种情景都将导致全年经济增速下降至 7.6%。此时货币政策需要在基准假设的基础上额外降准 2 次，每次 20 个基点；财政收支

① 课题组估算赤字率时，假设财政预算稳定基金不做出额外调节操作。

赤字需要额外增加 5 290.6 亿元，导致赤字超过预算 16.03%，全年赤字率约为 3.41%。

(6)在情景Ⅰ中，中等收入阶层消费能力下降导致消费增速下降 1.8 个百分点，投资增速下降 1.2 个百分点，出口增速下降 0.5 个百分点，经济增速下行至 7.0%。此时货币政策需要在基准假设的基础上额外降准 2 次，每次 50 个基点；财政支出需要额外增加 9 825.5 亿元，超过预算赤字 29.77%，全年赤字率约为 3.81%。由于短期政策往往对宏观经济的长期发展具有副作用，因此课题组并不建议采用如此激进的短期政策措施。

(7)在情景Ⅷ中，总体经济环境的不确定性上升的悲观情形下，不确定性指数上升 200 点导致投资增速下降 2.8 个百分点，消费增速下降 2.6 个百分点，GDP 同比增速下降至 6.4%。此时货币政策需要在基准假设的基础上额外降准 2 次，每次 50 个基点；财政支出需要额外增加 14 360.3 亿元，导致财政赤字超过预算 43.52%，全年赤字率约为 4.22%。课题组同样并不建议采用如此激进的短期政策措施。

**表 39　　各情景假设下实现稳就业目标所需的政策力度**

| 情景 | 基准 | Ⅰ.中等收入阶层消费能力下降 | Ⅲ.资本市场有序化 | | Ⅳ.地方政府债务攀升 |
|---|---|---|---|---|---|
| | | 悲观 | 短期影响较大 | 短期影响较小 | 悲观 |
| 全年 GDP 增速 | 8.4 | 7.0 | 7.6 | 8.2 | 8.0 |
| 货币政策需增加力度 | 无额外调整 | 2 次降准 50 个基点 | 2 次降准 20 个基点 | 无额外调整 | 1 次降准 20 个基点 |
| 赤字超预算额(亿元) | 无额外调整 | 9 825.5 | 5 290.6 | 755.8 | 2 267.4 |
| 赤字超预算比率(%) | — | 29.77 | 16.03 | 2.29 | 6.87 |
| 估算赤字率(%) | 3.0% | 3.81 | 3.41 | 3 | 3.14 |

| 情景 | Ⅴ.企业杠杆率上升 | | Ⅵ.全球疫情发展 | Ⅶ.中美贸易摩擦 | | Ⅷ.国内外总体环境不确定性 |
|---|---|---|---|---|---|---|
| | 保守悲观 | 悲观 | 悲观 | 保守悲观 | 悲观 | 悲观 |
| 全年 GDP 增速 | 8.1 | 7.6 | 7.8 | 8.0 | 7.6 | 6.4 |

续表

| 货币政策需增加力度 | 1次降准20个基点 | 2次降准20个基点 | 2次降准20个基点 | 1次降准20个基点 | 2次降准20个基点 | 2次降准50个基点 |
|---|---|---|---|---|---|---|
| 赤字超预算额(亿元) | 1 511.6 | 5 290.6 | 3 779 | 2 267.4 | 5 290.6 | 14 360.3 |
| 赤字超预算比率(%) | 4.58 | 16.03 | 11.45 | 6.87 | 16.03 | 43.52 |
| 估算赤字率(%) | 3.07 | 3.41 | 3.27 | 3.14 | 3.41 | 4.22 |

数据来源:上海财经大学高等研究院。

值得注意的是,以上各政策选项分析均是基于单一情景假设所进行的探讨,提出的货币政策力度和财政政策力度也只是政策最终的目标效果,并没有深入探讨具体的政策工具。原因在于:在现实中多个情景往往会相互叠加、相互影响,带给中国经济内外多重冲击,这些不确定性的交互作用可能带来放大效应,导致中国经济的下行压力加大,需要结合实际经济情况灵活运用不同的政策工具。

## 三、短期经济政策在疫情下的宏观影响

为了应对疫情带来的不利冲击,我国央行采取了包括降准、中期借贷便利、再贷款、再贴现、公开市场操作在内的多种货币政策手段来维护流动性合理充裕,保持宏观经济稳定,减弱新冠疫情带来的不利影响。同时优化信贷结构,推动企业融资成本下降,引导信贷向小微企业倾斜。根据第三季度中国人民银行货币政策执行报告,中国人民银行在前9个月三次降低存款准备金释放了1.75万亿元的长期资金,以维护利率市场平稳运行;并有层次、有梯度地出台并落实了1.8万亿元的再贷款、再贴现政策,以达到支持复工复产保经济主体的目的。

短期宽松的货币政策固然起到了稳定宏观经济的积极作用,我们也应当警惕宽松的货币政策带来的金融风险。有大量的研究发现,低利率会加剧经济主体的投资冒险行为。首先,低利率会给银行体系带来新的风险。一方面,由于无风险资产回报率下降,为了获取更高的盈利,金融机构会采取更冒险的投资行为,提高风险承担水平;另一方面,低利率影响了金融产品的估值、收入和现金流等,使得银行低估了实际风险。银行

系统是我国金融体系中最重要的机构,银行风险的变化直接关系到我国整体金融风险和宏观经济稳定。其次,低利率加剧了居民加杠杆的行为。疫情以来,我国居民家庭债务不断攀升。2020 年截至 11 月份,新增人民币中长期贷款 5.5 万亿元,比上年同期多增 5 000 多亿元,反映出大量信贷投向了房地产部门。2020 年 3—11 月份家庭部门共新增短期贷款 2.37 万亿元,远高于上年同期的近 1.82 万亿元。不断攀升的居民杠杆给之后的宏观经济运行埋下了新的隐患,给未来的宏观经济政策带来新的挑战。最后,在当前房地产作为我国居民主要的资产配置方式以及居民对房地产市场繁荣的乐观预期背景下,如果金融监管不力,本意为救助小微企业的低利率政策可能会导致资金进一步流向房地产部门,导致房地产市场价格的上升,进一步扩大金融风险,影响资源的最优化配置。已有很多案例发现,受益于小微企业支持政策的企业主拿到贷款后并没有将资金用于企业的生产建设,而是将资金投入了房地产市场,推高了资产价格。

以上分析表明,我们在实施宽松货币政策以稳定宏观经济的同时,要密切追踪资金动向,防止资金脱实向虚推高资产价格,警惕宏观杠杆率快速攀升,提早预防新的金融隐患。因此,宽松的货币政策需要与强有力的宏观审慎政策和微观监管相配合,最大程度确保资源的有效配置,有效权衡稳物价、稳增长、稳就业、稳金融、稳汇率的多种货币政策目标。

# 第四章　中国畅通国民经济循环面临的难点、原因及改革治理应对

面对世界百年未有之大变局以及新冠疫情的负面冲击，中国经济正面临改革开放以来前所未有的挑战。从内部看，中国劳动力市场受疫情冲击大，虽逐渐回暖但仍承受压力，劳动力市场技能错配降低劳动生产率，并加剧了收入不平等；老龄化势头明显，人口红利逐渐消失，未富先老的人口结构压力凸显并将持续变大。杠杆率水平上升，家庭部门杠杆率激增，资产负债表衰退迹象初显；企业部门杠杆率水平再次上升，尤其是国有企业债务风险达到近年峰值；地方政府债务呈现出规模增加和期限延长的新特点，增加了地方政府部门独立的债务偿还风险，并外溢蔓延为房价上涨和银行风险；银行资本缓冲持有水平下降，系统脆弱性加剧，中小银行风险溢出率持续上升，稳定金融形势和风险防范依然严峻复杂。

从外部看，这次新冠疫情造成了经济上的巨大冲击和国际政治方面史无前例的断裂带，影响深远，再加上中美两国关系恶化，给世界带来了种种不确定性，民族主义、民粹主义和意识形态又进一步减弱了国家间的互信，恶化了世界经济发展及国家之间的经济关系、政治关系和国际关系，影响了世界格局和秩序，全球化的格局正在发生实质变化。面对去全球化、分流化甚至“去中国化”以及中美科技脱钩的风险，疫后经济分工、专业分工面临重构，全球产业链、供应链、价值链将发生很大调整，大概率会出现“三化”——经济区域化，高端产业、民生国家安全产业回归化，以

及合并同类项化。在此背景下，中国提出了以国内大循环为主体、国内国际双循环相互促进的新发展战略。要解决前述困难和问题，就需要弄清难点是什么，才能对症下药。

## 一、畅通国民经济循环面临的难点

### （一）中国经济当前面临的发展不平衡不充分问题突出，主要体现在供给侧结构性失衡和供给质量水平不充分

改革开放以来，中国经济发展主要依靠劳动力、资本、土地、自然资源等要素驱动，成就显而易见，但问题也愈益突出，经济增长的可持续性和发展质量面临很大挑战。十九大提出了中国经济从高速增长阶段向高质量发展阶段迈进的基本判断，但正如十九届五中全会通过的《中共中央关于制定国民经济和社会发展第十四个五年规划和二〇三五年远景目标的建议》所指出：发展不平衡不充分问题突出，重点领域关键环节改革任务艰巨，创新能力不适应高质量发展要求，农业基础不稳固，城乡和收入分配差距较大，生态环保任重道远，民生保障存在短板，社会治理还有弱项。

高质量发展仅靠要素驱动难以完成。当今的时代是信息、人工智能、数字化的时代，企业要想获得新的发展机会，经济要想获得新的增长动力，需要进行结构性体制机制改革和依靠技术创新，从而向效率驱动乃至创新驱动转变，才能提高效率和勃发创新力，但这方面中国还有很多很大的短板：工业发展在许多地方仍靠拼资源、能源、劳动力，造成低效益、低技术，缺乏核心技术，自主创新能力不足，加上体制机制障碍，高质量发展步伐缓慢。从产业经济结构看，中国在国际产业链和价值链分工的位置还处于中低端，高端产业供给短板明显，关键核心技术面临的“卡脖子”问题非常突出，创新能力难以适应高质量发展的要求。2019 年，中国工程院曾对我国 26 类具有代表性的制造业产业进行国际比较分析，结果显示，与世界差距大的产业有 10 类，其中 8 类产业对外依赖度极高，包括集成电路及专用设备、操作系统与工业软件、智能制造核心信息设备、航空

发动机等。[①] 产业链安全问题凸显。

企业效率和所有制同等对待方面仍然存在较大问题，特别是竞争中性、所有制中立问题长期没有得到实质解决。尽管民营企业创造了50%以上的税收、60%左右的GDP、70%以上的技术创新成果、80%以上的新增就业以及90%以上的市场主体，但相对于国企来说，在贷款审批时间、贷款综合成本、贷款授信额度等各方面，民营企业都受到不同程度的不公平待遇，融资不仅难而且贵。此外，农业发展不充分、农村资源利用不充分、农民增收不充分的现状仍有待进一步改善；城镇化不足，还需要进一步加快。

从区域经济结构来看，发展不平衡严重，城镇与乡村、东部与西部，特别是南部与北部差距越来越大，南方省市的技术创新和经济发展水平远超过北方，尤其是超过东北地区。东北地区人均GDP由改革开放前居首到现在倒数。数据显示，1978—2019年北方经济在全国经济中的比重由46%左右下降至35%左右，2012年之后这个差距缺口拉得越来越大，南北经济总量的差距从14个百分点迅速扩大至29个百分点，人均GDP差距也迅速增至1.81万元。[②] 改革开放初期，全国前十大经济省份中北方和南方省市各占5席，而到了2019年，已经发展为北方省份仅剩下山东、河南2席，东北地区的辽宁和黑龙江已退出前十行列。

从经济金融结构看，金融服务实体经济发展不足，金融机构资金过度流入基础设施、房地产等领域，制造业贷款占比呈逐年下降趋势，同时中小企业融资难融资贵问题依然十分突出。很多民营企业反映，政策看得见摸不着，没有获得感。相反，很多国有企业却享受了信贷的政策倾斜，杠杆率居高。与此同时，一些大企业的技术创新、金融创新对全要素生产率的提高作用并不大，却在资本市场上股价连涨，呈现价值背离的现象。

---

① 《中国工程院原院长：我国制造业8类产业对外依赖度极高，高端芯片等技术受制于人》，http://www.qianjia.com/html/2019-10/17_352789.html。

② 龙小林：《南北地区经济实力对比，在GDP总量上，南方完胜，人均GDP呢》，https://www.sohu.com/a/386770591_509358。

### (二)中国经济内需的提振面临诸多难题,包括资本报酬边际收益递减带来的投资下滑,收入差距拉大和中等收入群体过低及家庭部门杠杆率激增带来的消费不足

首先,从投资来看,改革开放之初,中国缺乏资本,当时即使是很多低端、粗放的投资项目,回报率也都在100%以上。随着市场化改革的启动,投资开始爆发式增长,资本形成总额对GDP增长的贡献率长期维持在50%左右。在投资和资本给中国带来高速增长和巨大财富的同时,得益于不断推行的体制改革和产业结构变化,中国资本回报率在较长一段时期内维持在高位。这一状况在2008年之后发生了非常明显的变化,到2015年已从2008年的近10%下降到3%左右,投资需求对GDP的贡献逐步下滑。

其次,从消费来看,由于收入差距拉大、财富分配不均,使得消费需求的进一步提升也面临掣肘。尽管中国经济总量已达到全球第二,人均GDP也刚突破1万美元,但这仅是刚踏进中等发达或者中等偏上收入国家的门槛,与发达国家5万美元以上的人均GDP相比还有很大差距。人均GDP代表了购买力,所以当前仅靠提升国内需求远远不够,还需提振外贸进出口。此外,正如李克强总理所说,中国还有约6亿人的月均收入在1 000元左右。也就是说,从平均值与中值的巨大落差来看,中国的收入分配格局依然存在不同阶层收入差距悬殊的问题。数据显示,目前家庭部门杠杆率已经升至64.1%,再加上前面所述的一半以上的家庭没有或几乎没有储蓄,这些问题如果不解决,对提升需求端会造成进一步困难。

### (三)中国经济国际大循环面临外需市场的萎缩和一些地缘政治因素的干扰,出现一个世界、两种体系的趋势

一方面,经济全球化遭遇逆流,世界经济普遍进入低增长轨道,增长速度的中枢区间不断下移,而新冠疫情的冲击又进一步加剧了这一趋势。根据国际货币基金组织的预测,受疫情影响,2020年世界经济将萎缩

4.4%。[①] 并且,发达国家纷纷实行了规模空前的量化宽松和财政赤字,这不可避免会带来后遗症——压缩未来的政策空间,并将在中长期拖累这些国家的经济增长。因此,面向2021年和未来一个时期,世界经济将面临一个漫长、不平衡且充满不确定的复苏之路。这对中国意味着过去长期受益其中的庞大外需市场出现萎缩,适当地向内收缩,实现国内大循环有一定的现实必要性。但考虑在外贸占GDP三分之一以上的情形下,即使大幅度提升内需也很难弥补对包括美国等发达国家的外贸出口下降。

另一方面,自2018年以来中美两国关系不断恶化,差不多是改革开放以来最差的。尽管拜登已取代特朗普成为美国新一任总统,但是在对华关系上的特朗普主义恐怕还将长期存在。如果双方找不到一个妥协的平衡点,就有可能会形成以美国为首和以中国为首的两极,其他国家(如东亚国家)将不得不在经济充满活力且市场巨大的中国和主导国际政治经济秩序与体系的美国之间做出两难选择,合并同类项,导致一个世界、两个阵营、两种体系、两个市场,且短时间内不会结束。

## 二、出现国民经济循环不畅的原因

之所以中国畅通国民经济循环会面临上述种种难点,有些是客观经济规律所致,有些则要归因于现有经济发展模式及其背后的体制机制弊端。

### (一)供给侧结构性改革和市场化改革不够彻底,要素市场化改革严重滞后,竞争政策的基础性地位没有真正确立,企业特别是民营企业在技术创新中的主体地位有待强化

如前文所述,凡是市场化改革取得较大突破的地方,其经济发展绩效往往更大。如果考察2012年以来这一轮的中国经济增长下滑可以发现,凡是国有经济比重越大、民营经济越不发达的省份,往往经济增速越靠后,落差越大,如东北三省、山西省等。相反,那些越是民营经济发达的地

---

① 参见 https://www.imf.org/external/datamapper/NGDP_RPCH@WEO/OEMDC/ADVEC/WEOWORLD.

方,如广东省、浙江省、江苏省等,下滑就不是那么厉害。所以,区域经济结构的失衡背后,是市场化改革进度的失衡。城乡区域发展严重差异也是市场化改革不足所致,特别是城乡二元结构制约了城乡区域协调发展和新型城镇化建设,造成了城乡收入差距。

产业经济结构的失衡则与技术落后有关。技术进步是推动经济增长的内生动力,开放竞争是推动技术创新的重要机制。正是得益于改革开放后的技术引进和开发,中国目前的技术发展水平实现了巨大飞跃,与改革开放之初已不可同日而语,并推动中国形成了相对比较齐整的工业门类,从而实现了中国经济的持续高速增长。中国的技术发展成就不可否认,但是作为科研机构、作为智库机构,我们不能对中国与发达国家在科学技术上依然客观存在着的巨大差距视而不见、盲目乐观,以为一切技术创新都可以自力更生了。

当前,中国在科技攻关方面存在一种强化政府作用的趋势,这在一些重大工程科技领域也许可以发挥一定的作用,但其作用有限,在基础科学领域的作用则更为有限,甚至可能是负作用。中国政府在芯片产业上投入的资金是全世界最多的,其效果如何从西方的制裁可见一斑。所以,技术创新的主体,应该是竞争环境下的企业,靠的是企业家和企业家精神。应按照最近中央经济工作会议提出的,发挥企业在科技创新中的主体作用,支持领军企业组建创新联合体,带动中小企业创新活动。同时,技术创新的落后也与原始创新、基础创新的落后有很大关系。正如华为创始人兼总裁任正非所担心的,中国至今基础科学领域仍然薄弱,在“捅破天”的基础研发领域与发达国家相比仍有很大差距,缺乏从 0 到 1 的颠覆式创新。中国的基础研究投入占比仅为 5%左右,与主要创新型国家 15%~20%的占比差距较大,而这些外部性很强的基础性科学创新则主要靠的是政府、高校及研究院所。

### (二)国民财富分配不合理,税收未能有效起到扩大中等收入群体比重的作用,社会保障体系不健全,会导致居民消费意愿和能力不足

中国经济要形成国内大循环的主体地位,还必须大幅度提高人均国民收入和缩小贫富差距。如果收入差距过大这个问题不解决,没有一个发达的中等收入阶层,老百姓的“生老病居教”等后顾之忧的问题不解决,

那么需求就不可能大幅度提振。然而,中国的税收体系在调节高收入、扩大中等收入、提升低收入方面的作用发挥不明显。目前,全国“一刀切”的5 000元个税起征点已经不适应经济形势的发展,同时最高边际税率过高,整体累进税率偏高,高于中等发达或以上国家中值水平,不利于中等收入群体的扩大和引进以及留住高层次创新型人才。

根据中国人民银行调查统计司城镇居民家庭资产负债调查课题组2019年10月所做的调查,城镇居民家庭负债参与率高达56.5%,并且负债最高的20%家庭占总样本家庭债务的61.4%;房贷是城镇居民家庭负债的主要构成,占家庭总负债的75.9%。[①] 与此同时,中国的社会保障体系也不健全,看病贵、看病难、上学贵、上学难、就业难、安居难等涉及群众切身利益的民生短板问题没有得到有效解决,基本公共服务均等化水平不高,居民扩大消费支出面临后顾之忧。

显然,所有这些都会对居民消费形成挤出效应,大大阻碍了提高国内内需和以形成国内大循环为主体的战略部署。

### (三)国际大循环层级不够,对外开放的水平有待进一步提升,在处理与世界其他大国的经济关系时不宜过度强调特色而忽视兼容

目前,中国已经同世界26个国家和地区相继签署了19份自由贸易协定,但是与美国、日本、欧盟等主要经济体之间尚未达成类似协定,仍处于CPTPP等高水平自由贸易区体系之外。毫无疑问,加入CPTPP等更高水平的协定意味着中国要在关税减让、市场准入、环境保护、劳工标准、国有企业、知识产权保护等方面的法律政策框架上,按照更高的标准做出必要的调整,这正是开放倒逼改革的良好机会,有利于更好地促进国内国际双循环。

如果过度强调中国特色、强调政府作用、强调国有企业,而忽视与其他成熟市场经济国家的兼容,那么必然导致一个世界、两种体系。真正的市场经济,必然要求要素和商品的跨境自由流动,必然要求对于公有和私有产权的同等保护,必然要求对国企、民企、外企的公平对待,尤其是要更好地发挥外企在倒逼市场化改革和现代企业制度建设方面的“鲶鱼效

---

① 中国人民银行调查统计司城镇居民家庭资产负债调查课题组.2019年中国城镇居民家庭资产负债情况调查[J].中国金融,2020(9).

应”。中国需要建立健全更为广纳式的包容性市场经济制度，真正让市场在资源配置中起决定性作用，让政府更好而不是更多地发挥作用，并且对于政府作用的发挥应该限于维护和服务这两个方面，使之合理定位成“有能、有为、有效、有爱”的有限政府，并基于此来提升国家能力和政府执行力。

## 三、畅通国民经济循环的措施

正如2020年12月召开的中央经济工作会议所指出的，“加快构建以国内大循环为主体、国内国际双循环相互促进的新发展格局，要紧紧扭住供给侧结构性改革这条主线，注重需求侧管理，打通堵点，补齐短板，贯通生产、分配、流通、消费各环节，形成需求牵引供给、供给创造需求的更高水平动态平衡，提升国民经济体系整体效能。要更加注重以深化改革开放增强发展内生动力，在一些关键点上发力见效，起到牵一发而动全身的效果”。面对前文提到的困难和问题，要畅通国民经济循环，就必须从三个方面同时着手：一是继续深化供给侧结构性改革和提升产业链安全。二是加大需求侧改革和注重需求侧管理，平衡国民经济。收入差距过大这个问题不解决，中等收入阶层不发达，老百姓的“生老病居教”等后顾之忧不解决，需求不可能大幅度提振，所有这些都涉及重大的改革问题，是管理无法做到的。三是更大力度的对外开放，借力更高水平的国际大循环。毕竟中国依然是贸易依存度最高的国家之一，外贸对中国经济增长拉动超过三分之一，尤其是科技创新，更需要与国际融合，什么都靠自力更生不可行。具体论述如下：

### （一）加强供给侧结构性的市场化改革，特别是要素市场化的改革，确立竞争政策的基础性地位，以所有制中立原则为国企、民企、外企提供公平竞争的市场环境和营商环境，完善劳动力市场供求结构，促进发展驱动向创新驱动转型

供给侧结构性改革最根本的是有效市场制度供给，而不是硬性的产业政策，应该继续以深层次市场化改革为内涵推进并且让各种所有制经济公平竞争，以此提高经济发展的效率，勃发创新力。建立维护和服务型

的有限政府,政府是中立的主体,它会带来一个好的市场经济和一个好的社会规范,同时提振民间信心和促进民营经济大发展,这才是中国同时处理好发展的逻辑和治理的逻辑,以及应对当前经济困境的标本兼治的必由之路。

制度才是最关键、最根本、最长效的。在个体的思想境界不是那么高的情况下,市场制度不可替代,必须在资源配置中发挥决定性作用,政府在维护和服务中发挥好作用。营商环境是检测政府与市场关系的一个重要指标,整体而言,中国的营商环境与成熟市场国家相比,改善空间较大。北京、上海、深圳等城市之所以在营商环境方面位居国内前列,一个很重要的原因就是它们的开放度都很高。2020年是深圳经济特区建立40周年、浦东开发开放30周年,正是由于率先进行了对外开放的实践探索,才倒逼了这些地区的经济体制改革尝试,继而带来了政府市场边界的厘清和营商环境的改善。

中国经济要实现向创新驱动的发展转型,需要进一步强化民营企业在技术创新中的主体地位。数据显示,中国65%的专利、75%以上的技术创新、80%以上的新产品开发都由个体、民营企业完成。[①] 面向未来,中国要加快土地、资本和劳动力要素市场化的改革及深化户籍制度和城乡二元结构的改革,降级农民工流动壁垒,进一步推动创新资源和先进要素向优质高科技民营企业加速集聚,为确保产业链供应链自主可控提供强有力保障。其中,一个很重要的方面是解决民营企业融资成本高的难题。一要充分发挥资本市场股权融资作用,积极支持符合条件的优质、成熟民营高科技企业在境内外资本市场上市融资;二要加快金融体制改革,更好地服务实体经济,通过多种方式积极支持符合条件的民营高科技企业通过企业债、金融票据等工具,在债券市场上进行融资;三要鼓励社会资本发起设立股权和创业投资基金,设立一批为民营高科技企业发展提供资金支持的投资基金和融资担保基金。

---

① 《全国工商联发布〈中国民营企业社会责任报告(2019)〉》,http://www.acfic.org.cn/yw/qlyw/201908/t20190823_138599.html.

### (二)深化需求端改革和改善，推行有利于扩大中等收入群体、形成橄榄型社会的收入分配政策，健全覆盖“生老病居教”的一揽子社会保障体系，夯实国内大循环的内需基础

国内大循环必然要求中国有一个更加强大、更有韧性的内需市场，来促进形成供给和需求的更高水平内生动态均衡。从经济学角度来看，消费需求取决于消费意愿和消费能力，壮大中等收入群体而不是仅仅靠政府消费刺激政策，才能真正可持续地提振国内消费需求。扩大中等收入群体，最大的人群自然是中低收入群体。在此过程中，要做到两个“尽量确保”：一是要尽量确保中低收入群体有向上流动跻身中等收入群体的机会，二是要尽量确保现有中等收入群体不因种种原因重新跌回中低收入群体。

为此，在初次分配中，要逐步提高劳动报酬的比重，健全工资合理增长机制，着力提高低收入群体收入。同时，要健全各类生产要素由市场评价贡献、按贡献决定报酬机制，完善按要素分配政策制度，多渠道增加中低收入群体的要素收入。在扩大中等收入群体、提高低收入群体收入方面，民营经济发挥的作用至关重要。首要一个重要作用就是提供就业岗位和收入来源。据统计，目前我国 3 200 多万户民营企业和 7 600 多万户个体工商户吸纳的就业人员已达 3.8 亿，平均每年提供 1 000 万以上的就业岗位，解决了 80%以上的城镇就业。政府应通过进一步减税降费来促进民营经济的大发展，促进就业，这将带来中等收入群体的大扩容。

在二次分配中，要围绕壮大中等收入群体，加大税收、社会保障、转移支付等调节精准度，提供公共服务支出效率，切实减轻中等收入群体的税收负担和后顾之忧。政府应通过进一步减税降费来促进民营经济的大发展，稳就业、提收入，以及将个税起征点权限适度下放地方，实行因“地”制宜的个税起征点，让利于民，以带来中等收入群体的大扩容。与此同时，至少是对有条件的发达地区，允许或鼓励地方政府出台政策，降低实际最高边际税率和累进税率，至少是对部分人群，如高层次创新型人才群体，降低累进税率。比如，为了吸引、引进和留住高层次创新型人才，广东省特别是深圳市就出台了类似的政策，效果显著。中国也需要反思以扭曲国内资源配置为代价的出口退税政策，以降低出口退税率及与民生相关

的进口关税为突破口,汇聚国内外资源满足人民美好生活需要,尤其是“生老病居教”等民生需要,健全多层次社会保障体系,做到生计有所靠、终老有所养、病疾有所医、住者有所居、求学有所教,这才是广大民众真正所期望的,也是有能、有为、有效、有爱的有限政府的应有之责。

三次分配应允许和鼓励各种非营利社会组织和营利商业企业,利用其专业化能力,参与并做大第三次分配。《2019 年度中国慈善捐助报告》显示,2019 年我国内地捐赠额占 GDP 比重仅为 0.17%,与中等收入或以上国家相差很大。这说明我国慈善事业发展存在巨大空间,需要充分发挥税收对社会捐赠的激励作用以及营造宽松的政策环境。十九届四中全会和五中全会均指出,要“重视发挥第三次分配作用,发展慈善等社会公益事业”。通过社会捐赠的三次分配手段对一次分配和二次分配进行补充。

### (三)融入高水平国际大循环,在与世界其他主要经济体的贸易与投资谈判中推进制度性开放,按照参与制定的国际规则来保障自身国家利益,并倒逼建立现代市场经济体系

年内,中国参与其中的《区域全面经济伙伴关系协定》(RCEP)正式签署,标志着全球最大规模的自由贸易协定正式达成。这一协定的达成,也为中日韩自贸区(FTA)、中欧全面投资协定等更高水平贸易和投资协定的谈判推进创造了有利条件。尤其是中欧全面投资协定谈判近期取得了突破性进展。并且,中国还表达了对加入全面与进步跨太平洋伙伴关系协定(CPTPP)持积极开放态度,以及争取早日启动中欧自贸协定谈判进程的意愿,这些都是中国对冲美国单边主义和贸易保护主义以及在与美国进一步进行双边经济谈判时的有利砝码,可对外部贸易争端起到减震作用。

当前的中美形势和国际形势是危中有机,中国只有很好地抓住这次机会,通过“零关税、零补贴、零壁垒”为导向的高水平对外开放倒逼对内的更深层次综合治理改革,建立现代市场经济体系,存异求同、取长补短,而不是过度渲染政治经济社会等方面的差异,过度意识形态化、自我膨胀,才有望让外界看到共同点,化干戈为玉帛,进一步发展壮大自己。在此过程中,中国应主动面向国际资本放宽市场准入门槛,倒逼打破国内民营资本的有形无形投资壁垒,促进统一、开放、竞争、有序的市场秩序的形

成,淡化外界认为中国是政府主导市场经济活动的印象。

这里所谓的倒逼,实际上讲的是通过推动制度型开放,实现开放和改革的相互促进。中国要对照、对标国际先进规则和做法,加快形成与国际投资、贸易通行规则相衔接的基本制度体系和监管模式,营造市场化、法治化、国际化的营商环境,鼓励各个地方大胆闯、大胆试、自主改。在风险可控的前提下,中国需要主动研究和试行更高、更深、更广的投资贸易自由化制度安排,从内部推动现行规则、制度逐步向更高标准的国际新规则趋近,并增强运用国际通行规则维护国家安全的能力。在经济全球化的今天,中国经济已经与世界经济深度关联,如果只单纯关注中国自身发展,而忽视世界范围的发展,不进行深层次、多方位的综合治理改革和加大开放,将会面临需求瓶颈、技术短板和制度挑战等诸多问题,并可能加重经济不平衡不充分发展的问题,加大陷入中等收入陷阱的可能性,容易退回到封闭状态。

显然,以上改革措施,单靠经济治理领域的单兵突进是行不通的,还必须将国家治理、社会治理的因素也考虑进来,以大的格局、长远视角、国际视野、全局观念、系统思维、综合治理以及风险防范的一般均衡分析方法来处理好改革、发展、稳定、创新和治理的辩证关系并加以谋划。为此,中国需要采用国家治理和发展三要素:包容性经济制度,国家能力和政府执行力,以及民主法治、公平正义、包容透明的社会治理。古今中外的实践反复说明,凡是经济社会取得成绩或进步都是这三要素的某些方面得到改进,而出现问题一定是其中某些要素的欠缺所导致。

经济制度上的包容性的核心是让市场在资源的配置中发挥决定性作用,政府发挥良性且适度作用,做到竞争中性和所有制中性。中国国内市场巨大,经济充满活力,在当前美国对中国全面遏制的背景下,大力发展内循环是顺理成章的重要战略部署,但外循环决不能丢。如果没有外循环,最好的结果也只是次佳而不是最佳。并且,即使短期内循环发展起来,而抛掉了外循环的话,至多只是局部、短期最优,全局、长期最优应是开放式的国内国际整体双向流动的大循环。

国家治理能力和政府执行力提升的根本是法治,以此界定好政府的治理边界。十九届五中全会确立了到2035年“基本建成法治国家、法治政府、法治社会”的目标,其中法治政府是关键。法治的两个主题是限制政府权力过度扩张和赋予公民个人权利,界定和划清公民权利和政府权力的边界。其首要作用就是制约政府的越位行为,约束其对经济活动的任意干预,限制政府的权力就是为了保护市场不受"看得见的手"随意干扰,同时政府需要发挥作用的地方不能不作为,不能缺位,而需补位,让政府发挥好的、恰当的作用。做到这些都需要法治,也就是要有规划、清晰明确地执行政策与法律的国家能力。

包容透明的社会治理的关键是和谐社会的构建,必须完善社会治理制度。一个和谐理想的社会应具有民主法治、公平正义、包容透明的社会治理,能保证社会成员的基本权利,创造起点公平,保证所有人享有大致相同的机会平等,如保证所有人都能够接受教育,享受同等的基础教育,使之能公平地参与市场竞争,依靠法律和制度来维护自己的合法权益。

这样,现代国家发展治理三要素其实质就是要正确处理好政府与市场、政府与社会的关系,让三者各归其位,形成互动互促的制度体系,从而需要在政治、经济、社会、文化和生态文明建设等的全方位整体联动改革框架下来进行。中国下一步就需要围绕上述三要素进行全面深化改革,继续强化长板、补齐短板。唯有如此,才能畅通国民经济循环,才能实现国家治理体系和治理能力的现代化,在百年未有之大变局中达成中华民族复兴的远景目标。

## 附　项目架构图

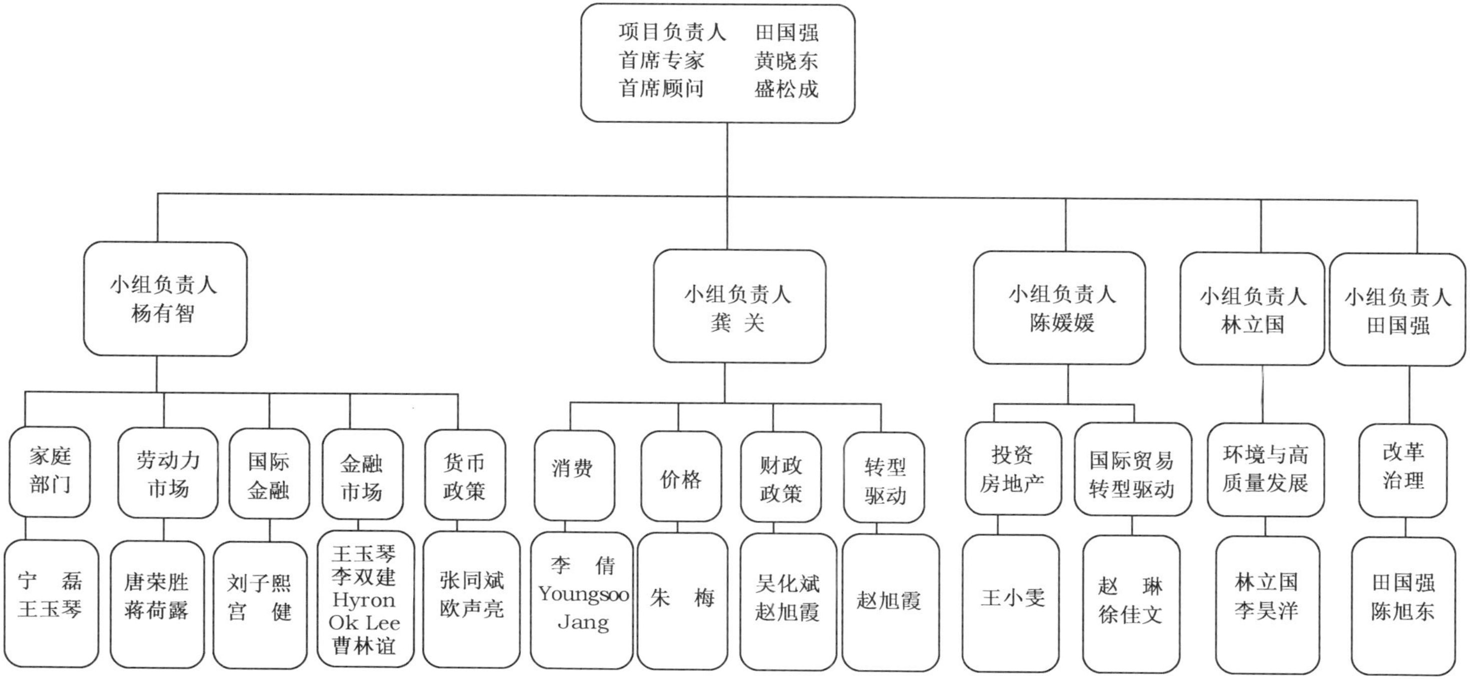

项目负责人 田国强
首席专家 黄晓东
首席顾问 盛松成
小组负责人 杨有智
小组负责人 龚关
小组负责人 陈媛媛
小组负责人 林立国
小组负责人 田国强
家庭部门
宁磊 王玉琴
劳动力市场
唐荣胜 蒋荷露
国际金融
刘子熙 宫健
金融市场
王玉琴 李双建 Hyron Ok Lee 曹林谊
货币政策
张同斌 欧声亮
消费
李倩 Youngsoo Jang
价格
朱梅
财政政策
吴化斌 赵旭霞
转型驱动
赵旭霞
投资房地产
王小雯
国际贸易转型驱动
赵琳 徐佳文
环境与高质量发展
林立国 李昊洋
改革治理
田国强 陈旭东

# 附　录

## 上海财经大学高等研究院简介

上海财经大学高等研究院(Institute for Advanced Research)成立于2006年7月,作为国家首批"985工程"优势学科创新平台项目——"经济学创新平台"建设项目和理论经济学上海市高峰Ⅱ类学科的重要组成部分,高等研究院致力于以准确的数据为依据、先进的理论为指导、科学的研究方法为手段,理论结合实际,定性与定量分析并举,研究中国改革和发展中出现的长远重大战略性问题和当前难点、热点经济问题,力图打造一个集科学政策咨询、重大项目研究、学术前沿探讨和高级人才培养于一体的大型综合研究机构。

高等研究院持续聚焦中国改革发展中的长远重大战略问题和当前热点难点问题,强调分析解决问题所需要的三个维度的结合:理论逻辑、实践真知、历史视野;以体现"六性":科学性、严谨性、针对性、现实性、前瞻性和思想性。对于所给出的政策建议注重以全局观念、系统思维和综合治理方法来处理好改革、发展、稳定、创新、治理的辩证统一关系,所形成的系列研究成果得到了党和国家领导人、社会各界和媒体的广泛关注和肯定。

高等研究院现拥有“数理经济学”教育部重点实验室，设立数据调研中心、中国宏观经济研究中心、农业与城乡协调发展研究中心、环境与自然资源研究中心、中国教育改革与发展研究中心、人口流动与劳动力市场研究中心、市场机制设计与信息经济研究中心、卫生经济与老龄化研究中心、经济学研究全球竞争力评估中心和博士后中心等常规研究中心以及高端教育与国际交流中心，并与高等教育出版社合办全英文学术季刊 *Frontiers of Economics in China*。

# 课题组成员介绍

**田国强(负责人)**

美国明尼苏达大学经济学博士(1987 年)。目前担任英文学术期刊 *Frontiers of Economics in China* 主编,*Annals of Economics and Finance* 共同主编,《经济研究》《学术月刊》等期刊编委。研究领域包括经济理论、激励机制设计、博弈论、拍卖理论、匹配理论、数理经济学、经济转型、中国经济等。在国际经济学顶尖和重要学术期刊发表论文 100 余篇,国内权威期刊发表论文近 100 篇,著作《中国改革:历史、逻辑和未来》获第 16 届孙冶方经济科学奖。2016 年出版的《高级微观经济学》一书填补了微观经济学规范教材缺乏中国元素的空白,引起学界关注。2016 年获第一财经中国最佳商业领袖奖"年度思想家"奖项。

**盛松成(首席顾问)**

教授、研究员、博士生导师,享受国务院政府特殊津贴,现任上海市人民政府参事、上海财经大学高等研究院中国宏观经济形势分析与预测课题组首席顾问、中国首席经济学家论坛研究院院长、中欧陆家嘴国际金融研究院常务副院长、中欧国际工商学院经济学与金融学教授,上海财经大学教授、博士生导师,清华大学五道口金融学院博士生导师,曾任中国人民银行调查统计司司长、人民银行沈阳分行行长等职,主要研究方向为货币金融理论与宏观经济调控。多年来,先后在《中国社会科学》《经济研究》《金融研究》和《中国金融》等重要刊物发表专业论文 100 余篇,出版多部著作,并在社会融资规模指标的研究、编制和推广中做出突出贡献。

**黄晓东（首席专家）**

美国明尼苏达大学经济学博士（1998 年）。目前担任英文学术期刊 *Pacific Economic Review* 北美主编，英文学术期刊 *Frontiers of Economics in China* 共同主编，英文学术期刊 *Macroeconomic Dynamics* 副主编。主要研究方向：宏观经济学、金融经济学、货币与财政政策、国际金融和贸易、中国经济。

项目成员（按姓氏拼音排序）

**曹林谊**

圣路易斯华盛顿大学经济学博士（2020 年）。现为上海财经大学高等研究院助教授。主要研究方向：宏观经济学、金融经济学、企业创新、契约理论。

**陈旭东**

上海财经大学经济学博士（2017 年）。现为上海财经大学高等研究院院长助理，助理研究员，曾获第 16 届孙冶方经济科学奖著作奖。主要研究方向：经济史学、中国经济。

**陈媛媛**

美国波士顿学院经济学博士（2005 年）。现为上海财经大学高等研究院院长助理，教授，人口流动与劳动力市场研究中心主任，上海市浦江人才计划（2008 年）。主要研究方向：劳动经济学、国际经济学、教育经济学。

**龚关**

美国德州大学奥斯汀分校经济学博士（2005 年）。现为上海财经大学高等研究院院长助理，常任副教授。主要研究方向：应用计量、劳动经济学、健康经济学、老龄化和社会保障、发展经济学、中国经济。

**宫健**

东北财经大学博士(2017 年)。现为上海财经大学高等研究院博士后。主要研究方向:宏观经济分析与国际金融。

**蒋荷露**

美国圣路易斯华盛顿大学经济学博士(2019 年)。现为上海财经大学高等研究院助教授。主要研究方向:宏观经济学、增长与发展、劳动经济学。

**Youngsoo Jang**

美国俄亥俄州立大学博士(2017 年)。现为上海财经大学高等研究院助教授。主要研究方向:宏观经济学、公共政策、经济周期和计算方法。

**Hyeon Ok Lee**

美国罗格斯大学博士(2019 年)。现为上海财经大学高等研究院助教授。主要研究方向:宏观经济学、银行学、财政稳定。

**李昊洋**

美国密歇根州立大学经济学博士(2019 年)。现为上海财经大学高等研究院助教授。主要研究方向:资源与环境经济学、能源经济学、农业经济学、应用计量经济学。

**李倩**

纽约州立大学石溪分校经济学博士(2014 年)。现为上海财经大学高等研究院助教授。主要研究方向:宏观经济学、财政学。

**李双建**

南开大学经济学博士(2018 年)。现为上海财经大学高等研究院助理研究员。主要研究方向:宏观经济学、微观金融经济学、应用计量经济学。

**林立国**

西班牙巴塞罗那自治大学经济学博士（2008 年）。现为上海财经大学高等研究院副院长，常任副教授，上海市浦江人才计划（2010 年）。主要研究方向：环境经济学、应用微观、应用计量。

**刘子熙**

德国法兰克福大学经济学博士（2016 年）。现为上海财经大学高等研究院助理研究员。主要研究方向：宏观经济学、国际经济学。

**宁磊**

上海财经大学数量经济学博士（2016 年）。现为上海财经大学高等研究院副研究员。主要研究方向：宏观经济学、劳动经济学。

**欧声亮**

西班牙庞培法布拉大学经济学博士（2019 年）。现为上海财经大学高等研究院助教授。主要研究方向：宏观经济学、货币经济学。

**唐荣胜**

美国圣路易斯华盛顿大学经济学博士（2017 年）。现为上海财经大学高等研究院助教授。主要研究方向：增长与发展、宏观经济学、劳动经济学、中国经济。

**王小雯**

香港大学经济学博士（2017 年）。现为上海财经大学高等研究院助理研究员。主要研究方向：宏观经济学、信息经济学。

**王玉琴**

美国南伊利诺伊大学卡本戴尔分校经济学博士（2013 年）。现为上海财经大学高等研究院助理研究员。主要研究方向：货币理论与政策、公司金融学、应用计量经济学。

**吴化斌**

上海财经大学经济学博士(2011 年)。现为上海财经大学高等研究院副研究员。主要研究方向:宏观经济学。

**徐佳文**

美国波士顿大学经济学博士(2013 年)。现为上海财经大学高等研究院助教授。主要研究方向:计量经济学、时间序列分析、宏观经济学、金融预测。

**杨有智**

美国爱荷华州立大学博士(2009 年)。现为上海财经大学高等研究院院长助理,常任副教授。主要研究方向:经济理论、宏观经济学、动态契约理论。

**张同斌**

西班牙巴塞罗那自治大学博士(2017 年)。现为上海财经大学高等研究院助教授。主要研究方向:宏观经济学、金融经济学。

**赵琳**

中国科学院管理学博士(2013 年)。现为上海财经大学高等研究院助理研究员。主要研究方向:宏观经济监测、预警和预测、货币政策分析。

**赵旭霞**

上海财经大学经济学博士(2020 年)。现为上海财经大学高等研究院博士后。主要研究方向:宏观经济学。

**朱梅**

北京大学金融数学博士(2009 年),阿姆斯特丹大学宏观经济博士后(2009—2011 年)。现为上海财经大学高等研究院副研究员、校讲席副教授。主要研究方向:宏观经济学、金融经济学。